高职高专"十二五"规划教材

西方经济学

张献英　丁文恩　卢占军　主　编

张明飞　张　涛　张汀汀
张　明　郑文新　孙　兵　副主编
曾志洪　史建勋

经济科学出版社

图书在版编目(CIP)数据

西方经济学 / 张献英,丁文恩,卢占军主编. —北京:经济科学出版社,2011.3
高职高专"十二五"规划教材
ISBN 978-7-5141-0356-4

Ⅰ.①西… Ⅱ.①张… ②丁… ③卢… Ⅲ.①现代资产阶级经济学—高等学校:技术学校—教材 Ⅳ.①F091.3

中国版本图书馆CIP数据核字(2011)第012564号

责任编辑:王东萍
责任校对:刘 昕
技术编辑:李 鹏

西方经济学
张献英 丁文恩 卢占军 主 编
张明飞 张 涛 张汀汀
张 明 郑文新 孙 兵 副主编
曾志洪 史建勋
经济科学出版社出版、发行 新华书店经销
社址:北京市海淀区阜成路甲28号 邮编:100142
教材编辑中心电话:88191344 发行部电话:88191540
网址:www.esp.com.cn
电子邮件:espbj3@esp.com.cn
北京密兴印刷厂印装
787×1092 16开 15.75印张 383千字
2011年3月第1版 2011年3月第1次印刷
ISBN 978-7-5141-0356-4 定价:31.90元
(图书出现印装问题,本社负责调换)

前　言

在普通高等院校中，西方经济学课程已成为经济类和管理类专业学生的专业必修课之一。它要求学生分三个层次学习：初级、中级和高级，本科阶段学习初级和中级课程，研究生阶段学习高级课程。目前，针对我国高等职业教育的学生而言，既适合于学生学习，又能反映职业教育特点的经济学教材并不多见。因此，根据西方经济学课程安排的特点和高等职业教育发展的需要，我们组织编写了适合高职高专学生学习的《西方经济学》。

在编写过程中，我们对内容的选择作了这样的考虑。第一，在内容全面的同时力求通俗易懂。所以，在内容的选取和编写时，经济学的知识点并没有减少，而是简化了部分深奥的理论和数学公式的推导。第二，采用案例导入法引入基本概念和基本原理，并采取多种形式的小栏目。一方面通过案例教学使学生明确每章节的重点内容；另一方面通过人物介绍和知识归纳等环节加深学生对经济学的理解，将有助于提高学生发现、分析和解决问题的能力，培养学生的经济学思维方式，突出经济学的知识性、趣味性和实用性。

本教材由多年从事西方经济学教学和研究工作的人员编写。全书由张献英、丁文恩和卢占军担任主编，张明飞、张涛、张汀汀、张明、郑文新、孙兵、曾志洪和史建勋担任副主编。各章编写人员分工如下：张献英编写第一章；丁文恩编写第二、三、四、八章；张汀汀编写第五、六章；卢占军编写第七、十三章；张涛编写第九、十、十四章；张明飞编写第十一、十二章。全书由张献英、丁文恩和卢占军总纂审定。

本教材在编写过程中，引用和参考了大量的文献资料和研究成果，未能一一注明，若有遗漏，敬请作者谅解，在此，谨致以衷心的感谢。

由于本教材编写难度较大，编者水平有限，书中难免会出现一些纰漏和不妥之处，恳请读者们批评指正，以便修订时改正。

编　者

目　录

第一章　导论……1
第一节　西方经济学的研究对象……1
第二节　经济学的研究内容……3
第三节　经济学的研究方法……8
第二章　供求理论……14
第一节　需求……14
第二节　供给……17
第三节　均衡价格……20
第四节　弹性理论……25
第三章　消费者行为理论……34
第一节　欲望与效用……34
第二节　基数效用论……36
第三节　序数效用论……42
第四章　生产者行为理论……51
第一节　生产和生产函数……51
第二节　一种生产要素的合理投入……54
第三节　两种生产要素的合理投入……57
第四节　规模经济……64
第五章　成本与收益……69
第一节　成本概念……69
第二节　收益与利润最大化……75
第六章　市场理论……79
第一节　完全竞争市场上的厂商均衡……79
第二节　完全垄断市场上的厂商均衡……86
第三节　垄断竞争市场上的厂商均衡……89
第四节　寡头垄断市场上的厂商均衡……93

第七章　分配理论 …… 100
第一节　生产要素的供给与需求 …… 100
第二节　工资、利息、地租和利润 …… 105
第八章　市场失灵与微观经济政策 …… 112
第一节　市场失灵 …… 112
第二节　微观经济政策 …… 115
第九章　国民收入核算理论 …… 121
第一节　国民收入的基本概念 …… 121
第二节　国民收入的核算方法 …… 124
第三节　国民经济活动流程 …… 128
第十章　国民收入决定理论 …… 133
第一节　简单的国民收入决定模型 …… 133
第二节　*IS—LM* 模型 …… 139
第三节　总需求—总供给模型 …… 146
第十一章　失业与通货膨胀理论 …… 153
第一节　失业理论 …… 153
第二节　通货膨胀理论 …… 161
第三节　失业与通货膨胀的关系 …… 172
第十二章　经济周期理论 …… 180
第一节　经济周期的基本知识 …… 180
第二节　经济周期理论历史回顾 …… 185
第三节　现代经济周期理论 …… 195
第十三章　经济增长理论 …… 204
第一节　经济增长理论概况 …… 204
第二节　经济增长模型 …… 208
第三节　经济增长因素分析 …… 223
第十四章　宏观经济政策 …… 230
第一节　宏观经济政策的目标 …… 230
第二节　财政政策 …… 232
第三节　货币政策 …… 236
第四节　宏观经济政策的运用 …… 239
参考文献 …… 245

第一章　导　论

教学目标

➢了解经济、经济学的含义；

➢熟练掌握西方经济学的研究对象、研究方法；

➢通过本章内容的学习，从整体上了解微观经济学的研究内容和重点解决的问题，宏观经济学的研究内容和重点要解决的问题；

➢了解稀缺性、机会成本和生产可能性曲线的概念。

第一节　西方经济学的研究对象

案例导入

经济学是一门使人幸福的艺术

【案例内容】

英国著名的戏剧家、文学家和社会主义宣传家，1925 年诺贝尔文学奖获得者萧伯纳曾经说过这样一句话："经济学是一门使人幸福的艺术。"经济学的研究对象是人，那么研究人类的幸福也应该是经济学的必由之路和归宿点。英国经济学家马歇尔曾说过："经济学是一门研究财富的学问，同时也是一门研究人的学问。"从经济学如何教人致富，如何合理利用人类稀缺的资源等问题来看，它的确如此。

诺贝尔经济学奖获得者、著名经济学家约翰·梅纳德·凯恩斯认为："经济学不是一种教条，而是一种方法，一种心灵的器官，一种思维的技巧，帮助拥有它的人得出正确的结论。"一个优秀的教练员未必比运动员实战水平更高，但他却能够给运动员以理论、经验和方法，使他的技能更高。一个优秀的经济学家未必是一个理财能手、成功的企业家或者政府官员，但他却能给一个理财能手、成功的企业家或政府官员非常重要的指导。

【案例分析】

经济学主要研究社会如何管理自己的稀缺资源。在大多数社会里，资源不是由一个中央计划者来配置，而是通过千百万家庭和企业的共同行动来配置。因此，经济学研究人们如何作出决策。经济学还研究人们如何相互交易。

有人把经济学称为"选择的科学",美国经济学家、2001年诺贝尔经济学奖获得者斯蒂格利茨在其《经济学》一书中指出:"经济学研究我们社会中的个人、企业、政府和其他组织如何进行选择,以及这些选择如何决定社会资源的使用方式。"稀缺性决定了每一个社会和个人必须作出选择。欲望有轻重缓急之分,同一资源又可以满足不同的欲望。选择就是用有限的资源去满足什么欲望的决策。选择要决定用既定的资源生产什么、如何生产和为谁生产这三个基本问题。这三个问题被经济学家称为资源配置问题。

【案例来源】

郭万超,辛向阳. 轻松学经济——300个核心经济术语趣解. 北京:对外经济贸易大学出版社,2005

一、经济学研究的基本前提

1. 经济与经济学

"经济"一词在我国古代就存在,它来自希腊文,其原意为家产管理,后又被引申为"经国济民",包括政治、经济、文化、军事、外交等一切治国方针,范围很广,随着时间推移和社会发展,人们对经济的理解在不断变化。"经济"一词内涵丰富,是一个内容相当广泛的概念。人们对经济学的定义也有不同的观点,每一个人都有自己的经济学定义。

西方经济学者对经济学所下的有代表性的结论主要有:

(1)经济学是研究节省的学问。

(2)经济学是研究人与人之间用货币或不用货币进行交换的种种有关活动的学说。

(3)经济学是研究人与社会寻求满足他们的物质需求欲望的方法的社会科学。

(4)资济学是研究各种稀缺资源的各种利用方法选择的科学。

(5)经济学研究人们如何进行抉择,以便使用稀缺的或有限的生产性资源来生产各种商品,并把它们分配给不同的社会成员用于消费。

综合以上各种观点,我们可以给经济学下这样的定义:

经济学是一门系统研究人类从事生产和消费活动的一般规律的社会科学,它研究怎样最佳使用稀缺的资源来满足人们现在和将来的无限需求。

2. 经济学研究的基本前提

资源的稀缺性是任何社会都存在的一个基本事实,如何配置和利用稀缺资源以满足人们的需要,这就成了任何社会都面临的基本问题,经济学正是为了研究这一基本问题的需要而产生的。

相对于人类的无限欲望而言,经济物品,或者说生产这些物品所需要的资源总是不足的。这种资源的相对有限性就是稀缺性。资源的稀缺性是相对的,相对于人们无限的需要,资源总是稀缺的。但这并不否定人类的无限欲望。没有无限的欲望人类社会和文明就不会进步,但是也带来了很多问题,如污染、过度开发等,给人类的生存环境造成了威胁。

二、资源配置与资源利用

资源的稀缺性和欲望的无限性是人类社会的基本矛盾,如何解决这个矛盾,就是经济学要研究的主要问题,也就是我们经常说的资源配置问题。

1. 资源配置

资源配置就是研究如何利用有限的资源生产出最多的产品,最大限度地满足人们各种不同的需要。它包括三个方面的问题:生产什么,如何生产,为谁生产。这也是人类社会所必须解决的三个基本问题。

"生产什么"指的是在经济中应当生产的产品和劳务以及每种产品和劳务的生产量。因为资源是稀缺的,通常一种产品和劳务的生产越多,意味着其他产品和劳务的生产就越少,因此每个社会都必须准确地选择生产哪些产品和劳务以及各种产品和劳务生产多少。

"怎样生产"指的是用于生产产品和劳务的要素及专门技术组合的选择。由于一种产品和劳务通常可以用不同生产要素及不同生产技术的组合来生产,从而使用哪一种组合就成为一个问题。因为资源是稀缺的,当更多的资源被用于生产某些产品和劳务时,用于生产其他产品和劳务的资源则相应减少。因此,社会就面临着选择要素和技术组合问题。

"为谁生产"指的是全部产品怎样在不同的消费者之间进行分配。因为资源是稀缺的,所以产品和劳务也是稀缺的,没有一个社会能够满足其成员的所有要求,因而就产生了产品的分配问题。

2. 资源利用

人类社会往往还面临着这样一种矛盾:一方面资源是稀缺的;另一方面稀缺的资源还得不到充分利用。资源利用就是研究人类社会如何更好地利用现有的稀缺资源,生产出更多的物品。它要回答以下三个问题:

第一,充分就业问题。资源是否得到充分利用,是否存在资源的闲置和浪费现象,也就是说如何使资源得到充分利用,从而使产量达到最大,这就是一般所说的充分就业问题。

第二,经济波动与经济增长问题。在资源没有发生变化时,产量却时高时低,也就是说如何用既定的资源使产量持续增长,即一般所说的经济波动与经济增长问题。

第三,货币的购买力问题。商品社会货币购买力的变动影响着资源的配置与利用。因此,经济学要研究货币购买力问题,即一般所说的通货膨胀(紧缩)问题。

第二节 经济学的研究内容

案例导入

经济学假设——理性经济人

【案例内容】

在日常生活中,每个人其实都在自觉不自觉地运用着经济学知识。比如在自由市场里买东西,我们喜欢与小商小贩讨价还价;到银行存钱,我们要想好是存定期还是活期。经济学对日常生活到底有多大作用,有一则关于经济学家和数学家的故事可以告诉你答案。

故事说的是3个经济学家和3个数学家一起乘火车去旅行。数学家讥笑经济学家没有真才实学,弄出的学问还摆了一堆诸如"人都是理性的"之类的假设条件;而经济学家则笑话数学家们过于迂腐,脑子不会转弯,缺乏理性选择。最后经济学家和数学家打赌看谁完成旅行花的钱最少。3个数学家于是每个人买了一张票上车,而3个经济学家却只买了一张火车票。列车员来查票时,3个经济学家就躲到了厕所里,列车员敲厕所门查票时,经济学家们从门缝里递出一张票说,买票了,就这样蒙混过关了。3个数学家一看经济学家们这样就省了两张票钱,很不服气,于是在回程时也如法炮制,只买了一张票,可3个经济学家一张票也没有买就跟着上了车。数学家们心想,一张票也没买,看你们怎么混过去。等到列车员开始查票的时候,3个数学家也像经济学家们上次那样,躲到厕所里去了,而经济学家们却坐在座位上没动。过了一会儿,厕所门外响起了敲门声,并传来了查票的声音。数学家们乖乖地递出车票,却不见查票员把票递回来。原来是经济学家们冒充查票员,把数学家们的票骗走,躲到另外一个厕所去了。数学家们最后还是被列车员查到了,乖乖地补了三张票,而经济学家们却只掏了一张票的钱,就完成了这次往返旅行。这则故事经常被经济学教授们当做笑话讲给刚入门的大学生听,以此来激发学生们学习经济学的兴趣。但在包括经济学初学者在内的大多数人看来,经济学既枯燥又乏味,充满了统计数字和专业术语,远没有这则故事生动有趣;而且经济学总是与货币有割舍不断的联系,因此,人们普遍以为,经济学的主题内容是货币。其实,这是一种误解。经济学真正的主题内容是理性,其隐而不彰的深刻内涵就是人们理性地采取行动的事实。经济学关于理性的假设是针对个人而不是团体。经济学是理解人们行为的方法,它源于这样的假设:每个人不仅有自己的目标,而且还会主动地选择正确的方式来实现这些目标。这样的假设虽然未必总是正确的,但很实用。在这样的假设下发展出来的经济学,不仅有实用价值,能够指导我们的日常生活,而且这样的学问本身也由于充满了理性而足以愉人心智,令人乐而忘返。尽管我们在日常生活中时常有意无意地运用了一些经济学知识,但如果对经济学知识缺乏基本的了解,就容易在处理日常事务时理性不足,给自己的生活平添许多不必要的烦恼。比如,刚刚买回车子,没过两天,这款车子却降价了,大部分人遇到这种情况的时候都垂头丧气,心里郁闷得很;倘若前不久刚刚买了房子,该小区的房价却上涨了,兴高采烈是一般购房者的正常反应。这些反应虽然符合人之常情,但跌价带来的郁闷感觉却是错误的。

【案例分析】

在日常生活中,我们还常常烦恼于别人为什么挣得钱比我多,总是觉得自己得到的比应得的少,而经济学却告诉我们这样的感觉是庸人自扰,也是错误的。经济学认为别人比自己挣得多是正常的,自己得到的就是应得的,如果自己不能理性地坦然面对,只会给自己的生活带来不必要的烦恼和忧愁。

我们之所以在日常生活中遇到这样那样的烦恼,主要还是因为对经济学有一些误解。"供给与需求"、"价格"、"效率"、"竞争"等都是大家耳熟能详的经济学词汇,而且这些词汇的意思也是显而易见的,因此,很多时候,似乎人人都是经济学家。人们不敢随便在一个物理学家或数学家面前班门弄斧,但在一个经济学家面前,谁都可以就车价跌了该高兴还是该郁闷等实际问题随意发表自己的见解。其实，经济学中有许多并非显而易见的内容，并不像每个人想象的那么简单。在经济学领域，要想从“我听说过”进入到“我懂得”的境界并不是件轻而易举的事情。

因此，掌握正确的经济学知识，将经济学思考问题的方法运用到日常生活中来，使我们能够更加理性地面对生活中的各种琐事，小到油盐酱醋，大到谈婚论嫁，就会减少生活中的诸多郁闷和不快，使我们多一些开心，多一些欢笑。

【案例来源】

http://www. xinggaoling. blog. 163. com/ blog/static/2323

经济学是解决稀缺资源与人类无限需求之间矛盾的科学。因为资源具有稀缺性，所以在生产中必然会面对各种资源如何合理配置的问题。在资源配置一定的情况下，又会遇到资源是否得到充分利用的问题。因此建立在资源稀缺基础上的经济学要以资源配置和资源利用为其研究内容。由此形成了解决资源配置问题的微观经济学和解决资源利用问题的宏观经济学两个经济学分支。

一、微观经济学

微观经济学是以价格为核心，以单个经济单位为研究对象，研究单个经济单位的经济行为，解决的是社会资源最佳配置问题。全面理解微观经济学的含义，应着重把握以下五点：

第一，微观经济学分析的是单个经济单位的行为。单个经济单位包括厂商和居民户，他们都是具有理性的，即以追求利益最大化为目标的经济个体。对居民来说，就是用自己有限的收入，去购买什么样的消费品，才能使效用最大化；对厂商来说，就是在一定的成本下生产多少产品以及产品怎样定价，才能使利润最大化。

第二，微观经济学解决的是资源配置问题，具体表现为解决生产什么、怎样生产和为谁生产的问题。

第三，微观经济学以价格为核心，解决价格机制在资源配置中所发挥的作用。在市场经济中居民和厂商的经济行为都要受价格的影响，生产什么、怎样生产和为谁生产都要由价格来决定。

第四，微观经济学的研究方法是个量分析。个量分析就是研究经济变量的单位数值的决定问题，例如研究某种商品的价格是如何决定的，价格就是经济变量的单项数值。其他如厂商的产品成本、利润都是这类变量，微观经济就是研究这些变量之间的关系。

第五，微观经济学的研究是以一定的假设条件为前提的，其基本假设条件有三个：一是市场出清，就是市场能够实现充分就业的均衡状态；二是完全理性，就是消费者和厂商都是以利己为目的的经济人，按照利益最大化的原则办事；三是完全信息，就是消费者和厂商具备完备的市场信息并及时对价格作出反应，以实现其行为的最优化。

微观经济学的内容主要包括：

(1)均衡价格理论

商品的价格是由需求和供给两种力量决定的，该理论就是研究商品的价格如何决定及如何变动的。

(2)消费者行为理论

研究消费者如何将有限的收入用于购买能够给自己带来最大效用的商品组合的问题。

(3)生产者行为理论

研究生产者如何把有限的资源用于各种物品和劳务的生产上而实现利润最大化。具体包括生产和成本理论,以及不同市场条件下的厂商均衡理论。

(4)分配理论

主要是生产要素市场理论,研究工资、利息、利润和地租的决定问题。

(5)微观经济政策

研究政府有关价格管理、消费与生产调节以及实现收入分配平等化等政策。这些政策属于国家对价格调节经济作用的干预,是以微观经济理论为基础的。

二、宏观经济学

宏观经济学是以整个国民经济为研究对象,以国民收入的决定为核心,通过研究经济中各有关总量的决定及其变化,来说明资源如何才能得到充分利用。理解宏观经济学的含义必须把握以下五点:

第一,宏观经济学研究的是整个国民经济,即它研究的不是经济中的个体,而是经济中的总体,犹如研究的是整片森林,而不是森林中的单棵树木。

第二,宏观经济学解决的是资源利用问题。宏观经济学把资源配置认为是既定的,研究现有资源未得到充分利用的原因,达到充分利用的途径,以及如何增长等问题。

第三,宏观经济学以国民收入决定理论为核心,通过研究国民收入的决定来解决资源利用问题,分析整个国民经济的运行。因此,国民收入决定理论是宏观经济学的核心内容。

第四,宏观经济学进行的是总量分析。总量是反映整个国民经济的综合变量,诸如国民收入、总需求、总消费、总储蓄量和货币供给量等,总量分析就是研究这些总量如何形成以及相互关系。

第五,宏观经济学的研究是以一定的假设条件为前提的,其基本假设条件有两个:一是市场机制是不完善的,就是市场机制存在市场失灵;二是政府有能力调节经济,纠正市场机制的缺陷,就是指政府通过研究认识经济运行的规律,并采取适当的手段进行调节。

宏观经济学的内容主要包括:

(1)国民收入决定理论

这一理论从社会总需求与社会总供给的相互关系出发,研究国民收入的决定及其变动的规律。这是宏观经济学的核心内容。

(2)失业与通货膨胀理论

失业和通货膨胀是各国经济中共同的问题,宏观经济学将它们与国民收入联系起来,分析问题形成的原因及其相互关系,并找到解决问题的途径。

(3)经济周期和经济增长理论

经济周期是国民收入的短期波动;经济增长是国民收入的长期增加趋势。这一理论分析经济波动的原因、经济增长的源泉，以期实现经济长期稳定发展。

(4)开放经济理论

现实经济都是开放型的经济，这一理论研究对外贸易对一国经济的影响，以及开放经济条件下一国经济的调节问题。

(5)宏观经济政策

宏观经济政策是国家干预经济生活的各项措施，包括政策目标、政策手段和政策效应。

三、微观经济学与宏观经济学的联系

通过以上分析可以看出，微观经济学与宏观经济学在研究对象、分析方法、中心理论和解决的问题等方面都是不同的(如表 1－1 所示)，但它们之间又存在着密切的联系。

表 1－1　微观经济学与宏观经济学的区别

区别点	微观经济学	宏观经济学
研究对象	单个经济单位(如居民户、厂商)	整个国民经济
解决问题	资源配置	资源利用
研究方法	个量分析法	总量分析法
中心理论	均衡价格理论	国民收入决定理论
基本假设	市场出清、完全理性、完全信息	市场机制不完善，政府有能力调节经济

微观经济学与宏观经济学的联系：

(1)微观经济学是宏观经济学的基础

整体经济是单个经济单位的总和。宏观经济学的总量分析是建立在微观经济学的个量分析的基础之上的，宏观经济学的许多理论也是建立在微观经济理论的基础上的，没有微观经济理论的坚实基础，就没有宏观经济理论的深入发展。二者的关系就好比树木与森林，相互依存。

(2)微观经济学与宏观经济学都是实证分析

微观经济学与宏观经济学都是把市场经济制度作为既定存在的，分析这一制度下的资源配置与资源利用问题，这种不涉及制度问题，只分析具体问题的方法就是实证分析。

(3)微观经济学和宏观经济学是互相补充的

经济学的最终目的既要实现资源的最优配置，又要实现资源的充分利用。微观经济学和宏观经济学分别从不同角度，对社会经济资源的配置和利用问题进行了分析，二者互相补充，共同构成了现代西方经济学的基本内容。

第三节 经济学的研究方法

案例导入

实证经济学与规范经济学

【案例内容】

实证经济学与规范经济学的根本区别是对价值判断的态度。经济学的道德与不道德问题就是以价值判断为出发点的,因为价值判断是道德问题的基础。实证经济学排斥价值判断,也就不涉及道德问题,实证分析只认识事实本身,研究经济本身的规律。

为了说明问题我们举一个例子。现在全国上下都非常关心两个指标:国内生产总值(GDP)和人均国内生产总值。前者代表一个国家的综合国力,后者反映老百姓生活的富裕程度。从实证角度看,这些数字的统计归纳过程就是实证分析的过程,如果对某些数据有怀疑可以重新检验。具体数字是客观的,在统计过程中不涉及道德问题,只回答是什么。从规范分析的角度看,在我国目前的情况下,首先要确定一个合理的经济增长率,确定一个反映人民生活小康水平的标准。为了实现这一目标,国家就要制定出相应的产业政策、货币政策和财政政策。后者涉及了道德问题。对于后者,不同的人站在不同角度得出的结论是不一样的。有的人认为经济增长率提高是好事;有的人认为经济增长率太快是坏事,应减缓经济增长。这些都是主观的好坏判断,无法检验。

【案例分析】

通过上述例子可以看到,实证经济学与规范经济学既有区别又有联系。实证分析的数据结果,为国家制定和选择适度的经济增长政策提供了依据;而适合的政策环境又是经济数量指标得以实现的保证。所以,实证经济学是规范经济学的基础,同时又离不开规范经济学的指导。

【案例来源】

http://www. xinggaoling. blog. 163. com/ blog/static/2323

一、经济学的研究方法

经济学是社会科学,同自然科学相比较,它不可能在可控制的环境中做出重复的实验,用实验方法来研究,因此,经济学的研究要比自然科学困难得多。在长期的探索过程中,人们找到了研究经济学的方法。经济学的研究方法是指经济学研究所采用的方式和手段。现代西方经济学家根据经济学研究的特点和运用研究方法性质的不同,把经济学分为实证经济学和规范经济学。

（一）实证经济学和规范经济学

1. 实证经济学的含义

实证经济学是用理论对社会各种经济活动或经济现象进行解释、分析、证实或预测。它要说明的是“是什么”的问题，它研究一个社会所面临的经济问题是如何被切实解决的。它不涉及价值判断问题，即判断某一事物是好还是坏的问题。

实证经济学通常采用实证经济分析法。所谓实证分析是指人们在观察事物时，只注意事物是如何运行的，它想要表述和分析的是现在事物的实际状况和未来的发展趋势，回答的是“是什么”的问题，并不涉及事物本身和相互之间联系的客观规律。实证经济学的目的在于了解经济情况是怎样的以及又是怎样运行的，这里没有价值判断和伦理标准。

2. 规范经济学的含义

规范经济学是以一定价值判断为出发点，提出行为标准，探讨和研究如何符合该标准的政策。它要说明的是“应该是什么”的问题，即它研究一个社会所面临的经济问题应当怎样解决。

规范经济学通常采用规范经济分析法。所谓规范分析，与实证分析不同，它不研究事物是怎样运行的，而是以一定的价值判断为基础，提出某些标准作为分析和处理问题的准则，研究事物应该按此准则运行，它所要回答的是“应该”或“不应该”的问题，涉及伦理标准和价值判断。如某项经济政策是弊大还是利大，是采用还是不采用，这就是规范经济学所研究的问题。

3. 实证经济学与规范经济学的联系

第一，是否以一定的价值判断为依据，是实证经济学与规范经济学的重要区别之一。

第二，实证经济学与规范经济学要解决的问题不同。实证经济学要解决“是什么”的问题，规范经济学要解决“应该是什么”的问题。

第三，实证经济学的内容具有客观性，所得出的结论可以根据事实来进行检验，不会以人们的意志为转移。规范经济学本身则没有客观性，它所得出的结论要受到不同价值观的影响。

第四，实证经济学与规范经济学尽管有上述三点差异，但它们也并不是绝对互相排斥的。规范经济学要以实证经济学为基础，而实证经济学也离不开规范经济学的指导。一般来说，越是具体的问题，实证的成分越多；而越是高层次、带有决策性的问题，越具有规范性。

（二）实证分析方法

经济学属于社会科学，实证分析方法是社会科学研究方法之一。实证分析就是要运用一系列的分析工具，诸如个量分析与总量分析、均衡分析与非均衡分析、静态分析与动态分析、定性分析与定量分析、逻辑演绎与经验归纳、经济模型以及理性人的假定等。下面重点介绍经济学中应用最多的均衡分析，静态分析、比较静态分析和动态分析及经济模型三种情况。

1. 均衡分析

均衡是从物理学中引进的概念。在物理学中，均衡是指同一物体同时受到几个方向不同的外力作用而合力为零时，该物体所处的静止或匀速运动的状态。英国经济学家马歇尔把这一概念引入经济学中，主要指经济中各种对立的、变动着的力量处于一种力量相当、相对静止、不再变动的境界。

均衡又分为局部均衡与一般均衡两种情况。局部均衡分析是假定在其他条件不变的情况下来分析某一时间、某一市场的某种商品（或生产要素）供给与需求达到均衡时的价格决定。一般均衡分析在分析某种商品的价格决定时，则在各种商品和生产要素的供给、需求、价格相互影响的条件下来分析所有商品和生产要素的供给和需求同时达到均衡时所有商品的价格如何被决定。一般均衡分析是关于整个经济体系的价格和产量结构的一种研究方法，是一种比较周到和全面的分析方法。但由于一般均衡分析涉及市场或经济活动的方方面面，而这些又是错综复杂和瞬息万变的，实际上使得这种分析非常复杂和耗费时间，所以在西方经济学中，大多采用局部均衡分析。

2. 静态分析、比较静态分析和动态分析

宏观经济学和微观经济学所采用的分析方法，从另一个角度看，又可分为静态分析、比较静态分析和动态分析。

静态分析，就是分析经济现象的均衡状态以及有关的经济变量达到均衡状态所需要具备的条件，它完全抽掉了时间因素和具体变动的过程，是一种静止地、孤立地考查某些经济现象的方法。

比较静态分析，就是分析在已知条件发生变化以后经济现象均衡状态的相应变化，以及有关的经济总量在达到新的均衡状态时的相应的变化，即对经济现象有关经济变量一次变动（而不是连续变动）的前后进行比较。也就是比较一个经济变量变动过程的起点和终点，而不涉及经济变量变动的时间和具体变动过程本身的情况。

动态分析，则是对经济变动的实际过程进行分析，其中包括分析有关总量在一定时间过程中的变动，这些经济总量在变动过程中的相互影响和彼此制约的关系，以及它们在每一时点上变动的速率等。这种分析考查时间因素的影响，并把经济现象的变化当做一个连续的过程来看待。

3. 经济模型

经济模型，是指用来描述所研究的经济变量之间的依存关系的理论结构。简单地说，把经济理论用变量的函数关系来表示就是经济模型。一个经济模型是指论述某一经济问题的一个理论，借助于不同的分析工具，经济学原理有多种表达方法：可用文字说明（叙述法），也可用数学方程式表达（代数法），还可用几何图形表达（几何法、画图法）。经济现象不仅错综复杂，而且变化多端，如果在研究中把所有的变量都考虑进去，就会使得实际研究成为不可能。所以，任何理论结构或模型，必须运用科学的抽象法，舍弃一些影响较小的因素或变量，把可以计量的复杂现象简化和抽象成为数不多的主要变量，然后按照一定的函数关系把这些变量编成单一方程或联立方程组，构成模型。在建立模型时，如果选取的变量不同，以及对变量的假定不同，所建立的经济模型就会不同。

二、学习经济学应注意的问题

经济学所研究的问题与我们的日常生活紧密相关，由于下述种种原因，使得经济学并不是一门容易学的科学：

第一,经济学所研究的内容,大多是日常生活中所遇到的切身问题,对这些问题,由于有些已司空见惯,人们便会形成某些固有的成见,从而影响了对经济理论的学习。

第二,经济学中的术语有其特殊的含义,与日常生活中的意义不同。因此,我们往往习惯于日常意义而疏忽术语的经济意义,因而妨碍了对经济理论作深入而客观地了解。

第三,经济学中的许多原则都不是绝对的,而是相对的,或是有条件的;往往某种原则在这种情况下适用,在另一种情况下便不适用。比如边际报酬递减规律,它适用于在其他条件不变时,只是增加一种要素使用量所导致的产量变化特征,如果其他条件改变了,则边际报酬递减规律就会失效。又如就个人来说,他手中的货币增加了,说明他较以前富有,但如果一个国家货币总量增加了,则这个国家未必是更富有,可能反而更穷。因此,不了解经济理论的适用性,就无法学好经济学。这也是学习经济学的困难之一。

为克服学习经济学的困难,我们在学习中必须注意以下五点:

第一,充分了解每一个名词、定义及经济理论的意义,避免笼统、模棱两可的概念。

第二,抛开固有的成见,客观地接受经济学所提出的科学分析方法。

第三,在掌握经济理论时,必须充分考虑理论的适用范围,分析经济理论涉及了哪些因素,未考虑或假定不变的是哪些因素。

第四,在掌握每一概念的内容时,应注重对西方经济学整体结构的把握,要从概念或者原理在整个经济学体系中所处的位置和所起的作用去全面理解,不能只见树木不见森林。把握了整体结构,才能更深刻地理解和运用经济学原理,才能作进一步地研究。

第五,应正确对待经济理论的现实应用性。经济学本身是一门实证科学,它只对经济现象进行客观的观察、简化、分析、归纳,以获得一般性的原理原则,它本身只能给我们提供分析问题的工具,学习经济学主要是学习这些工具,用这些分析工具去分析现实问题。因此学习经济学,并不能使你成为某方面的专家,你只有将经济学的方法加以应用,对现实问题进行科学分析,得出正确结论之后,你才能成为专家。例如,经济学的均衡价格原理,只告诉你决定价格的因素是供给和需求,但并没有告诉你目前糖的国际价格是否会上涨。你只有对糖的需求因素和供给因素进行实际调查,并进行研究,然后才能说明糖的价格是否会上涨。

知识归纳

【基本概念】

经济学　稀缺性　微观经济学　宏观经济学　实证经济学　规范经济学　经济模型

【基本原理】

经济学是解决稀缺资源与人类无限需求之间矛盾的科学。因为资源具有稀缺性,所以建立在资源稀缺基础上的经济学要以资源配置和资源利用为研究对象。解决资源配置问题的就是微观经济学,解决资源利用问题的就是宏观经济学。微观经济学分析的是单个经济单位的行为,以价格为核心;宏观经济学研究的是整个国民经济,以国民收入的决定为核心。经济学的研究方法主要是实证分析方法和规范分析方法。

人物窗

经济学之父——亚当·斯密(1723～1790)是经济学的主要创立者。1723年亚当·斯密出生在苏格兰法夫郡的寇克卡迪。青年时就读于牛津大学。1751—1764年在格斯哥大学担任哲学教授。在此期间发表了他的第一部著作《道德情操论》,确立了他在知识界的威望。1776年亚当·斯密的代表作《国民财富的性质与原因的研究》(简称《国富论》)出版,至今仍是经济学界最为重要而且最具影响力的书籍之一。

思考与练习

1. 单选题

(1)经济学可以定义为(　　)。

A. 政府对市场制度的干预

B. 企业取得利润的活动

C. 研究如何最合理地配置稀缺资源于诸多用途

D. 人们靠收入生活

(2)“资源是稀缺的”是指(　　)。

A. 世界上大多数人生活在贫困中

B. 资源必须留给下一代

C. 世界上的资源最终将由于生产更多的物品和劳务而消耗完

D. 相对于资源的需求而言,资源总是不足的

(3)经济学研究的基本问题是(　　)。

A. 怎样生产

B. 为谁生产

C. 生产什么,生产多少

D. 以上都包括

(4)下列命题中哪一个不是实证经济学命题?(　　)

A. 最低工资法导致失业

B. 1981年失业率超过9%

C. 政府的财政赤字会降低失业率,但会促使价格上涨

D. 政府的财政赤字政策是个好政策

(5)下面哪一个问题不是微观经济学所考查的范畴?(　　)

A. 一个厂商的产出水平

B. 通货膨胀率的上升与下降

C. 完全竞争市场中生产者和消费者数量很多

D. 在其他条件不变时，商品的价格与需求量呈反方向变化关系

2. 简答题

(1)怎样理解经济学？经济学的研究对象是什么？

(2)经济学的理论体系包括哪两部分？它们之间的关系怎样？

(3)什么是实证经济学？什么是规范经济学？两者之间的区别和联系有哪些？

第二章　供求理论

教学目标

- 熟练掌握需求、供给、均衡价格和弹性等基本概念；
- 了解均衡价格的形成机制，进一步分析需求和供给变动对均衡价格的影响；
- 应用基本原理解释相关问题。

第一节　需　　求

案例导入

一句谣言导致海南香蕉价格暴跌

【案例内容】

2007 年 3 月中旬，"吃香蕉会致癌"的谣言传播迅速，使海南蕉农大受其害，产品销路大受挫折，香蕉价格大跌。一些市县田头收购价甚至降至 0.2 元/公斤，但仍然无人问津。

香蕉是世界贸易第四大农产品，海南省种植面积达 69 万亩，产业化水平在全国位居前列，遭此大难，广大蕉农自然苦不堪言。对于流言，普通消费者往往抱着"宁信其有，不信其无"的心态。因此，面对这样的公共危机事件，我们需要更迅速、更主动去消弭，让"寒流"尽快散去。

2007 年 4 月 3 日，海南省香蕉协会副秘书长邹增光紧急约见记者，郑重承诺海南香蕉为健康安全水果，"香蕉致癌"纯属谣言，如果食用香蕉致癌，海南省香蕉协会愿意承担一切后果和责任，希望广大消费者放心食用。

农业部"948"香蕉项目首席专家、多年从事香蕉种植生产研究的张锡炎博士介绍，香蕉不仅不是致癌食品，中外有关科学家证明香蕉具有一定的防癌功效，而且越成熟，其抗癌效果就越高。科学家通过动物实验比较了香蕉、葡萄、苹果、西瓜、菠萝、梨和柿子等多种水果的免疫活性，结果确认香蕉效果最好，能增加白细胞，改善免疫系统的功能，还能产生攻击异常细胞的物质"TNF"。

【案例分析】

消费者的偏好是影响人们需求量的一个重要因素。通过影响人们的消费偏好,进而影响人们对某种商品的需求量,最终可导致该种商品价格的上升或下降。本案例中“香蕉致癌”的谣言,改变了人们的消费偏好,使人们对香蕉的需求减少,在供给不变的情况下,香蕉的价格下降了。因此,要解决蕉农的困境,就要提高香蕉的价格,要提高香蕉的价格,就要改变人们的消费偏好。通过科学认识香蕉的所谓“会致癌”问题,摒弃谣言的蛊惑,使人们恢复对香蕉的喜好,从而才能增加对香蕉的需求量,使香蕉的价格得以提高。

【案例来源】

史锋.《西方经济学(第2版)》.武汉:武汉理工大学出版社,2009.8

一、需求及影响需求的因素

1.需求的概念

需求(Demand)是指在某一特定时期内,对应于某种商品的每一种可能的价格,消费者愿意并且能够购买的数量。作为需求,必须符合两个条件:第一,消费者愿意购买;第二,消费者有购买的支付能力。需求是购买欲望和支付能力的统计,缺少任何一个条件都不能成为需求。

2.影响需求的因素

(1)商品本身价格。一般而言,商品的价格与需求量呈反方向变动,即价格越高,需求越少,反之则反是。

(2)相关商品的价格。当一种商品本身价格不变,而其他相关商品价格发生变化时,这种商品的需求量也会发生变化。

(3)消费者的收入水平。当消费者的收入提高时,会增加商品的需求量,反之则反是,劣等品除外。

(4)消费者的偏好。当消费者对某种商品的偏好程度增强时,该商品的需求量就会增加,相反偏好程度减弱,需求量就会减少。

(5)消费者的预期(对未来商品的价格以及对自己未来收入的预期)。当消费者预期某种商品的价格即将上升时,社会增加对该商品的现期需求量,因为理性的人会在价格上升以前购买产品。反之,就会减少对该商品的预期需求量。同样的,当消费者预期未来的收入将上升时,将增加对商品的现期需求,反之则会减少对该商品的现期需求。

此外,影响商品需求量的因素还有很多,比如人口结构、政府政策等。

如果把影响需求数量的各种因素称为自变量,需求数量称为因变量,那么一种商品的需求量 Q_d 与该商品的价格 p 的关系就是,价格上涨时需求量减少,价格下降时需求量增加,因此,需求量 Q_d 可以看成是价格 p 的单调减函数,称为需求函数。也就是说,需求函数表示一种商品的需求量和该商品的价格之间存在着一一对应的关系。

记作:
$$Q_d = f(p) \tag{2.1}$$

此函数关系可分别用商品的需求表和需求曲线来表示。

二、需求表与需求曲线

对一种商品的需求受到上述多种因素的影响，但在众多的因素中最重要的是商品本身的价格，需求定理说明的就是商品价格与需求量的关系，其基本内容是，在其他条件不变的情况下，需求量的变化与价格变化方向相反：价格上升，需求量减少；价格下降，需求量增加，需求定理可以用需求表和需求曲线表示。

1. 需求表

需求表是指某种商品的各种价格与各种价格相对应的该商品的需求量之间关系的数字序列表。表 2－1 是某商品的需求表。

从表 2－1 中可以清楚地看到商品价格与需求量之间的函数关系。例如，当商品的价格为 1 元时，商品的需求量为 700 单位；当价格上升为 2 元时，需求量下降为 600 单位；当价格进一步上升为 3 元时，需求量下降为 500 单位；等等。

表 2－1　　某商品的需求

价格—数量组合	A	B	C	D	E	F
价格（元）	1	2	3	4	5	6
需求量（单位数）	700	600	500	400	300	200

由表 2－1 可以看出，商品价格越低，需求量越大；反之，则需求量越小。

2. 需求曲线

需求曲线是根据需求表中的某种商品的不同的价格水平与需求量的组合，在平面上绘制的一条曲线。图 2－1 是根据表 2－1 绘制的一条需求曲线。

在图 2－1 中，横轴 OQ 表示商品的数量，纵轴表示商品的价格。应该指出的是，与数学的习惯相反，在微观经济学分析需求曲线时，通常以纵轴表示自变量 P，以横轴表示因变量 Q。

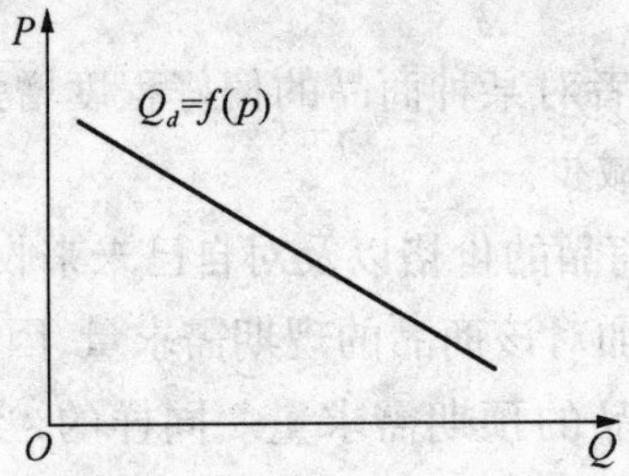

图 2－1　某商品的需求曲线

三、需求量的变动与需求的变动

1. 需求量的变动

需求量变动是指只有商品本身价格变动引起的该商品需求量的变动，其他影响需求量的因素假设不变。在需求曲线上，需求量变动反映为需求曲线上的任何一点在同一条需求曲线上的移动。也就是说，一条需求曲线上的任何一点到该需求曲线上其他各点的移动就是需求量变动，它表明当商品本身价格变动时商品的需求量变动。点向左上方移动表明价格上升需求量减少,点向右下方移动表明价格下降需求量增加,如图2-2(a)所示。

2. 需求的变动

需求变动是指除了商品本身价格以外的其他影响需求量的因素变动引起的该商品需求量的变动,如消费者的货币收入水平、消费者的偏好或其他相关商品的价格等变动引起的该商品需求量的变动。在需求曲线上,需求变动反映为整个需求曲线的移动。需求曲线向右移动表示需求增加,它表明在同一价格水平上的需求量增加;需求曲线向左移动表示需求减少,它表明在同一价格水平上的需求量减少,如图2-2(b)所示。

从需求函数的角度上说,需求量的变动是需求函数的自变量P变动引起的因变量数值的变化。无论如何变化,都在函数的值域范围之内,因而表现在图形上为同一曲线(需求曲线)上点的移动。相反的,需求的变动是由于函数外的原因(外生变量)的变化引起的函数整体的变化。在需求函数的例子中表现为需求函数自变量外的因素,如收入、嗜好等的变化引起的需求变化,因而整个函数改变,表现为整体曲线的平行移动。

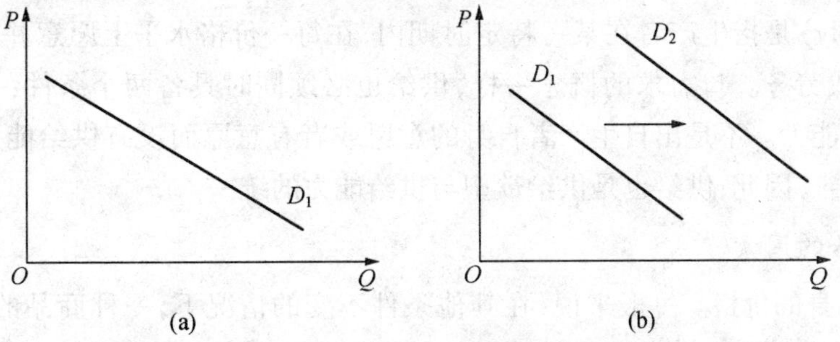

图2-2 需求量变动与需求变动

第二节 供 给

案例导入

"是先有蛋还是先有鸡"

【案例内容】

当然,有一个问题还不能说清:究竟是先产生需求再产生供给呢,还是先产生供给才产生需求?这有点像问"是先有蛋还是先有鸡"。我想,可能有时候是需求带动供给,很多的新产品就是在人们强烈的需求下产生的;也有时候是供给诱导需求,比如新潮的时装,常常是提供出来之后,才逐步左右了人们的视线,引发了人们的需求。但在某一种商品的价格决定中,供给与需求就像一把剪刀的两个刀片,作用是不分彼此,从而共同决定一种商品的价格;同时价格又像一只无形的手在市场经济中自发地调节需求,调节供给,调节的最后结果使市场达到了均衡——社会资源配置合理。

【案例分析】

在经济学家的眼里,产品都可以从供给和需求的角度进行分析。需求是提供产品的动力,供给是满足需求的前提。比如要兴办教育,是因为存在大量的对“教育”产品有需求的人,而有了“教育”产品的供给,才能满足“教育”产品的需求。如果想上学的都能上学,教育资源得到充分利用,也就达到了教育市场的供求平衡。

【案例来源】

梁小民.《微观经济学纵横谈》.上海:上海三联书店,2000

一、供给及影响供给的因素

1. 供给的概念

供给(Supply)是指生产者在某一特定时期内,在每一价格水平上愿意并且能够提供的一定数量的商品或劳务。与需求的概念一样,供给也必须同时具备两个条件:一是有出售的愿望;二是有供给能力。不是出自生产者自身的意愿或者有意愿而没有供给能力的都不是经济学意义上的供给。因此,供给也是供给欲望与供给能力的统一。

2. 影响供给的因素

(1)商品本身的价格。一般来说,在其他条件不变的情况下,一种商品的价格越高,意味着生产这种商品会给厂商带来更多的利润,生产者愿意提供的产量就越大。相反,商品的价格越低,生产者愿意提供的产量就越小。

(2)相关商品的价格。在一种商品的价格不变,而其他相关商品的价格发生变化时,该商品的供给量会发生变化。例如,如果咖啡的价格上涨了,可可的价格不变,一些可可生产者会转向生产咖啡,可可的供给必然减少。

(3)生产的技术水平。生产技术的变动也影响生产成本。在一般情况下,生产技术随着经济活动的发展不断提高。生产的技术水平越低时,其供给量就越少;反之,生产的技术水平越高时,供给量就越大。

(4)生产要素的变动。生产要素价格变化,导致生产成本发生变化。生产要素价格上涨表明生产成本增加,在同一价格水平上,供应量减少;反之,生产要素价格下降,使生产成本减少,在同一价格水平上,供给量增加。

(5)政府的税收和扶持政策。这实际上也影响到生产成本的变化。政府如果增加税收,生产者的生产成本增加,生产者的负担则加重,供给便会减少,反之则会增加。

(6)厂商对未来的预期。如果行情看涨,厂商就会减少现在的供给;反之亦然。

影响供给的因素较为复杂,在不同的时期、不同的市场上,一种商品的市场供给量 Q_s 与商品的价格 p 有关,价格上涨时供给量增加,价格下降时供给量减少,因此供给量 Q_s 是价格 p 的单调增函数,称为供给函数。

记作： $Q_s = f(p)$ (2.2)

供给函数 $Q_s = f(p)$ 表示一种商品的供给量和该种商品价格之间存在着一一对应的关系。它表示这种供给数量和影响该供给数量的各种因素之间的相互关系。影响供给的各个因素是自变量，供给数量是因变量。

二、供给表与供给曲线

商品的供给受到上述多种因素的影响，但最重要的因素是商品本身的价格，说明商品的价格与供给量的关系就是供给定理。供给定理是说明商品本身价格与其供给量之间关系的理论。其基本内容是，在其他条件不变的情况下，一种商品的供给量与价格之间呈同方向变动，即供给量随着商品本身价格的上升而增加，随商品本身价格的下降而减少。在理解这一定理时，也同样要注意"在其他条件不变的情况下"这个假设前提。也就是说，供给定理是在假定影响供给的其他因素不变的前提下，研究商品本身价格与供给量之间的关系。离开了这一前提，供给定理就无法成立。供给定理可以用供给表和供给曲线表示。

1. 供给表

供给表是指某种商品的各种价格与各种价格相对应的该商品的供给量之间关系的数字序列表。表 2－2 是某商品的供给表。

表 2－2　　某商品的供给

价格—供给量组合	A	B	C	D	E	F
价格(元)	2	3	4	5	6	7
供给量(单位数)	0	200	400	600	800	1 000

表 2－2 清楚地表示了商品的价格和供给量之间的函数关系。例如，当价格为 6 元时，商品的供给量是 800 单位；当价格下降为 4 元时，商品的供给量减少为 400 单位；当价格进一步下降为 2 元时，商品的供给量减少为 0 单位。

2. 供给曲线

供给曲线是根据供给表中商品的价格—供给量组合在平面坐标图上所绘制的一条曲线。这是表示某种商品价格与供给量之间关系的曲线，向右上方倾斜，它实际上是用图形的形式来表述供给这个概念。图 2－3 就是根据表 2－2 所绘制的一条供给曲线。

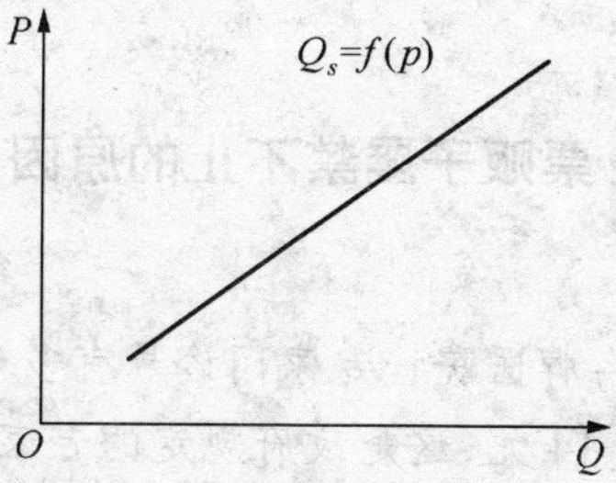

图 2－3　某商品的供给曲线

供给表和供给曲线都反映了商品的价格变动和供给量变动二者之间的规律。从表 2－2

可见,商品的供给量随着商品价格的上升而增加。相应的,在图 2-3 中供给曲线表现出向右上方倾斜的特征,即供给曲线的斜率为正值。它们都表示商品的供给量和价格呈同方向变动的规律。

三、供给量的变动与供给的变动

1. 供给量的变动

供给量的变动是指在其他条件不变的情况下,商品本身价格变动所引起的供给量的变动。供给量的变动表现为同一条供给曲线上的移动。在同一条供给曲线上,向上方移动是供给量增加,向下方移动是供给量减少,如图 2-4(a)所示。

2. 供给的变动

供给的变动是指在商品本身价格不变的情况下,其他因素变动所引起的供给的变动。供给的变动表现为供给曲线的平行移动。供给曲线向左方移动是供给减少,供给曲线向右方移动是供给增加,如图 2-4(b)所示。

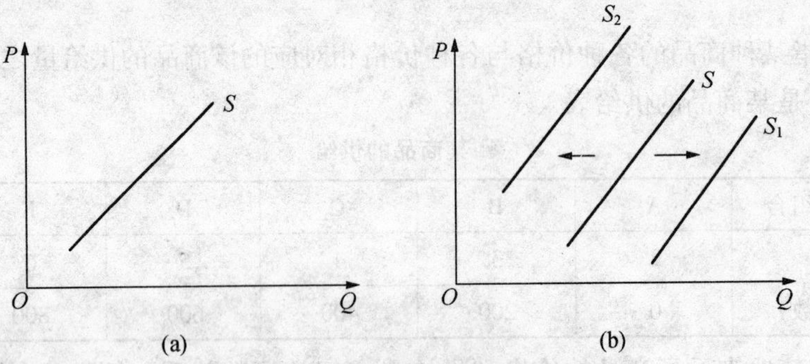

图 2-4　供给量变动与供给变动

第三节　均衡价格

票贩子屡禁不止的原因

【案例内容】

看过病的人都知道,在一些名牌医院挂专家门诊号有多难。医院的挂号价钱倒不贵,北京协和医院治疗门诊的最高价格为 14 元,这是政府规定的专家门诊的最高价格。这一政策的目的是为了保证穷人也能找专家看病,但它却引起了什么后果呢?由于价格低,无论大病、小病,人人都想看专家门诊,但专家看病的积极性并不高。这样,供给量小于需求量,即存在短缺。在存在短缺但价格又不能上升的情况下,就出现了黑市交易。黑市交易是票贩子和病人之间的交易。票贩子是一批以倒号为业的人，他们或拉帮结伙装作病人挂号，或者与医院有关人员勾结弄号，然后以黑市的价格卖给病人。尽管公安部门屡次打击票贩子，但票贩子屡禁不止。

【案例分析】

从经济学的角度看，消除票贩子的办法不是"加大打击力度"等，而是取消对专家挂号费的限制价格政策。一旦价格放开，挂号费上升，想看专家门诊的人减少（小病不找专家，大病、疑难病症才找专家），愿意看病的专家增加，最终实现供求均衡。这时，票贩子无利可图，自然也就消失了。当然，放开专家门诊挂号费限制，也可能造成有大病的穷人得不到好的专家的诊治，有失社会的公平。

【案例来源】

梁小民.《微观经济学纵横谈》. 上海：上海三联书店，2000

一、均衡与均衡价格的含义

1. 均衡的概念

在西方经济学中，均衡是一个被广泛运用的重要的概念。均衡最一般的意义是指经济事物中有关的变量在一定条件的相互作用下所达到的一种相对静止的状态。经济事物之所以能够处于这样一种静止状态，是由于在这样的状态中有关该经济事物的各参与者的力量能够相互制约和相互抵消，也是由于在这样的状态中有关该经济事物的各方面的经济行为者的愿望都能得到满足。

在市场上，需求和供给可以认为是两种相互对立的经济力量，买者希望价格低，而卖者则希望在不影响销售量的情况下尽量要一个高价。正是这种相互的作用使得市场均衡。

2. 均衡价格

所谓均衡价格是指一种商品的需求量与供给量相等时的价格。这时该商品的需求价格与供给价格相等称为均衡价格，该商品的需求量与供给量相等称为均衡数量，如图 2－5 所示。

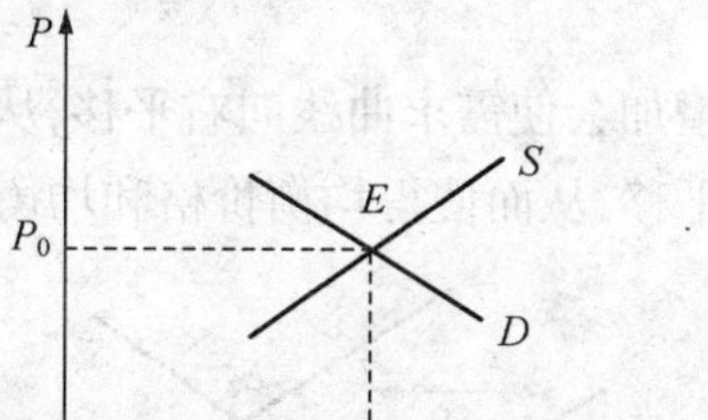

图 2－5　均衡价格与均衡数量

在图 2－5 中，横轴 OQ 表示价格（需求价格和供给价格），纵轴 OP 表示数量（需求数量与供给数量）；D 是需求曲线，S 是供给曲线；需求曲线与供给曲线相交于 E 点，E 点所确定的价格 P_0 就是该商品的均衡价格，E 点确定的商品数量 Q_0 就是该商品达到供求平衡时的均衡数量。

二、均衡价格的形成

均衡价格是经过市场上需求与供给两种相反力量的作用自发形成的。当供大于求时，生产者之间的竞争会导致价格下降；当供小于求时，消费者之间的竞争导致价格上升；只有当供给量等于需求量，并且供给价格等于需求价格时，双方处于相对平衡状态，此时的价格就是均衡价格。如果有外力的干预（如垄断力量的存在或国家的干预），那么，这种价格就不是均衡价格。一般来说，在市场机制的作用下，供求不相等的非均衡状态会逐步消失，实际的市场价格会自动地回复到均衡价格水平。

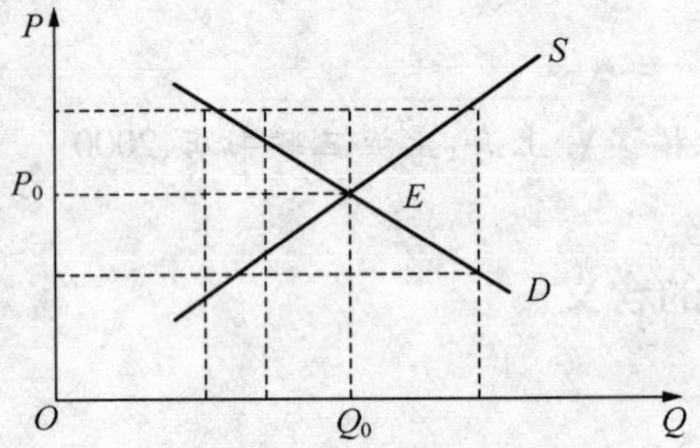

图 2－6　均衡价格的形成

总之，价格、需求和供给三者相互影响、相互依存、相互作用，不论从何种状况出发，都会使市场达到均衡状态。在这个状态下，既没有供过于求，也没有供不应求。因此，所谓的均衡价格就是能够使一种商品的需求量和供给量保持平衡的价格，或者说，这种价格能够促使需求和供给趋向平衡，形成稳定的市场。

三、均衡价格的变动

一种商品的均衡价格是由该商品市场的需求曲线和供给曲线的交点所决定的。因此，需求曲线或供给曲线的位置的移动都会使均衡价格水平发生变动。下面将介绍有关需求曲线和供给曲线位置移动的内容，然后再说明这两种移动对均衡价格及均衡数量的影响。

1. 需求变动对均衡的影响

在供给不变的情况下，需求增加会使需求曲线向右平移，从而使得均衡价格和均衡数量都增加；需求减少会使需求曲线向左平移，从而使得均衡价格和均衡数量都减少，如图 2－7 所示。

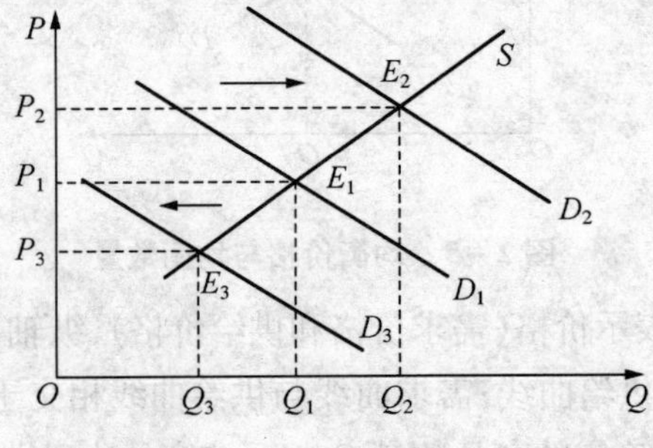

图 2－7　需求变动对均衡的影响

在图 2－7 中，既定的供给曲线 S 和最初的需求曲线 D_1 相交于 E_1 点。在均衡点 E_1，均衡价格为 P_1，均衡数量为 Q_1。需求增加使需求曲线向右平移到 D_2 曲线的位置，D_2 曲线与 S 曲线相交于 E_2 点。在均衡点 E_2，均衡价格上升为 P_2，均衡数量增加为 Q_2。相反，需求减少使需求曲线向左平移到 D_3 曲线的位置，D_3 曲线与 S 曲线相交于 E_3 点。在均衡点 E_3，均衡价格下降为 P_3，均衡数量减少为 Q_3。

2. 供给变动对均衡的影响

在需求不变的情况下，供给增加会使供给曲线向右平移，从而使得均衡价格下降，均衡数量增加；供给减少会使供给曲线向左平移，从而使得均衡价格上升，均衡数量减少，如图 2－8 所示。

在图 2－8 中，既定的需求曲线 D 和最初的供给曲线 S_1 相交于 E_1 点。在均衡点 E_1，均衡价格为 P_0，均衡数量为 Q_0。供给增加使供给曲线向右平移到 S_2 曲线的位置，S_2 曲线与 D 曲线相交于 E_2 点。在均衡点 E_2，均衡价格下降为 P_2，均衡数量增加为 Q_2。相反，供给减少使供给曲线向左平移到供给曲线 S_3 的位置，S_3 曲线与 D 曲线相交于 E_3 点。在均衡点 E_3，均衡价格上升为 P_3，均衡数量减少为 Q_3。

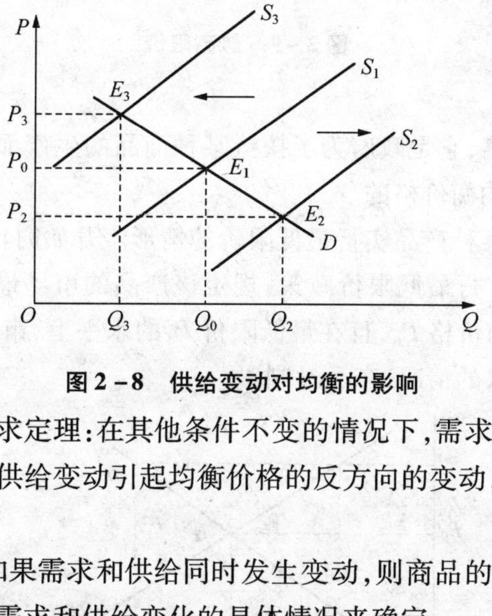

图 2－8　供给变动对均衡的影响

综上所述，可以得到供求定理：在其他条件不变的情况下，需求变动分别引起均衡价格与均衡数量的同方向的变动；供给变动引起均衡价格的反方向的变动，引起均衡数量的同方向的变动。

最后，需要指出的是，如果需求和供给同时发生变动，则商品的均衡价格和均衡数量的变化是难以确定的，这要结合需求和供给变化的具体情况来确定。

四、均衡价格理论的应用

政府根据不同的经济形势会采取不同的经济政策。下面介绍政府的有关价格政策：最高限价和最低限价。

1. 最高限价

最高限价又称限制价格，是政府为了限制某种商品价格上升而规定的这种商品的最高价格。价格上限一定是低于均衡价格的。如图 2－9 表示政府对某种产品实行最高限价的情形。开始时，该产品市场的均衡价格为 P_0，均衡数量为 Q_0。若政府实行最高限价政策，规定该产品

的市场最高价格为 P_1。由图 2－9 可见，最高限价 P_1 小于均衡价格 P_0，且在最高限价 P_1 的水平上，市场需求量 Q_2 大于市场供给量 Q_1，市场上出现供不应求的情况。

政府实行最高限价的目的往往是为了抑制某些产品的价格上涨，尤其是为了对付通货膨胀。采取限制价格有利于社会平等的实现，有利于社会的安定，但这种政策会引起严重的不利后果。价格水平低不利于刺激生产，从而使产品长期存在短缺现象；价格水平低不利于抑制需求，从而会在资源缺乏的同时又造成严重的浪费；限制价格之下所实行的配给制会引起社会风气败坏，会产生"黑市"交易，会出现"走后门"现象。此外，生产者也可能粗制滥造，降低产品质量，形成变相涨价。

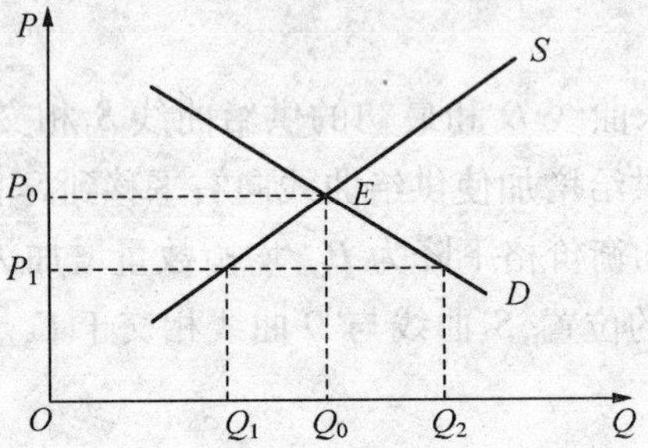

图 2－9　最高限价

2. 最低限价

最低价格又称支持价格，它是政府为了扶持某种商品的生产而规定的这种商品的最低价格。价格下限一定是高于均衡价格的。

图 2－10 表示政府对某种产品实行最低限价的情形。开始时市场的均衡价格为 P_0，均衡数量为 Q_0。以后，若政府实行最低限价政策，规定该产品的市场最高价格为 P_1。由图 2－10 可见，最高限价 P_1 大于均衡价格 P_0，且在最低限价 P_1 的水平上，市场供给量 Q_2 大于市场需求量 Q_1，市场上出现供过于求的情况，产品过剩。

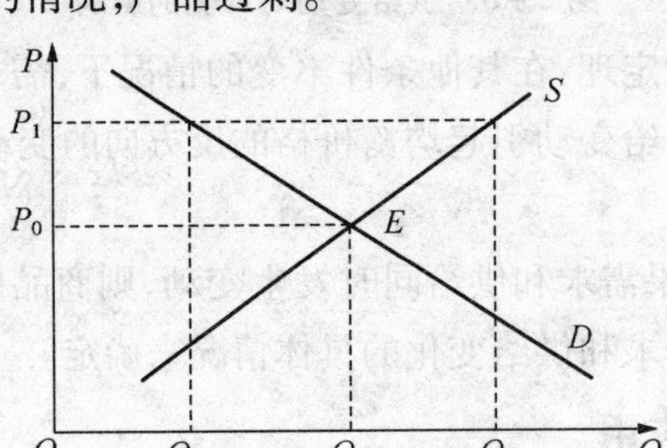

图 2－10　最低限价

政府实行最低限价的目的往往是为了扶持某些行业的发展。许多国家实行的农产品支持价格和最低工资都属于价格下限。就农产品支持价格而言，其目的是稳定农业生产和农民的收入，有其积极意义，但这也增加了农产品过剩，不利于市场调节下的农业结构调整。

第四节 弹性理论

案例导入

“谷贱伤农”

【案例内容】

设想某年大自然对农业格外恩惠,寒冷的冬季冻死了所有的害虫;适于播种的春季早早到来;没有发生恶性霜冻;细雨滋润了成长中的秧苗;阳光灿烂的10月使得收割顺利并得以运往市场。年终时老张一家愉快地坐下来计算一年的收入。但他们将会大吃一惊:好年景和大丰收反而降低了他们及其他农民的收入,即“谷贱伤农”。请运用弹性理论来解释经济学中最著名的“丰收悖论”。

【案例分析】

“谷贱伤农”是经济学的一个经典问题,它描述的是这样一种经济现象:在丰收的年份,农民的收入反而减少了。这种现象实际上可用农产品的需求弹性原理加以解释。作为谷物的农产品往往是缺乏需求弹性的。

如图2-11所示,农产品的市场需求曲线比较陡峭。当农业丰收时,农产品的供给曲线向右移动到 S_1 的位置,在缺乏需求弹性的条件下,农产品价格会大幅度下降,即农产品均衡价格的下降幅度大于农产品均衡数量的增加幅度,最后导致农民的总收入减少,总收入的减少量相当于矩形 OP_0EQ_0和 $OP_1E_1Q_1$ 的面积之差。相反,在歉收的年份,农产品的减少会导致农产品价格大幅上升,使农民的总收入增加。

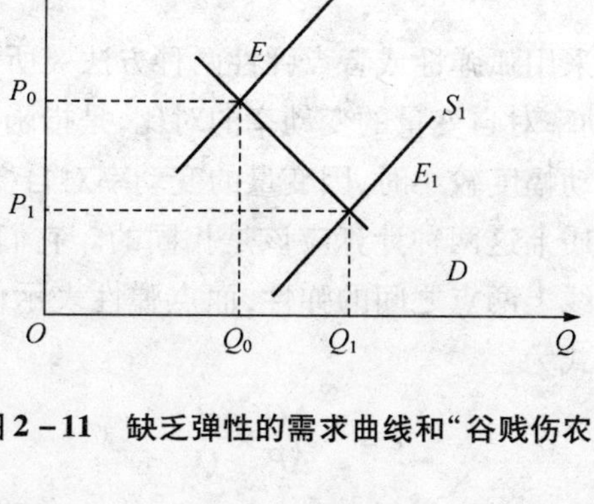

图2-11 缺乏弹性的需求曲线和“谷贱伤农”

一、弹性的含义

“弹性”是一个物理学名词,指一物体对外部力量的反应程度。在经济学中,弹性是指经济变量之间存在函数关系时,因变量对自变量变化的反应的敏感程度,其大小可以用两个变化的百分比之比例,即弹性系数来表示。弹性系数是指反映自变量变动引起因变量变动的程度,或因变量对自变量变动的反应程度,一般用 e 表示。

在经济学中,弹性系数的一般公式为:

$$弹性系数=\frac{因变量的变动比例}{自变量的变动比例} \tag{2.3}$$

设两个经济变量之间的函数关系为 $Y=f(X)$,则弹性系数的一般公式还可以表示为:

$$e=\frac{\frac{\Delta Y}{Y}}{\frac{\Delta X}{X}}=\frac{\Delta Y}{\Delta X}\times\frac{X}{Y} \tag{2.4}$$

上述公式中,e 为弹性系数,ΔX、ΔY 分别为变量 X、Y 的变动量。该公式表示:当自变量 X 变化百分之一时,因变量 Y 变化百分之几。

二、需求价格弹性的含义

需求的价格弹性简称为需求弹性,是指价格变动的比率所引起的需求量变动的比率,即需求量变动对价格变动的反应程度。或者说,表示在一定时期内当一种商品的价格变化百分之一时所引起的该商品的需求量变化的百分比。其公式为:

$$需求的价格弹性系数=\frac{需求量变动率}{价格变动率} \tag{2.5}$$

在理解需求弹性的含义时要注意这样几点:第一,在需求量与价格这两个经济变量中,价格是自变量,需求量是因变量。所以,需求弹性就是指价格变动所引起的需求量变动的程度,或者说需求量变动对价格变动的反应程度。第二,需求弹性系数是需求量变动率与价格变动率的比值。第三,弹性系数的数值可以为正值,也可以为负值。但在实际运用时,应当注意,由于需求量的变化与价格的变化方向相反,即价格越高,需求量越小;价格越低,需求量越大。所以,需求弹性系数应为负数。为了方便起见,一般都取其绝对值。第四,同一条需求曲线上不同点的弹性系数大小并不相同。

1. 需求价格弹性的计算

计算需求价格弹性可以采用弧弹性或者点弹性两种方法。所谓弧弹性是指在自变量的变动幅度较大时,因变量的变动率对自变量的变动率的对比,是指函数线上两点之间的弹性。所谓点弹性是指在自变量的变动幅度较小时,因变量的变动率对自变量的变动率的对比,是指函数线上某一点的弹性。在本质上这两种计算应该是相同的。它们的区别仅在于,弧弹性表示价格变化量较大时的需求曲线上两点之间的弹性,而点弹性表示价格变化量无穷小时的需求曲线上某一点的弹性。其公式为:

一般公式:

$$e=-\frac{\Delta Q}{\Delta P}\times\frac{P}{Q} \tag{2.6}$$

用中点法计算弧弹性的公式：

$$e = -\frac{\Delta Q}{\Delta P} \times \frac{\frac{P_1 + P_2}{2}}{\frac{Q_1 + Q_2}{2}} \tag{2.7}$$

点弹性的计算公式：

$$e = \lim_{\delta x \to 0} -\frac{\Delta Q}{\Delta P} \times \frac{P}{Q} = -\frac{\partial Q}{\partial P} \times \frac{P}{Q} \tag{2.8}$$

2. 需求弹性的分类

根据各种商品需求弹性系数的大小，可以把需求的价格弹性分为以下五类：

(1) $Ed = 0$，表明需求量为一常量，需求量不随价格变化而变化，称为完全无弹性，在这种情况下，无论价格如何变动，需求量都不会变动。这时的需求曲线是一条与横轴垂直的线，如图 2-12 所示。

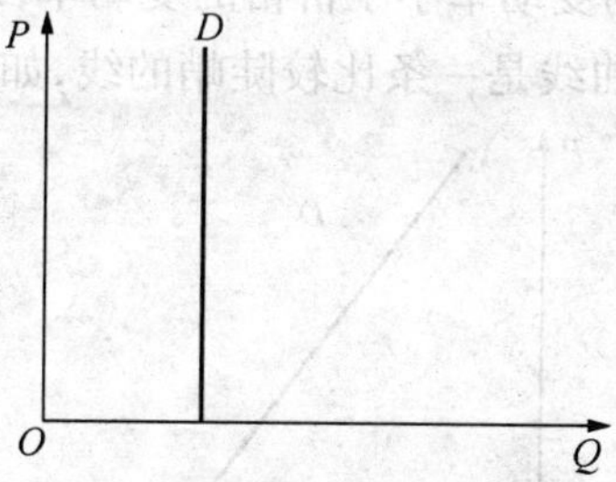

图 2-12 需求完全无弹性

(2) $Ed \to \infty$，表明价格为一定的情况下，需求量无限大，称为无穷大弹性，在这种情况下，需求曲线是一条与横轴平行的线，如图 2-13 所示。

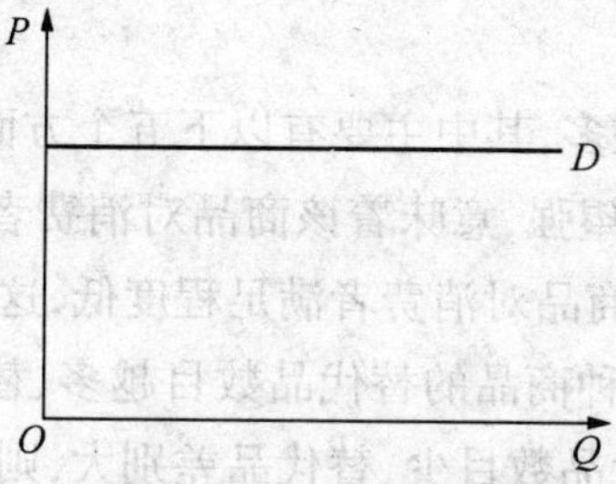

图 2-13 需求完全弹性

(3) $Ed = 1$，表明需求量的变动率等于价格的变动率，即需求和价格以相同幅度变动，称为单位需求弹性，在这种情况下，需求曲线是一条正双曲线，如图 2-14 所示。

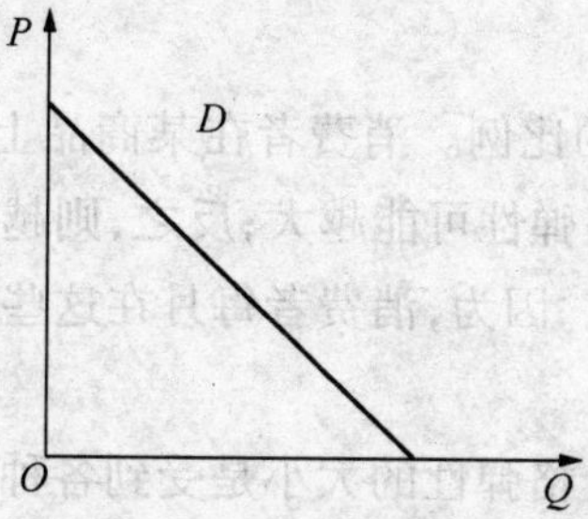

图 2-14 需求单位弹性

(4)$Ed>1$，表明需求量的变动率大于价格的变动率，即需求量对价格变化反应强烈，称为富有弹性。这时的需求曲线是一条比较平坦的线，如图 2－15 所示。

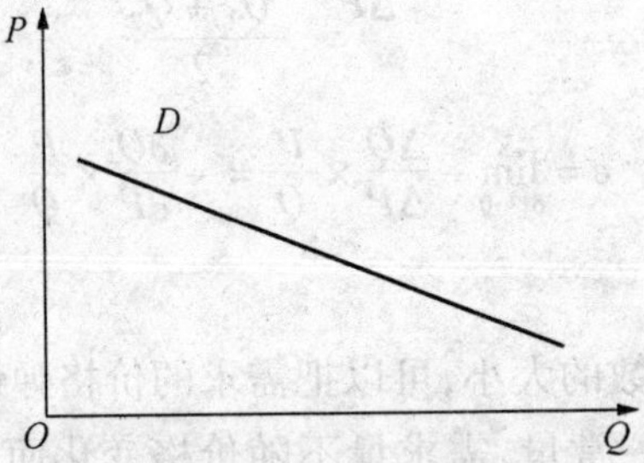

图 2－15　需求富有弹性

(5)$0<Ed<1$，表明需求量的变动率小于价格的变动率，即需求量变化对价格变化反应缓和，称为缺乏弹性。这时的需求曲线是一条比较陡峭的线，如图 2－16 所示。

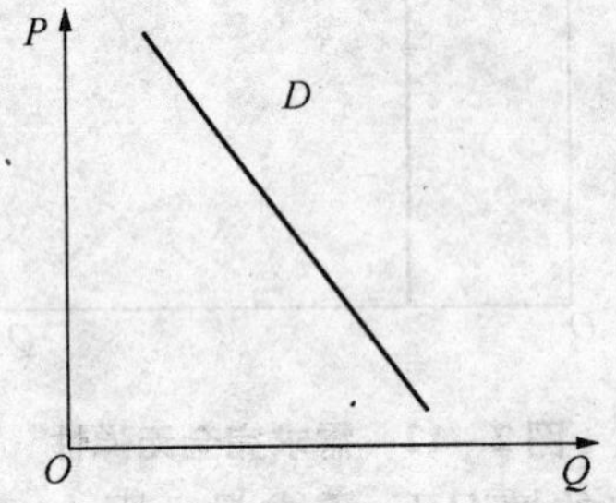

图 2－16　需求缺乏弹性

3. 影响需求价格弹性的因素

影响需求价格弹性的因素很多，其中主要有以下五个方面：

(1)购买欲望。如果购买欲望强，意味着该商品对消费者满足程度高，这类商品需求弹性大；反之，购买欲望弱，意味着该商品对消费者满足程度低，这类商品需求弹性小。

(2)商品的可替代程度。一种商品的替代品数目越多、替代品之间越相近，则该商品的需求弹性大；反之，一种商品的替代品数目少，替代品差别大，则该商品需求弹性小。

(3)商品本身用途的广泛性。一种商品用途较广，则需求弹性较大；反之，一种商品用途较少时，则需求弹性小，因为该商品降价后也不可能有其他用途，需求量不会增长很多。

(4)商品的使用时间的长短。使用时间长的商品，其价格需求弹性较大；反之，使用寿命短的商品，其价格需求弹性就小。

(5)商品在家庭支出中所占的比例。消费者在某商品上的消费支出在预算总支出中所占的比重越大，该商品的需求的价格弹性可能越大；反之，则越小。例如，火柴、盐、铅笔和肥皂等商品的需求的价格弹性就比较小。因为，消费者每月在这些商品上的支出是很小的，消费者往往不太重视这类商品价格的变化。

需要指出，一种商品需求的价格弹性的大小是受到各种影响因素综合作用的结果。所以，在分析一种商品的需求的价格弹性的大小时，要根据具体情况进行全面的综合分析。

三、需求收入弹性与交叉弹性

1. 需求收入弹性的含义与计算

需求的收入弹性,表示在一定时期内消费者对某种商品的需求量的变动对于消费者收入量变动的反应程度。或者说,表示在一定时期内当消费者的收入变化百分之一时所引起的商品需求量变化的百分比。它是商品的需求量的变动率和消费者的收入量的变动率的比值。

假定某商品的需求量 Q 是消费者收入水平 M 的函数,即 $Q=f(M)$,则该商品的需求的收入弹性公式为:

$$e_{\mathrm{m}}=\frac{\frac{\Delta Q}{Q}}{\frac{\Delta M}{M}}=\frac{\Delta Q}{\Delta M}\times\frac{M}{Q} \tag{2.9}$$

或者:

$$e_{\mathrm{m}}=\lim_{\delta x\to 0}\frac{\Delta Q}{\Delta M}\times\frac{M}{Q}=\frac{\partial Q}{\partial M}\times\frac{M}{Q} \tag{2.10}$$

以上(2.9)式和(2.10)式分别为需求的收入弧弹性和点弹性公式。

根据商品的需求收入弹性系数值,可以给商品分类。首先,商品可以分为两类,分别是正常品和劣等品。其中,正常品是指需求量与收入成同方向变化的商品;劣等品是指需求量与收入成反方向变化的商品。然后,还可以将正常品再进一步区分为必需品和奢侈品两类。以上的这种商品分类方法,可以用需求的收入弹性来表示。具体地说,$e_{\mathrm{m}}>0$ 的商品为正常品,因为 $e_{\mathrm{m}}>0$ 意味着该商品的需求量与收入水平成同方向变化。在正常品中,$e_{\mathrm{m}}<1$ 的商品为必需品,$e_{\mathrm{m}}>1$ 的商品为奢侈品。$e_{\mathrm{m}}<0$ 的商品为劣等品,因为 $e_{\mathrm{m}}<0$ 意味着该商品需求量与收入水平成反方向变化。当消费者的收入水平上升时,尽管消费者对必需品和奢侈品的需求量都会有所增加,但对必需品的需求量的增加是有限的,或者说,是缺乏弹性的;而对奢侈品的需求量的增加是较多的,或者说,是富有弹性的。

在需求的收入弹性的基础上,如果具体地研究消费者用于购买食物的支出量对消费者收入量变动的反应程度,就可以得到食物支出的收入弹性。西方经济学中的恩格尔定律指出:在一个家庭或在一个国家中,食物支出在收入中所占的比例随着收入的增加而减少。用弹性概念来表达恩格尔定律可以是,对于一个家庭或一个国家来说,富裕程度越高,则食物支出的收入弹性就越小;反之,则越大。许多国家经济发展过程中的资料表明恩格尔定律是成立的。

2. 需求交叉弹性

需求的交叉弹性又称交叉弹性,是指相关的两种商品中一种商品的价格变动比率所引起的另一种商品的需求量变动的比率,即一种商品的需求量变动对另一种商品价格变动的反应程度。需求交叉弹性的大小可以用交叉弹性系数来表示。

假定商品 X 的需求量 Q_X 是它的相关商品 Y 的价格 P_Y 的函数,即 $Q_X=f(P_Y)$,则商品的需求的交叉价格弧弹性公式为:

$$e_{XY}=\frac{\frac{\Delta Q_X}{Q_X}}{\frac{\Delta P_Y}{P_Y}}=\frac{\Delta Q_X}{\Delta P_Y}\times\frac{P_Y}{Q_X} \tag{2.11}$$

式中，ΔQ_X为商品 X 的需求量的变化量，ΔP_Y为相关商品 Y 的价格的变化量；e_{XY}为当 Y 商品的价格发生变化时 X 商品的需求的交叉价格弹性系数。

当 X 商品的需求量的变化量 ΔQ_X和相关商品价格的变化量 ΔP_Y均为无穷小时，则商品 X 的需求的交叉价格点弹性公式为：

$$e_{XY} = \lim_{\delta x \to 0} \frac{\frac{\Delta Q_X}{Q_X}}{\frac{\Delta P_Y}{P_Y}} = \frac{\partial Q_X}{\partial P_Y} \times \frac{P_Y}{Q_X} \tag{2.12}$$

需求的交叉价格弹性系数的符号取决于所考查的两种商品的相互关系。对于不同的商品关系而言，交叉弹性的弹性系数是不同的。如果交叉弹性系数为负值，则这两种商品为互补关系，其弹性的绝对值越接近于 1，互补关系越密切；如果交叉弹性系数为正值，则这两种商品为替代关系，其弹性的绝对值越接近于 1，替代关系就越强；如果交叉弹性系数为零，则这两种商品之间没有关系。

四、供给弹性

1. 供给弹性的含义与计算

在西方经济学中，供给弹性包括供给的价格弹性、供给的交叉弹性和供给的预期价格弹性等。供给的价格弹性是供给弹性中最重要的一种类型，又称为供给弹性。所谓供给弹性，是指商品的供给量变动率与价格变动率之比。即一种商品的供给量变动对价格变动的反应程度。与需求的价格弹性一样，供给的价格弹性也分为弧弹性和点弹性。

供给的价格弧弹性公式为：

$$e_s = \frac{\frac{\Delta Q}{Q}}{\frac{\Delta P}{P}} = \frac{\Delta Q}{\Delta P} \times \frac{P}{Q} \tag{2.13}$$

供给的价格点弹性公式为：

$$e_s = \frac{\frac{\mathrm{d}Q}{Q}}{\frac{\mathrm{d}P}{P}} = \frac{\mathrm{d}Q}{\mathrm{d}P} \times \frac{P}{Q} \tag{2.14}$$

2. 供给弹性的分类

与需求的价格弹性一样，供给的价格弹性也有五种类型。根据各种商品供给弹性系数的大小，可以把供给的价格弹性分为如下五种：第一，供给完全无弹性，即 $e_s = 0$ 。在这种情况下，无论价格如何变动，供给量都不变。这时的供给曲线是一条与横轴垂直的线。如图 2－17 所示。第二，供给有无限弹性，即 $e_s = \infty$ 。在这种情况下，价格是既定的而供给量无限。这时的供给曲线是一条与横轴平行的线，如图 2－18 所示。第三，单位供给弹性，即 $e_s = 1$ 。在这种情况下，价格变动的百分比与供给量变动的百分比相同。这时供给曲线是一条与横轴成 45°，并向右上方倾斜的线，如图 2－19 所示。第四，供给富有弹性，即 $e_s > 1$ 。在这种情况下，供给量变动的百分比大于价格变动的百分比。这时的供给曲线是一条向右上方倾斜，且较为平坦的线，如图2－20所示。第五，供给缺乏弹性，即 $e_s < 1$ 。在这种情况下，供给量变动的百分比小于价格变动的百分比。这时的供给曲线是一条向右上方倾斜，且较为陡峭的线，如图2－21所示。

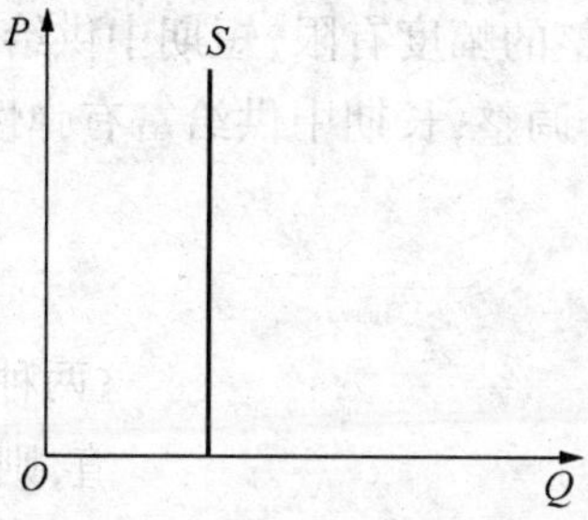

图2－17 供给完全无弹性

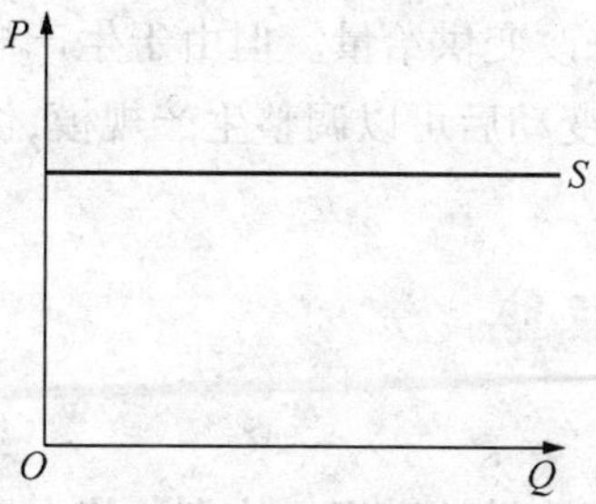

图2－18 供给完全弹性

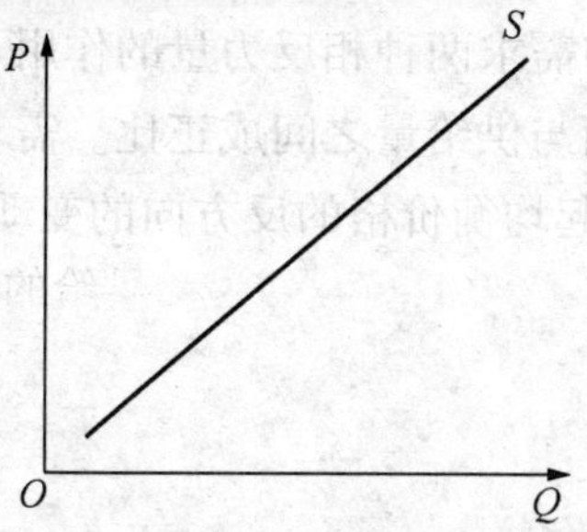

图2－19 供给单位弹性

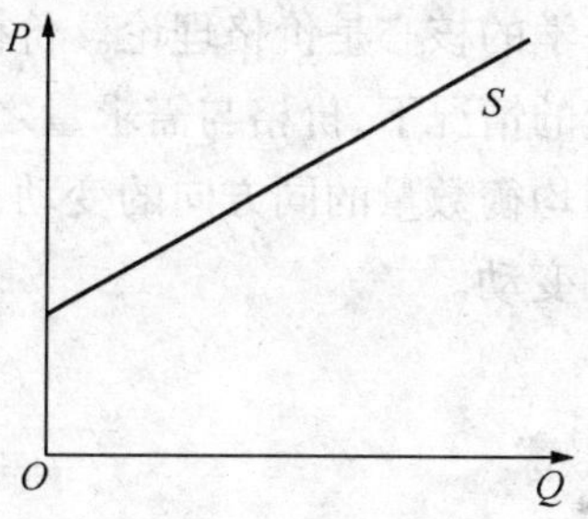

图2－20 供给富有弹性

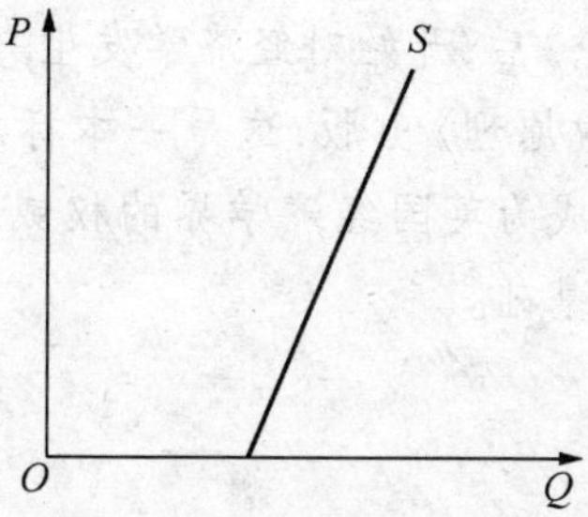

图2－21 供给缺乏弹性

3. 影响供给弹性的因素

影响供给弹性的因素也是多种多样的，概括起来主要有以下五个方面：

(1)生产的难易程度。容易生产且生产周期短的商品供给弹性大。反之，不易生产且生产周期长的商品供给弹性小。

(2)生产要素的供给弹性。生产要素供给弹性大的商品，商品的供给弹性也大。反之，生产要素供给弹性小，商品的供给弹性也小。

(3)生产采用的技术类型。资本或技术密集型的商品，增加供给较难，商品的供给弹性较小；劳动密集型的商品，增加供给相对容易，商品的供给弹性较大。

(4)商品保管难易程度。容易保管的商品，增加供给容易，其供给弹性较大；不易保管的商品增加供给困难,其供给弹性较小。

(5)时间的长短。供给弹性的大小与时间相关。一般来说,在价格发生变动之时,供给量很难立即调整,即生产无法立即增加或减少,所以,即期供给弹性几乎为零。换言之,在价格变动之后的极短时间内,供给量几乎不变。在短期中,价格变动后,可以通过调整劳动力、原料这类生产要素来改变供给量。但由于生产规模不变,调整的幅度有限,短期中供给缺乏弹性。在长期中,价格变动后可以调整生产规模,供给可以充分调整,长期中供给富有弹性。

知识归纳

【基本概念】

需求定理　供给定理　均衡价格　需求价格弹性

【基本原理】

微观经济学的核心是价格理论。价格是在供给与需求两种相反力量的作用下形成的。在其他条件不变的情况下,价格与需求量之间成反比,而与供给量之间成正比。需求变动分别引起均衡价格与均衡数量的同方向的变动;供给变动引起均衡价格的反方向的变动,引起均衡数量的同方向的变动。

人物窗

大卫·李嘉图(1772—1823),英国著名的古典政治经济学家。1799 年他读到亚当·斯密《国富论》后,开始对经济学发生兴趣。1817 年 4 月,李嘉图的代表作《政治经济学及赋税原理》出版,这是一本标志着英国古典经济学最后完成的著作。此书使他很快成为英国经济学界的权威。他提出的比较优势理论现在仍然是国际贸易理论的基础。

思考与练习

1. 单选题

(1)保持所有其他因素不变,某种商品的价格下降,将导致(　　)。

A. 需求增加　B. 需求减少　C. 需求量增加　D. 需求量减少

(2)消费者预计某种物品未来价格上升,则对该物品当前需求(　　)。

A. 增加　B. 减少　C. 不变　D. 皆有可能

(3)如果猪肉的价格上升,鸡肉的价格保持不变,则鸡肉的需求将会(　　)。

A. 增加　B. 减少　C. 不变　D. 皆有可能

(4)如果生产某商品所需的原材料的价格上升,这种商品的(　　)。

A. 需求曲线将向左方移动

B. 供给曲线将向左方移动

C. 需求曲线将向右方移动

D. 供给曲线将向右方移动

(5)如果某商品的价格从10元下降到9元,需求量从70增加到75,则需求为(　　)。

A. 富有弹性　　B. 缺乏弹性　　C. 单位弹性　　D. 无限弹性

2. 多选题

(1)西红柿需求的变化,可能是由于(　　)。

A. 消费者认为西红柿价格太高了

B. 消费者预期西红柿将降价

C. 种植西红柿的技术有了改进

D. 消费者得知西红柿有益健康

(2)政府把价格限制在均衡水平以下可能导致(　　)。

A. “黑市”交易

B. 排长队

C. 配给制

D. 买者按低价买到了想买的商品数量

3. 简答题

(1)如何理解需求与供给的含义?

(2)均衡价格是如何形成的?

(3)什么是需求价格弹性?影响需求价格弹性的因素有哪些?

第三章　消费者行为理论

教学目标

➢了解基数效用论与序数效用论的基本内容、区别与联系；

➢掌握无差异曲线分析法来分析消费者均衡；掌握在预算约束条件下，消费者如何达到均衡；

➢理解消费者剩余的概念。

第一节　欲望与效用

案例导入

最好吃的东西

【案例内容】

兔子和猫争论，世界上什么东西最好吃。兔子说："世界上萝卜最好吃。萝卜又甜又脆又解渴，我一想起萝卜就要流口水。"

猫不同意，说："世界上最好吃的东西是老鼠。老鼠的肉非常嫩，嚼起来又酥又松，味道美极了！"

兔子和猫争论不休、相持不下，跑去请猴子评理。

猴子听了，不由得大笑起来："瞧你们这两个傻瓜蛋，连这点儿常识都不懂！世界上最好吃的东西是什么？是桃子！桃子不但美味可口，而且长得漂亮。我每天做梦都梦见吃桃子。"

兔子和猫听了，全都直摇头。那么，世界上到底什么东西最好吃？

【案例分析】

效用完全是个人的心理感觉，不同的偏好决定了对同一种商品效用大小的不同评价。

【案例来源】

http://www.360doc.com/content/10/0901/18/395329《微观经济学教学案例》

一、欲望与效用

1. 欲望的概念

欲望，是指人们对某种物品缺乏的感觉与求得满足的愿望。西方经济学家研究消费者行为理论通常从欲望的研究开始。欲望是一种心里感觉，具有无限性，一种欲望满足之后又会产生新的欲望。但是欲望又具有层次性。美国著名的心理学家亚伯拉罕·马斯洛把人的欲望或者人的需要分为五个层次：

第一个层次是人的生理上的需要。包括衣、食、住、行等基本生存条件的需要。从这个意义上说，生理需要是推动人们行动最首要的动力。

第二个层次是安全上的需要。包括对人身安全、健康保障以及免遭痛苦、威胁等方面的需要，这种需要实际上是生理需要的延伸。

第三个层次是情感和归属的需要。包括社会交往、友情和爱情等。这是人作为社会的人的一种需要，希望自己在某一个团体中得到认可，并发挥作用；同时希望与他人保持友谊和融洽的关系。

第四个层次是尊重的需要。包括自我尊重、被他人尊重等。自我尊重是指一个人希望在各种不同情境中有实力、能胜任、充满信心、能独立自主。被他人尊重是指一个人希望有地位、有威信，受到别人的尊重、信赖和高度评价。马斯洛认为，尊重需要得到满足，能使人对自己充满信心，对社会充满热情。

第五个层次是自我实现的需要。包括个人理想、抱负得到实现，个人能力得到最大程度发挥，成为有成就的人，这是最高层次的需要。

2. 效用的概念

效用，是指消费者在消费商品或服务时所感受到的满足程度。一种商品对消费者是否具有效用，取决于消费者是否有消费这种商品或服务的欲望。对人们欲望满足程度大的商品，其效用就大；对人们欲望满足程度小的商品，其效用就小；如果不能使消费者得到满足，这种商品的效用就等于零，甚至可能是负效用。

效用是一个非常复杂的概念，说它复杂主要是因为它是主观的东西而非客观之物。效用首先是消费者对商品的主观上的感受和评价。效用是消费者在消费商品过程中所产生的心理获得的反应，表示商品或服务与消费者的快乐与痛苦之间的关系。

效用会因人、因地、因时而异。同是一支烟，对于吸烟者而言可以有很大的效用，而对不吸烟者来说，则可能没有效用，甚至是负效用。当然，同一物品在不同的时间与地点其效用也是不同的。例如，同是一件棉衣，在冬天或者寒冷的地区给人带来的效用就大，但在夏天或热带地区带来的就是负效用。所以，效用的大小与有无完全是一种主观的心理感受。

二、基数效用论与序数效用论

既然效用有大小之分，那么如何衡量效用的大小呢？19 世纪西方经济学家先后提出了基数效用和序数效用的概念，并在此基础上形成了分析消费者行为的两种方法，即基数效用论者的边际效用分析方法和序数效用论者的无差异曲线分析方法。

1. 基数效用论

基数效用论是研究消费者行为的一种理论。其基本观点是,效用是可以计量并可加总求和的,因此,效用的大小可以用基数(1、2、3…)来表示,正如长度单位可以用米来表示一样。所谓效用可以计量,是指消费者消费某一物品所得到的满足程度可以用效用单位来进行衡量。例如,可以说某消费者吃一根香蕉所得到的满足程度是 3 个效用单位;喝一杯咖啡的效用是 8 个效用单位,听一张猫王的音乐唱片所得到的满足程度是 5 个效用单位等。所谓效用可以加总求和,是指消费者消费几种物品所得到的满足程度可以加总而得出总效用。例如,某消费者喝一杯咖啡的效用是 8 个效用单位,听一张猫王的音乐唱片所得到的满足程度是 5 个效用单位,那么,消费者消费这两种物品所得到的总满足程度就是 13 个效用单位。根据这一理论,可以用具体的数字来研究消费者效用最大化问题。

基数效用论采用的分析方法是边际效用分析法。

2. 序数效用论

序数效用论是为了弥补基数效用论的缺点而提出来的另一种研究消费者行为的理论。其基本观点是,效用作为一种心理现象无法计量,也不能加总求和,只能表示出满足程度的高低与顺序,因此,效用只能用序数(第一、第二、第三……)来表示。例如,消费者消费了咖啡与唱片,他从中得到的效用是无法衡量的,也无法加总求和,更不能用基数来表示,但他可以比较从消费咖啡与唱片这两种物品中所得到的效用。如果他认为消费一杯咖啡所带来的效用大于消费唱片所带来的效用,那么就可以说,咖啡的效用是第一,唱片的效用是第二。

序数效用论采用的分析方法是无差异曲线分析法。

第二节　基数效用论

案例导入

春晚的“怪圈”

【案例内容】

从 20 世纪 80 年代初期开始,我国老百姓在过春节的年夜饭中增添了一个诱人的内容,那就是春节联欢晚会。记得 1983 年第一届春晚的出台,在当时娱乐事业尚不发达的我国引起了极大的轰动。晚会的节目成为全国老百姓在街头巷尾和茶余饭后津津乐道的题材。晚会年复一年地办下来了,投入的人力和物力越来越大,技术效果越来越先进,场面设计越来越宏大,节目种类也越来越丰富。但不知从哪一年开始,人们对春晚的评价却越来越差了。原来街头巷尾和茶余饭后的赞美之词变成了一片骂声,春晚成了一道众口难调的大菜,晚会陷入了“年年办,年年骂;年年骂,年年办”的“怪圈”。

【案例分析】

本案例其实与边际效用递减规律有关。在其他条件不变的情况下,当消费者连续消费某种商品时,随着消费量的不断增加,他从消费该商品中所得到的效用是越来越少的,这种现象普遍存在。

【案例来源】

刘华,李克国.《经济学案例教程》.大连:大连理工大学出版社,2007

一、总效用与边际效用

1. 总效用

基数效用论者将效用分为总效用和边际效用两种。总效用,是指消费者在一定时间内从一定量的某种商品的消费中所得到的效用量的总和,用 TU 来表示。假定消费者对一种商品的消费数量为 Q,则总效用函数为:

$$TU = f(Q) \tag{3.1}$$

上式表示,总效用 TU 是消费量 Q 的函数,它是随消费量的变化而变化。

2. 边际效用

边际效用,是指消费者每增加一个单位商品或服务的消费量所增加的满足程度,即增加一单位商品或者服务的消费所带来的总效用的增加量,用 MU 来表示。边际的含义是增量,是指一单位的自变量的变化量所引起的因变量的变化量。假定 ΔTU 表示总效用的增加量,ΔQ 表示商品数量的增加量,则边际效用函数为:

$$MU = \frac{\Delta TU}{\Delta Q} \tag{3.2}$$

总效用与边际效用的关系可以用表 3-1 来表示。

表 3-1 某商品的效用

某商品数量	总效用	边际效用
0	0	0
1	30	30
2	50	20
3	60	10
4	60	0
5	50	-10

根据表 3-1 可以绘出表示总效用和边际效用的图 3-1 和图 3-2。

图 3-1 中,横轴 OQ 表示某商品的消费量,纵轴 OTU 代表总效用,TU 为总效用曲线。图 3-2中,横轴 OQ 仍然表示某商品的消费量,纵轴 OMU 代表边际效用,MU 为边际效用曲线。

从表 3-1 和图 3-1 与图 3-2 中可以看出,当消费 1 单位某商品时,总效用为 30 效用单位。由没有消费某商品到消费 1 单位某商品时,消费量增加了 1 单位,效用增加了 30 效用单位,所以,边际效用为 30 效用单位。当消费 2 单位某商品时,总效用为 50 效用单位,由消费 1 单位某商品到消费 2 单位某商品,消费量增加了 1 单位,效用从 30 效用单位增加到 50 效用单位,所以,边际效用为 20 效用单位。以此类推,当消费 5 单位某商品时,总效用为 50 效用单位,而边际效用为 - 10 效用单位,即增加到第五个某商品的消费时所带来的效用是负效用。

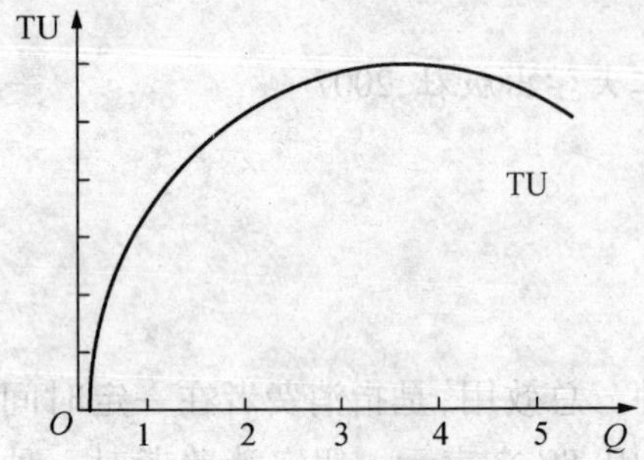

图 3 - 1　总效用

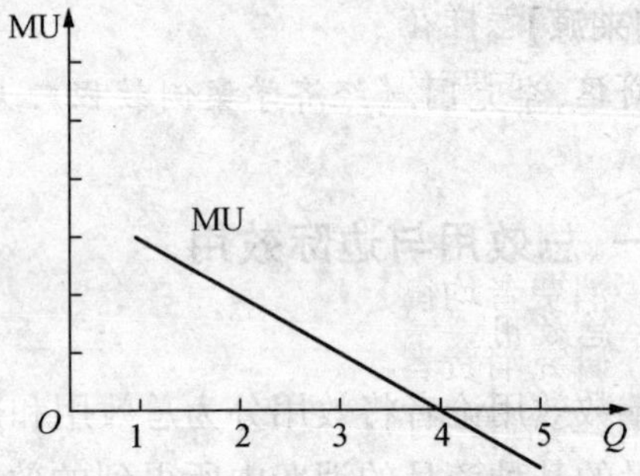

图 3 - 2　边际效用

可见,总效用与边际效用的关系是,当边际效用为正数时,总效用是增加的;当边际效用为零时,总效用达到最大;当边际效用为负数时,总效用减少。

二、边际效用递减规律

1. 边际效用递减规律的内容

从表 3 - 1 和图 3 - 2 中可以看出,边际效用是递减的。边际效用递减规律的内容是,在一定时间内,在其他商品的消费数量保持不变的条件下,随着消费者对某种商品消费量的增加,消费者从该商品连续增加的每一消费单位中所得到的效用增量即边际效用是递减的。

可以用下面的例子来体现该规律的内容。例如,在一个人非常饥饿的时候,吃第一个包子给他带来的效用是很大的,以后,随着这个人吃的包子数量的连续增加,虽然总效用是不断增加的,但每一个包子给他带来的效用增量即边际效用却是递减的。当他完全吃饱的时候,包子的总效用达到最大值,而边际效用却降为零。如果他还继续吃包子,就会感到不适,这意味着包子的边际效用进一步降为负值,总效用也开始下降。具体地表述如表 3 - 1 中所示。当这个人吃第一个包子时,边际效用为 30 效用单位;当他吃第二个包子时,他对第二个包子的效用评价下降为 20 效用单位;当他吃第三个包子时,他对第三个包子的效用评价下降为 10 效用单位;以此类推,当他吃第五个包子时,边际效用递减为 - 10,总效用开始下降为 60 - 10 = 50。

2. 边际效用递减规律存在的原因

边际效用递减规律可以从两个方面来解释:

第一,从人的生理或者心理角度进行解释。效用是消费者的心理感受,消费某种物品实际上就是提供一种刺激,使人有一种满足的感受,或心理上有某种反应。消费某种物品时,开始的刺激一定大,从而人的满足程度就高。但不断消费同一种物品,即同一种刺激不断反复时,人在心理上的兴奋程度或满足必然减少。或者说,随着消费数量的增加,效用不断累积,新增加的消费所带来的效用增加越来越微不足道。

第二,从商品本身用途的多样性进行解释。每一种商品都有多种用途,这些用途的重要性不同。消费者总是将第一单位的消费品用在最重要的用途上,第二单位的消费品用在次重要的用途上,等等。这样,消费品的边际效用,就随消费品的用途重要性的递减而递减。

三、基数效用论的消费者均衡

消费者的货币收入总是有限的,他要把有限的货币收入用于购买各种物品以满足自己的欲望。他将怎样花费才能获得最大限度的满足,即如何实现效用最大化问题。消费者均衡就是回答这个问题的。

消费者均衡是研究单个消费者在既定收入条件下实现效用最大化的均衡条件,是指在既定收入和各种商品价格的限制下选购一定数量的各种商品,以达到最满意的程度,称为消费者均衡。消费者均衡是消费者行为理论的核心。

在研究消费者均衡时,有以下三点假设:

第一,消费者的偏好是既定的。也就是说消费者对各种物品效用的评价是既定的,不会发生变动。

第二,消费者的收入是既定的。因为收入有限,需要用货币购买的物品很多,所以不可能全部都买,只能购买自己认为最重要的几种物品。

第三,物品的价格是既定的。因为物品价格既定,消费者就要考虑如何把有限的收入分配于各种物品的购买与消费上,以获得最大效用。

1. 消费者均衡的条件

消费者均衡实现的限制条件是,消费者用全部收入所购买的各种物品所带来的边际效用,与为购买这些物品所支付的价格的比例相等,或者说每单位货币所得到的边际效用都相等。

假设:某消费者的既定收入为 I,消费者用既定的收入购买并消费 n 种商品,$P_1, P_2, \cdots, P_n$ 分别为 n 种商品的价格,$X_1, X_2, \cdots, X_n$ 分别表示 n 种商品的数量,$MU_1, MU_2, \cdots, MU_n$ 分别表示 n 种商品的边际效用,λ 为货币的边际效用,是一个既定不变的常数。这样,实现消费者均衡的条件可用公式表示为:

$$P_1X_1 + P_2X_2 + \cdots + P_nX_n = I \tag{3.3}$$

$$\frac{MU_1}{P_1} = \frac{MU_2}{P_2} = \cdots = \frac{MU_n}{p_n} = \lambda \tag{3.4}$$

上述(3.3)式为限制条件,表明在收入是既定的时候,购买 n 种商品的支出不能超过收入总额 I,也不能小于收入总额 I。超过收入的购买是无法实现的,而小于收入的购买也达不到既定收入时的效用最大化。(3.4)式是在限制条件下消费者实现效用最大化的均衡条件。(3.4)式表明消费者应选择最优的商品组合,使得自己花费在各种商品上的最后1元钱所带来的边际效用相等,且等于货币的边际效用。也就是说,每一单位货币不论是购买何种商品,所得到的边际效用都相等。

下面通过消费者购买两种商品为例,具体说明实现消费者均衡的条件。

与(3.3)式和(3.4)式相对应,如果消费者在购买两种商品情况下,实现消费者均衡的条件为:

$$P_1X_1 + P_2X_2 = I \tag{3.5}$$

$$\frac{MU_1}{P_1}=\frac{MU_2}{P_2}=\lambda \tag{3.6}$$

为什么只要达到上述条件,就能保证消费者获得最大效用呢?

假定 $\frac{MU_1}{P_1}>\frac{MU_2}{P_2}$ 时,这表明对于消费者而言,同样的1元钱购买商品1所得到的边际效用大于购买商品2所得到的边际效用。这样,理性的消费者就会调整这两种商品的购买数量:增加对商品1的购买量,减少对商品2的购买量。在这样的调整过程中,一方面,在消费者用减少1元钱的商品2的购买来相应地增加1元钱商品1的购买时,由此带来的商品1的边际效用的增加量是大于商品2的边际效用的减少量的,这意味着消费者的总效用是增加的;另一方面,在边际效用递减规律的作用下,商品1的边际效用会随其购买量的不断增加而减少,商品2的边际效用会随其购买量的不断减少而增加。这种调整一直持续到当 $\frac{MU_1}{P_1}=\frac{MU_2}{P_2}$ 为止,也就是说,消费者此时获得了最大的效用。

当情况相反时,表明对于消费者而言,同样的1元钱购买商品1所得到的边际效用小于购买商品2所得到的边际效用。根据同样的道理,理性的消费者就会对这两种商品的购买数量进行与前面相反的调整过程:减少对商品1的购买量,增加对商品2的购买量,直至 $\frac{MU_1}{P_1}=\frac{MU_2}{P_2}$,从而获得最大的效用。

2. 消费者均衡举例

下面通过一道例题来说明消费者均衡的条件。

假设某消费者准备购买 X 与 Y 两种商品,已知两种商品的价格分别为 $P_X=1$ 元,$P_Y=1$ 元,该消费者在某一时刻将8元钱全部用于购买 X 和 Y 两种商品。两种商品的边际效用 MU_X 和 MU_Y 如表3-2所示,该消费者应该购买多少 X 和多少 Y 才能使得总效用最大?

表3-2　　商品 X 和 Y 的边际效用

商品数量	1	2	3	4	5	6	7	8
MU_X	11	10	9	8	7	6	5	4
MU_Y	19	17	15	13	12	10	8	6

在边际效用递减规律的作用下,消费者只有使每一元钱所带来的效用最大,才能使最后的总效用达到最大。根据表3-2可知,理性的消费者将会用第一元钱购买第一单位的商品 Y,由此可以得到19效用单位,他不会用第一元钱去购买第一单位的商品 X,因为,这样购买只能得到11效用单位。同理,根据追求最大效用原则,他将用第二、第三、第四和第五元钱去购买第二、第三、第四和第五单位的商品 Y,分别获得17、15、13和12效用单位。再用第六元钱去购买第一单位的商品 X,获得11效用单位。最后,用第七、第八元钱去购买第二单位的商品 X 和第六单位的商品 Y,这时,分别花费在这两种商品上的最后1元钱所带来的边际效用是相等的,都是10效用单位。至此,该消费者的全部收入8元钱全部花完,并以最优购买组合 $X_1=2$ 单位和 $X_2=6$ 单位,实现了效用最大化的均衡条件:

$$P_1X_1 + P_2X_2 = 1\times2 + 1\times6 = 8$$

$$\frac{MU_X}{P_X} = \frac{MU_Y}{P_Y} = \frac{10}{1} = \lambda$$

此时,该消费者购买 X 商品所带来的总效用为 11 + 10 = 21,购买 Y 商品所带来的总效用为 19 + 17 + 15 + 13 + 12 + 10 = 86,购买 X 商品与 Y 商品所带来的总效用为 21 + 86 = 107。消费者获得了最大的总效用为 107 效用单位。也就是实现了消费均衡。

四、消费者剩余

消费者剩余是指消费者购买某种商品时,愿意支付的价格与实际支付的价格之间的差额。在西方经济学中,这一概念是马歇尔提出来的,他在《经济学原理》中为消费者剩余下了这样的定义:"一个人对一物所付的价格,绝不会超过,而且也很少达到他宁愿支付而不愿得不到此物的价格;因此,他从购买此物所得的满足,通常超过他因付出此物的代价而放弃的满足;这样,他就从这种购买中得到一种满足的剩余。他宁愿付出而不愿得不到此物的价格,超过他实际付出的价格的部分,是这种剩余满足的经济衡量。这个部分可以称为消费者剩余。"

消费者剩余的存在,是因为消费者购买某种商品所愿支付的价格取决于边际效用,而实际付出的价格取决于市场上的供求状况,即市场价格。下面,我们以衬衫的需求为例,说明消费者剩余的概念。

表 3-3　消费者剩余计算

衬衫价格	购买数量	实际货币支出	愿意支付货币	消费者剩余
8	1	8	8	0
7	2	14	15	1
6	3	18	21	3
5	4	20	26	6
4	5	20	30	10
3	6	18	33	15

根据表 3-3 所示,可以将消费者剩余用图形表示(如图 3-3 所示)P_0B 为需求曲线,当价格由 P_0 下降到 $P_1=6$ 时,消费者购买 3 件衬衫愿意支付的货币是 OQ_1MP_0 的面积,实际支付的货币是 OQ_1MP_1 的面积,于是消费者剩余就是三角形 P_0P_1M 的面积。当 $P_2=4$ 时,消费者剩余就是三角形 P_0P_2N 的面积。可见,价格水平越低,消费者剩余越大。

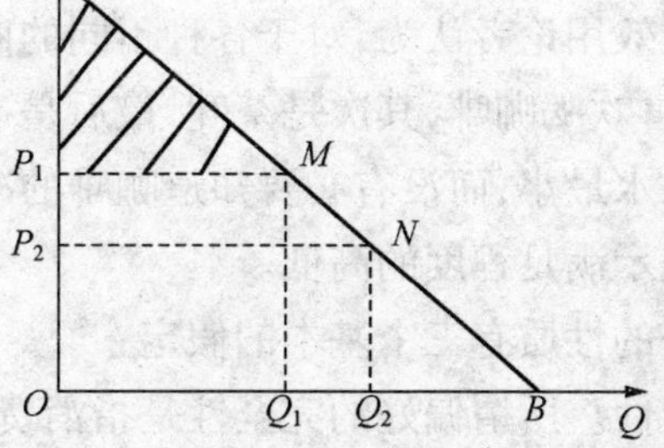

图 3-3　消费者剩余

第三节　序数效用论

案例导入

最佳购买量的决定

【案例内容】

假如你带1 000元去逛商场，准备购买一件上衣和一条裤子，这时你看上了一套名牌服装，这套服装虽然你很喜欢但价格超出了1 000元，也就是说给你带来的效用虽然大，但超出了你的支付能力；你说你就带了1 000元，卖服装的售货员又给你推荐了另外一套价格为1 000元的服装，但你觉得不值，经过货比三家，在充分选择的基础上你终于选到了喜欢的服装，也恰好是1 000元。女同志爱逛商场，无非就是要挑选自己最满意的服装，在对一种商品要决策"买不买"时，会把效用与价格进行比较。当你对自己购买的服装最满意的时候，也就是花钱最少，得到的效用最大的时候。当然"萝卜青菜，各有所爱"，效用的大小完全是主观的感觉。

【案例分析】

消费者的无差异说明在不同偏好下的各种选择，而消费者的预算则说明在收入和价格为一定的条件下，他能消费多少数量的商品。把两者结合在一起，可以确定消费者购买行为的最佳境界——消费者满足程度的最大化，这就是经济学家所说的消费者均衡。

【案例来源】

刘华，李克国.《经济学案例教程》. 大连：大连理工大学出版社，2007

一、消费者偏好的假定

基数效用论者认为，效用可以用效用单位来衡量，并且边际效用递减，但后来这种观点受到非难，认为效用不仅不能用数字来衡量，而且边际效用也未必递减，这一观点就是序数效用论。序数效用论者认为，商品的效用是无法具体衡量的，商品给消费者带来的效用大小应用顺序与等级来表示。也就是说商品的效用水平是按照消费者的偏好按次序排列的。所谓偏好就是爱好或者喜欢的意思。序数效用论者认为，对于各种不同的商品组合，消费者的偏好程度是有差别的。例如，某消费者最喜欢喝咖啡，其次是茶叶，最后是矿泉水，那么三种商品的效用次序是咖啡最大，茶叶次之，矿泉水最小，而没有必要知道咖啡的准确效用是多少。因此，序数效用论用消费者偏好的高低来表示满足程度的高低。

序数效用论对消费者偏好的性质有三个基本的假定：

第一个假定是偏好的完全性。所谓偏好的完全性是指消费者总是可以比较和排列所给出的不同商品组合。即对于任何两个商品组合 A 和 B，消费者可以断定，要么对 A 的偏好大于对

B 的偏好，要么对 A 的偏好小于对 B 的偏好，要么对 A 和 B 的偏好一样或者说偏好无差异。

第二个假定是偏好的可传递性。可传递性指对于任何三个商品组合 A、B 和 C 而言，如果消费者对 A 的偏好大于对 B 的偏好，对 B 的偏好大于对 C 的偏好，则该消费者对 A 的偏好一定大于对 C 的偏好。

第三个假定是偏好的非饱和性。即消费者认为商品数量总是多一些好。也就是说消费者对数量多的两种商品组合的偏好，永远大于对数量少的两种商品组合的偏好。例如，对 5 辆小汽车和 2 台电脑的偏好永远大于对 3 辆小汽车和 1 台电脑的偏好。

序数效用论就是在这三个基本假定的基础上运用无差异曲线来分析消费者均衡的。

二、无差异曲线

1. 无差异曲线的含义

无差异曲线是序数效用论者分析消费者行为的工具。为了说明无差异曲线，首先从无差异表开始。无差异表，是指能够给消费者带来相同满足或者效用水平的两种商品的不同组合，如表 3－4 所示。

表 3－4　　某消费者的无差异

商品组合	表 a		表 b		表 c	
	商品 X	商品 Y	商品 X	商品 Y	商品 X	商品 Y
A	6	40	10	40	13	40
B	10	25	12	30	15	32
C	13	20	15	25	18	25
D	20	15	20	20	20	23
E	25	12	25	16	25	20

表 3－4 是某消费者关于商品 X 和商品 Y 的无差异表，表中列出了关于这两种商品各种不同的组合。该表由三个子表即表 a、表 b 和表 c 组成，每一个子表中都包含五个商品组合，且假定每一个子表中五个商品组合的效用水平是相同的。以表 a 为例：表 a 中有 A、B、C、D 和 E 五个商品组合。在 A 组合中，商品 X 和商品 Y 的数量分别为 6 和 40；在 B 组合中，商品 X 和商品 Y 的数量分别为 10 和 25，等等。而且，消费者对这五个组合的偏好程度是无差异的。同样的，消费者对表 b 中的所有五个商品组合的偏好程度也是相同的，表 c 中五个商品组合给消费者带来的满足程度也是相同的。

但是，表 a、表 b 和表 c 三者各自所代表的效用水平的大小是不一样的。根据偏好的非饱和性假定可知，表 a 所代表的效用水平低于表 b，表 b 又低于表 c。

以横轴表示商品 X 的数量，纵轴表示商品 Y 的数量，将表 3－4 中各组合点描绘在坐标轴中，得到了三条无差异曲线 I_1、I_2、I_3，它们是分别按表 a、表 b 和表 c 而作出来的。

可见，无差异曲线是指能够给消费者带来同等满足程度或效用的两种商品的不同数量组合点的轨迹。

2. 无差异曲线的特征

无差异曲线具有以下四个重要特征：

第一，在同一平面图上可以有无数条无差异曲线。同一条无差异曲线代表同样的满足程度，不同的无差异曲线代表不同的满足程度，所以，离原点越远的无差异曲线，所代表的效用就越大；离原点越近的无差异曲线，所代表的效用就越小。在图3－4中，I_1、I_2、I_3是三条不同的无差异曲线，它们分别代表不同的效用，其顺序为$I_1 < I_2 < I_3$。

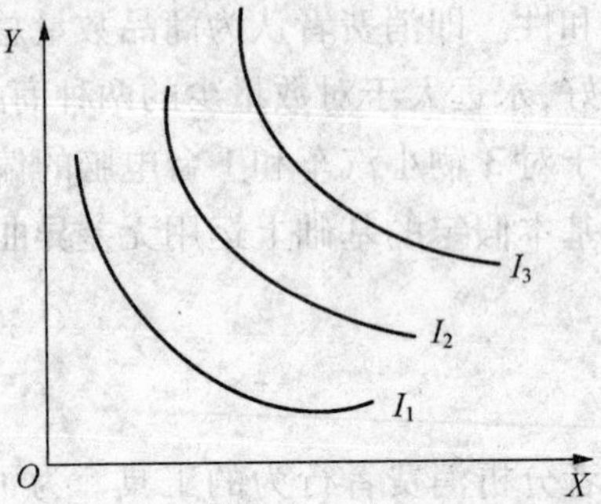

图3－4　某消费者的无差异曲线

第二，无差异曲线是一条向右下方倾斜的曲线，其斜率为负值。它表明在收入与价格既定的条件下，消费者为了获得相同的满足程度，在增加一种商品的消费时，就必须减少另一种商品的消费。两种商品在消费者偏好不变的条件下，不能同时增加或减少。

第三，在同一平面图上，任意两条无差异曲线不能相交。因为在交点上两条无差异曲线代表了相同的效用，与第一个特征相矛盾。这一点可以用图3－5来说明。

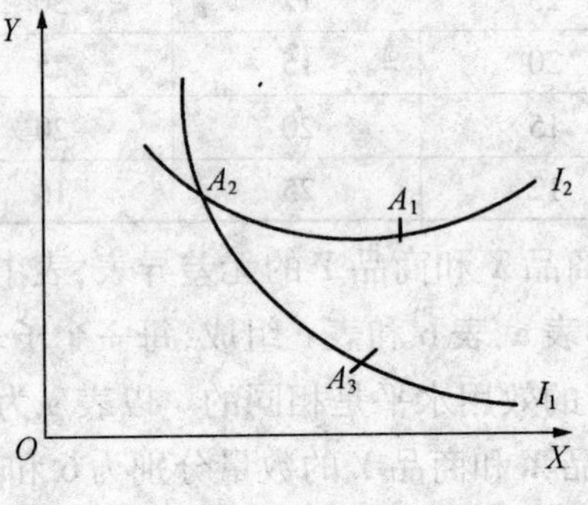

图3－5　违反偏好假定的无差异曲线

在图3－5中，假设两条无差异曲线I_1和I_2相交于A_2点，因为A_2、A_3同处在无差异曲线I_1上，所以，A_2、A_3对消费者具有相同的满足程度。

又因为，A_2、A_1同处在无差异曲线I_2上，所以，A_2、A_1对消费者具有相同的满足程度，由偏好的传递性可知，有$A_2 = A_1$可以推导出$A_1 = A_3$，根据无差异曲线第一个特征可知，$A_1 > A_3$。所以，无差异曲线I_1和I_2不能相交。

第四，无差异曲线是一条凸向原点的曲线。无差异曲线不仅向右下方倾斜，即无差异曲线的斜率为负值，而且，无差异曲线是以凸向原点的形状向右下方倾斜的，即无差异曲线的斜率的绝对值是递减的。无差异曲线的这一特征是由商品的边际替代率递减规律所决定的。关于边际替代率的概念，下面将详细介绍。

三、边际替代率

1. 边际替代率的概念

在同一条无差异曲线上，各种商品组合的总效用是不变的，因此，消费者要增加 1 个单位的商品 X_1，他就必须减少一定量的商品 X_2；或者要减少 1 个单位的商品 X_1，就要增加一定量的商品 X_2。我们将消费者为了保持相同满足程度时增加一种商品消费数量必须放弃的另一种商品消费数量，称为商品的边际替代率。例如，商品 1 对商品 2 的边际替代率的公式可以记为：

$$MRS_{12} = -\frac{\Delta X_2}{\Delta X_1} \tag{3.7}$$

公式(3.7)中，ΔX_1、ΔX_2 分别为商品 1 和商品 2 的变化量。由于 ΔX_1 是增加量，ΔX_2 是减少量，两者的符号一正一负，所以，按公式计算的 MRS_{12} 必定是负数。为了使 MRS_{12} 的计算结果是正值，以便于比较，就在公式中加了一个负号。

2. 边际替代率递减规律的内容

商品的边际替代率递减规律是指在维持效用水平或满足程度不变的前提下，随着一种商品消费数量的连续增加，消费者为得到每一单位的这种商品所需要放弃的另一种商品的消费数量是递减的。之所以会普遍发生商品的边际替代率递减的现象，其原因在于，随着一种商品的消费数量的逐步增加，消费者想要获得更多的这种商品的愿望就会递减，从而他为了多获得一单位的这种商品而愿意放弃的另一种商品的数量就会越来越少。

从几何意义上讲，由于商品的边际替代率就是无差异曲线的斜率的绝对值，所以，边际替代率递减规律决定了无差异曲线的斜率的绝对值是递减的，即无差异曲线是凸向原点的。

四、预算线

1. 预算线的含义

预算线又称为预算约束线、消费可能线和价格线。预算线表示在消费者的收入和商品的价格既定的条件下，消费者的全部收入所能购买到的两种商品的各种组合。

消费者不能无限制地选择满足程度的商品组合。商品都是有价格的，消费者只能在其有限收入的约束下来选择最优商品组合。假定消费者一定时期的收入为 I，以 P_1 和 P_2 分别表示商品 1 和商品 2 的价格，以 X_1 和 X_2 分别表示商品 1 和商品 2 的数量，那么，该消费者对商品 X_1、X_2 的购买量要满足：

$$P_1X_1 + P_2X_2 = I \tag{3.8}$$

这就是预算线方程，根据此方程画出的图形叫做预算线。建立直角坐标系，横轴表示商品 X_1 的数量，纵轴表示商品 X_2 的数量。由此作出的预算线就是图 3－6 中的线段 AB。若消费者将全部收入用于购买商品 X_1，则可以购买 OB 数量的商品 X_1，那么 $X_1 = \frac{I}{P_1}$；若全部用于购买商品 X_2，则可以购买 OA 数量的商品 X_2，那么 $X_2 = \frac{I}{P_2}$。所以，图中预算线的横截距 OB 和纵截

距 OA 分别表示全部收入用来购买商品 1 和商品 2 的数量。预算线的斜率是两商品的价格之比的相反数即 $-\dfrac{p_1}{p_2}$，因此，预算线的斜率可以写为：

$$-\frac{OA}{OB}=-\frac{\dfrac{I}{P_2}}{\dfrac{I}{P_1}}=-\frac{P_1}{P_2}$$

从图 3－6 中可以看到，预算线 AB 把平面坐标图划分为三个区域：预算线 AB 以外的区域中的任何一点，如 a 点，是消费者利用全部收入都不可能实现的商品购买的组合点。预算线 AB 以内的区域中的任何一点，如 b 点，表示消费者的全部收入在购买该点的商品组合以后还有剩余。只有预算线 AB 上的任何一点，才是消费者的全部收入刚好花完所能购买到的商品组合点。

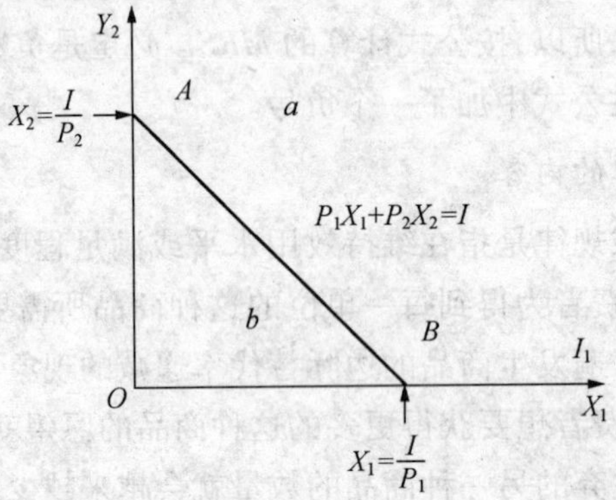

图 3－6　预算线

2. 预算线的变动

预算线表示在一定的收入水平下，两种商品的价格为已知时，消费者可以购买到的两种商品的各种组合。所以，当消费者的收入、两种商品的价格任意一个发生变动时，预算线就会发生变动。

预算线的变动可以归纳为以下四种情况：

第一种情况：当两种商品的价格不变、消费者的收入发生变化时，预算线的位置发生平行移动。假定原有的预算线为 AB。当收入增加，消费者可以购买更大的商品组合，预算线将平行向右上方移动（$A_1B_1 \to A_2B_2$）；收入降低时，预算线将平行向左下方移动（$A_1B_1 \to A_3B_3$），如图 3－7（a）所示。

第二种情况：当消费者的收入不变、两种商品的价格同比例同方向变化时，预算线也会发生平移。这是因为两种商品的价格同比例同方向变化，并不影响预算线的斜率，而只会引起预算线的截距发生变化。仍如图 3－7（a）所示，如果两种商品的价格同比例上升则预算线 AB 向左下方移动（$A_1B_1 \to A_3B_3$），反之，如果两种商品的价格同比例下降则预算线 AB 向右上方移动（$A_1B_1 \to A_2B_2$）。

第三种情况：当消费者的收入不变、一种商品的价格不变而另一种商品的价格发生变化时，预算线发生旋转。假定商品 X_1 价格变动而商品 X_2 价格不变。当商品 X_1 价格下降时，可以

买到更多的商品 X_1，使得预算线由 AB 向外旋转（$AB \rightarrow AB_1$）；反之，当商品 X_1 价格上升时，可以买到更少的商品 X_1，使得预算线由 AB 向内旋转（$AB \rightarrow AB_2$），如图 3－7(b) 所示。同样道理，在图 3－7(c) 中，当商品 X_2 价格发生下降与提高时，分别引起预算线 AB 发生旋转，有 $AB \rightarrow A_1B$ 和 $AB \rightarrow A_2B$。

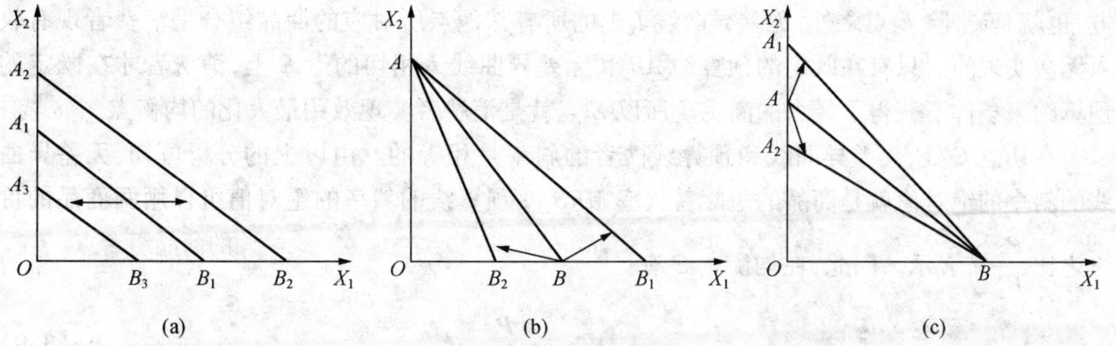

图 3－7　预算线的变动

第四种情况：当消费者的收入和两种商品的价格都同比例同方向变化时，预算线不发生变化。这是因为此时的预算线斜率不变，预算线的截距也没有发生变化。

五、序数效用论的消费者均衡

在已知消费者的偏好和预算线约束的条件下，可以分析消费者最优的购买行为。具体的做法就是把无差异曲线与预算线结合在一起来分析消费者均衡的实现。

如图 3－8 所示，I_1、I_2 和 I_3 曲线是消费者的无数条无差异曲线中具有代表性的三条，AB 表示消费者的收入 I 和商品价格 X_1、X_2 给定情况下的预算线。现在，消费者应该如何选择两种商品的数量组合（X_1，X_2），才能获得最大的效用水平呢？我们说，只有预算线 AB 和无差异曲线 I_2 的相切点 E，才是消费者在给定的预算约束条件下能够获得最大效用的均衡点。在均衡点 E，相应的最优商品购买组合为（X_1^*，X_2^*）。

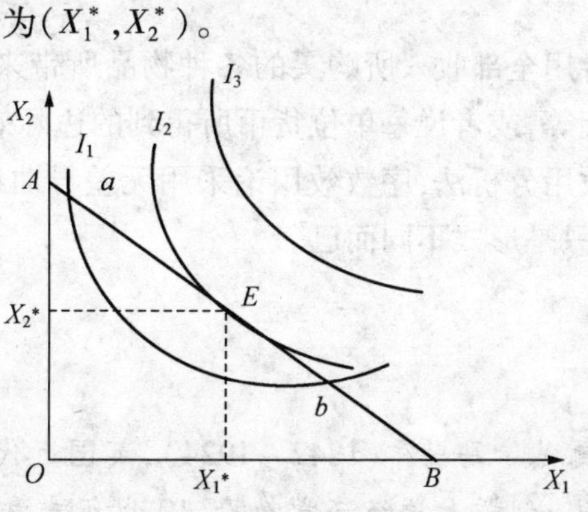

图 3－8　消费者均衡

为什么只有 E 点才是消费者效用最大化的均衡点呢？这是因为就三条无差异曲线而言，I_3 代表的效用水平最高，但它与既定的预算线 AB 既无交点又无切点，这说明无差异曲线 I_3 上的商品组合所代表的效用水平在消费者的现有收入条件下是无法实现的。再看无差异曲线

I_1，它与预算线 AB 相交于 a、b 两点，这表示消费者利用现有的收入可以购买 a、b 两点的商品组合。但是，这两点的效用水平低于无差异曲线 I_2，因此，理性的消费者不会用全部收入去购买无差异曲线 I_1 上 a、b 两点的商品组合。再来看无差异曲线 I_2，它所代表的效用水平大于无差异曲线 I_1 所代表的效用水平。但无差异曲线 I_2 上除 E 点之外的其他各点均在预算线的上方，也就是说，除 E 点之外，无差异曲线 I_2 上的所有其他点所对应的商品组合是消费者现有收入无法实现的。只有在既定的预算线 AB 和无差异曲线 I_2 相切的点 E 上，消费者才在既定的预算约束条件下获得了最大的满足。所以 E 点就是消费者实现效用最大化的均衡点。

在切点 E 处，无差异曲线和预算线两者的斜率是相等的。由以上的分析可知，无差异曲线的斜率的绝对值就是商品的边际替代率 MRS_{12}，预算线的斜率的绝对值可以用两商品的价格之比 $\frac{P_1}{P_2}$ 来表示。因此，在均衡点 E 有：

$$MRS_{12} = \frac{P_1}{P_2} \tag{3.9}$$

这就是消费者效用最大化的均衡条件。它表示在给定的收入和价格条件下，为了实现最大的效用，消费者应选择最优的商品组合，使得两种商品的边际替代率等于这两种商品的价格之比。也可理解为在消费者的均衡点上，消费者愿意用一单位的某种商品去交换的另一种商品的数量，应该等于该消费者能够在市场上用一单位的这种商品去交换得到的另一种商品的数量。

知识归纳

【基本概念】

效用　边际效用　边际效用递减规律　无差异曲线　预算线　消费者均衡

【基本原理】

消费者均衡是指消费者用全部收入所购买的各种物品所带来的边际效用，与为购买这些物品所支付的价格的比例相等，或者说每单位货币所得到的边际效用都相等。

基数效用论采用边际效用分析法，序数效用论采用无差异曲线分析法。基数效用论和序数效用论实质上是一致的，只是形式不同而已。

人物窗

阿尔弗雷德·马歇尔(1842~1924)，英国近代最著名的经济学家，新古典学派的创始人，剑桥大学经济学教授，19世纪末和20世纪初英国经济学界最重要的人物。

在马歇尔的努力下，经济学从仅仅是人文科学和历史学科的一门必修课发展成为一门独立的学科，具有与物理学相似的科学性。剑桥大学在他的影响下建立了世界上第一个经济学系。1890年发表的《经济学原理》，被看做与斯密的《国富论》、李嘉图的《赋税原理》齐名的划时代的著作，这本书在马歇尔在世时就出版了8次之多，成为当时最有影响的专著，多年来一直被奉为英国经济学的“圣经”。而他本人也被认为是英国古典经济学的继承和发展者，他的理论及其追随者分别被称为新古典理论和新古典学派。

思考与练习

1. 单选题

(1)香烟对吸烟者而言可能有(　　)。

A. 极大效用　B. 极小效用　C. 零效用　D. 负效用

(2)无差异曲线的位置和形状取决于(　　)。

A. 消费者的偏好

B. 消费者的偏好和收入

C. 消费者的偏好、收入和商品价格

D. 以上都对

(3)某消费者偏好商品 A 甚于商品 B，原因是(　　)。

A. 商品 A 的价格最低　B. 商品 A 紧俏

C. 商品 A 有多种用途　D. 对其而言，商品 A 的效用最大

(4)序数效用论中，商品的效用(　　)。

A. 取决于价格

B. 取决于使用价值

C. 可以通过确切的数字表示

D. 可以比较

(5)消费者效用最大化的点必定落在(　　)。

A. 预算线右侧区域　B. 预算线左侧区域　C. 预算线上　D. 以上都有可能

2. 多选题

(1)消费者无差异曲线具有以下特点(　　)。

A. 具有正斜率

B. 斜率递减

C. 任意两条无差异曲线都不能相交

D. 位于右上方的无差异曲线具有较高的效用水平

(2)序数效用论对偏好的假设包括(　　)。

A. 边际效用递减　B. 不饱和性　C. 完备性　D. 传递性

(3)关于边际效用的说法正确的有(　　)。

A. 边际效用不可能为负值

B. 边际效用与总效用成同方向变化

C. 通常情况下,消费者消费商品服从边际效用递减规律

D. 当边际效用大于等于零时,边际效用与总效用成反方向变化

(4)如果商品 X 对于商品 Y 的边际替代率小于 X 和 Y 两种商品的价格之比则(　　)。

A. 该消费者获得了最大效用

B. 该消费者没有获得最大效用

C. 该消费者应该增加 X 商品的消费,减少 Y 商品的消费

D. 该消费者应该减少 X 商品的消费,增加 Y 商品的消费

3. 简答题

(1)简述无差异曲线的特点,它们有什么经济学含义。

(2)消费者均衡的条件是什么?

(3)简述边际效用递减规律的内容并举例加以说明。

第四章　生产者行为理论

教学目标

➢了解企业的短期生产函数和长期生产函数的特点及性质；

➢应用等成本线和等产量线分析成本一定时企业如何实现产量最大化；

➢产量一定时企业如何实现成本最小；掌握厂商短期成本函数与各种短期成本曲线之间的关系；

➢理解规模经济的概念。

第一节　生产和生产函数

案例导入

生产要素及其报酬

【案例内容】

在一次世界珠宝拍卖会上，有一颗叫做“月光爱人”的钻石脱颖而出，它晶莹剔透、光彩夺目，赢得了顾客的青睐，最后卖出了8 000万元的高价。

这颗钻石是由“梦幻”珠宝公司在位于南非的一座矿山中挖掘出来的。它引起轰动之后，“梦幻”公司的老板托尼扬扬得意地夸耀自己的眼光说：“我当初决定购买这座矿山的开采权的时候，就觉得这里面一定有珍贵的矿藏，现在果然验证了我的看法。”

而挖掘工人的队长鲍勃却说：“为了挖到这颗钻石，我和我的同事们付出了艰苦的劳动。我们夜以继日地工作，几乎找遍了矿山的每个角落，终于挖到了这颗钻石。”

向“梦幻”公司提供挖掘机的厂商说：“我们公司的机器具有世界上质量最高的钻头。如果没有我们提供的挖掘机，他们不可能在50米深的矿井中挖到这颗钻石。”

最后南非政府的经济官员说：“只有在我国的土地上才能找到如此高贵稀有的钻石。我们的土地下面还埋藏着数不尽的矿藏宝物，欢迎世界各地的企业家来投资开采。”

【案例分析】

在这个故事中，大家都认为自己对挖掘出钻石的功劳最大，纷纷表白自己的贡献。但实际上，缺了任何一方，这颗钻石就不可能生产出来。这颗钻石最终卖出 8 000 万元，他们每一方都能从中分配到一部分价值。

这 8 000 万元首先要支付自然资源的使用费，即购买矿山的开采权，这笔费用将由矿山的所有者——南非政府获得；其次，要向鲍勃等人支付工资，这就是使用劳动力的费用；再其次，为了挖掘钻石，要购买机器设备，建设厂房，需要投入资金，而占用资金必须支付利息；最后，把这些费用全部扣除后，如果有剩余，就归公司老板托尼所得，这就是利润。但如果收入不够弥补费用，托尼将承担损失。

从这个事例中，我们大致可以看出生产要素的种类。

生产要素的第一项内容是劳动。没有劳动就不可能创造价值。生产的另一个要素是资本。大家都知道，在大多数生产过程中，光有劳动是不行的，还必须有设备和资源。同样的劳动，当有机器帮助时可以生产出更多的产品，而机器是资本转变的，所以说资本可以“创造”价值。同样，较好的自然资源，如肥沃的土地、埋藏较浅或品位较高的矿藏，也可以帮助劳动创造出更多价值，所以说自然资源也“创造”财富。如果不承认这一点，就无法理解像科威特这样的石油国家，为什么会如此富裕。自然资源埋藏在土地中，而且一切生产活动都要占用土地，所以我们把土地归结为另一种生产要素。有了生产要素，还要有人把它们恰当地组合起来，制造出产品或提供服务，以实现要素创造价值的过程，这就是企业家。企业家通过分析市场，挖掘盈利的机会。当他们发现机会，就要寻求资金，组织生产，在市场上出售产品，用得到的收入去支付要素报酬和原料成本。经营的结果如果还有剩余，归企业家所有，如果发生亏损，也由企业家负担，这就是利润。利润是企业创造价值的一部分，它的高低正负取决于企业家的创新才能，这跟一般的劳动报酬性质完全不同。所以也有人把企业家才能看做一种生产要素，利润就是企业家才能的报酬。

【案例来源】

《大家的经济学》第三部分 http://www.google.com.hk

一、生产与生产要素

1. 生产

生产是指创造出供人们购买的物质资料和劳务的行为，也是对各种生产要素进行组合制成产品的行为。在生产中要投入各种要素，并生产出产品。所以，生产也就是把投入变成产出的行为或者活动。

生产一般是由生产者进行的。把投入变为产出的行为者叫做厂商。厂商就是能够作出统一的生产决策的单个经济单位，主要有三种组织形式：个人企业、合伙制企业和公司制企业。

个人企业是指由单个人独资经营的厂商组织。其特点是，由一个自然人投资，财产为投资人个人所有。企业所有者也是企业的经营者。个人企业的优点是利润动机明确，决策灵活自由，管理简便直接。但是个人企业的弱点是资金有限，规模较小，抵御风险的能力弱。合伙制企业是指两个人以上合资经营的厂商组织。公司制企业是指按照公司法建立和经营的具有法人资格的厂商组织，它是一种重要的现代企业组织形式。

厂商的目标是实现投入产出的最大化——利润目标的最大化。

2. 生产要素

生产要素是指生产中所使用的各种资源，是维系国民经济运行及市场主体生产经营过程中所必须具备的基本要素。生产要素是经济学中的一个基本范畴。在西方经济学中，生产要素一般被划分为劳动、土地、资本和企业家才能这四种类型。劳动是指人类在生产过程中体力和智力的总和。土地不仅仅指一般意义上的土地，还包括地上和地下的一切自然资源，如江河、湖泊、森林、海洋、矿藏等。资本可以表示为实物形态和货币形态，实物形态又被称为投资品或资本品，如厂房、机器、动力燃料、原材料等；资本的货币形态通常称之为货币资本。企业家才能通常指企业家组建和经营管理企业的才能。

二、生产函数

1. 生产函数的概念

在生产过程中，生产一定数量的产品或劳务所需要的生产要素可以有多种不同的组合方式。生产要素的数量和组合方式与产出之间存在着一定的依存关系，即投入一定数量的要素，就会有一定数量的产出相对应。投入与产出之间的这种关系可以用函数形式表示出来，这种函数形式就是生产函数。所谓生产函数是指在一定时期内，在技术水平不变的情况下，生产中所使用的各种生产要素的数量与所能生产的最大产量之间的关系。

设 Q 代表产量，L、K、N 和 E 分别代表投入的劳动、资本、土地、企业家才能四种生产要素。那么，各种投入要素的使用量，与利用这些投入所能生产某种商品的最大数量之间的关系，就可以表示为：

$$Q = f(L, K, N, E) \tag{4.1}$$

在分析生产要素与产量的关系时，由于 N 是固定的，E 难以估算，所以，一般把生产函数简化为：

$$Q = f(L, K) \tag{4.2}$$

生产函数一般具有以下两个特点：

第一，生产函数反映的是在既定的生产技术条件下投入和产出之间的数量关系。如果技术条件改变，必然会产生新的生产函数。

第二，生产函数反映的是某一特定要素投入组合在现有技术条件下能且只能产生的最大产出。

2. 生产函数的类型

(1)固定替代比例生产函数

所谓固定替代比例生产函数，是指在每一产量水平上任何两种要素之间的替代比例都是固定的。函数的通常形式为：

$$Q = aL + bK \tag{4.3}$$

式中，Q 是产量；L、K 分别表示劳动和资本的投入量；常数 a、$b > 0$。

(2)固定投入比例生产函数

所谓固定投入比例生产函数，是指在每一个产量水平上任何一对要素投入量之间的比例都是固定的。函数的通常形式为：

$$Q = \min\left\{\frac{L}{u}, \frac{K}{v}\right\} \tag{4.4}$$

式中,Q 是产量;L、K 分别表示劳动和资本的投入量;常数 u、$v>0$。

(3)柯布—道格拉斯生产函数

柯布—道格拉斯生产函数是由数学家柯布和经济学家道格拉斯于20世纪30年代初一起提出来的。柯布—道格拉斯生产函数被认为是一种很有用的生产函数,因为该函数以其简单的形式具备了经济学家所关心的一些性质,它在经济理论的分析和应用中都具有一定意义。函数的通常形式为:

$$Q = AL^{\alpha}K^{\beta} \tag{4.5}$$

式中,Q 为产量;L、K 分别为劳动和资本的投入量;A、α、β 为三个参数;而且 $\alpha>0$、$\beta<1$。α 表示劳动对产出的贡献;β 表示资本对产出的贡献。

第二节　一种生产要素的合理投入

案例导入

马尔萨斯人口论与边际报酬递减规律

【案例内容】

经济学家马尔萨斯(1766—1834)的人口论的一个主要依据便是边际报酬递减规律。他认为,随着人口的膨胀,越来越多的劳动耕种土地,地球上有限的土地将无法提供足够的粮食,最终劳动的边际产出与平均产出下降,但又有更多的人需要粮食,因而会产生大的饥荒。幸运的是,人类的历史并没有按马尔萨斯的预言发展(尽管他正确地指出了"劳动边际报酬"递减)。

在20世纪,技术发展突飞猛进,改变了许多国家(包括发展中国家,如印度)的粮食的生产方式,劳动的平均产出因而上升。这些进步包括高产抗病的良种,更高效的化肥,更先进的收割机械等。在"二战"结束后,世界上总的粮食生产的增幅总是或多或少地高于同期人口的增长。

粮食产量增长的源泉之一是农用土地的增加。例如,1961—1975年,非洲农业用地所占的百分比从32%上升至33.3%,拉丁美洲则从19.6%上升至22.4%,在远东地区,该比值则从21.9%上升至22.6%。但同时,北美的农业用地则从26.1%降至25.5%,西欧由46.3%降至43.7%。显然,粮食产量的增加更大程度上是由于技术的改进,而不是农业用地的增加。

在一些地区,如非洲的撒哈拉,饥荒仍是个严重的问题。其中劳动生产率低下是原因之一。虽然其他一些国家存在着农业剩余,但由于食物从生产率高的地区向生产率低的地区的再分配的困难,同时,由于生产率低的地区其收入也低的缘故,饥荒依然威胁着部分人群。

【案例分析】

尽管马尔萨斯的预言失败,但是边际报酬递减规律在经济学中的意义非常重大。边际报酬递减是我们研究一种生产要素合理投入的出发点。

【案例来源】

平狄克,鲁宾费尔德.《微观经济学》.北京:经济科学出版社,2002

一、一种可变生产要素的生产函数

在其他生产要素不变的情况下,一种生产要素的增加对产量的影响,以及这种可变的生产要素的投入量以多少为宜,就是本节要研究的问题。从生产函数 $Q=f(L,K)$ 出发,假定资本量是不变的,用 $\overline{K}$ 表示,分析劳动量投入的增加对产量的影响,以及劳动量投入多少最合理。这时生产函数可以表示为:

$$Q=f(L,\overline{K}) \tag{4.6}$$

这就是通常采用的一种可变生产要素的生产函数的形式,它也被称为短期生产函数。

二、总产量、边际产量和平均产量

1. 总产量、边际产量和平均产量的概念

为了研究生产要素的合理投入,有必要引入总产量、平均产量和边际产量的概念。

所谓总产量是指投入一定数量的生产要素所获得的产出量的总和。用 TP 来表示。

所谓平均产量是指平均每单位生产要素投入所生产出来的产出量。用 AP 来表示。

所谓边际产量是指增加一单位生产要素投入量所增加的总产量。用 MP 来表示。

如果用 Q 表示某种生产要素的量,ΔQ 表示这种生产要素的增加量,则总产量、平均产量和边际产量之间的关系用公式表示如下:

$$TP=AP\times Q \tag{4.7}$$

$$AP=\frac{TP}{Q} \tag{4.8}$$

$$MP=\frac{\Delta TP}{\Delta Q} \tag{4.9}$$

假设生产某种产品时所用的生产要素是资本与劳动,其中资本是固定的,劳动是可变的。那么总产量、平均产量和边际产量三者之间的关系可以借助表 4-1 来说明。

表 4-1 生产表

资本量(K)	劳动量(L)	劳动增量(ΔL)	总产量(TP)	平均产量(AP)	边际产量(MP)
10	0	0	0	0	0
10	1	1	6	6	6
10	2	1	13.5	6.75	7.5
10	3	1	21	7	7.5
10	4	1	28	7	7
10	5	1	34	6.8	6
10	6	1	38	6.3	4
10	7	1	38	5.4	0
10	8	1	37	4.6	-1

2. 总产量曲线、平均产量曲线和边际产量曲线的关系

根据表 4－1 可以作出总产量、平均产量和边际产量的曲线图(如图 4－1 所示)。

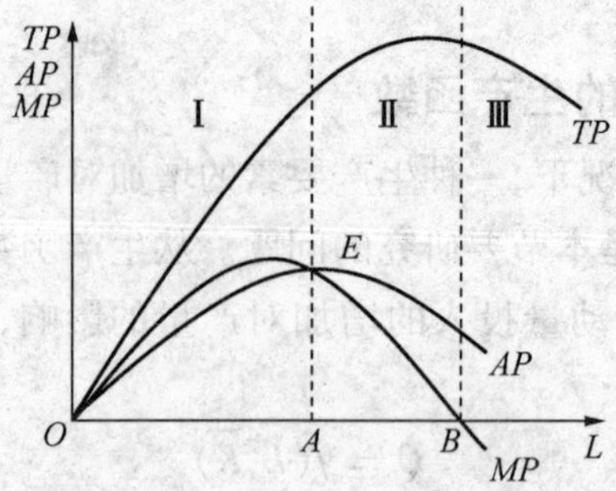

图 4－1　总产量、平均产量和边际产量的曲线

在图 4－1 中,横轴 *OL* 代表劳动投入量,纵轴代表总产量、平均产量和边际产量。*TP* 代表总产量曲线;*AP* 代表平均产量曲线;*MP* 代表边际产量曲线。从图中可以看出,总产量曲线、平均产量曲线和边际产量曲线之间的关系有如下特点:

第一,在资本量不变的情况下,随着劳动量的增加,最初总产量、平均产量和边际产量都是递增的,在各自增加到一定程度之后,它们就分别递减了。所以,总产量曲线、平均产量曲线和边际产量曲线都是先上升而后下降。

第二,边际产量曲线与平均产量曲线相交于平均产量曲线的最高点。在相交前,平均产量是递增的,边际产量大于平均产量($MP > AP$)。在相交后,平均产量是递减的,边际产量小于平均产量($MP < AP$)。在相交时,平均产量达到最大,边际产量等于平均产量($MP = AP$)。

第三,当边际产量为正值时,总产量一直增加;当边际产量为零时,总产量达到最大;当边际产量为负数时,总产量绝对减少。

三、边际报酬递减规律

边际报酬递减规律又称为边际收益递减规律,它的基本内容是:在其他条件不变的情况下,如果把一种可变的生产要素投入到一种或几种不变的生产要素中时,最初这种生产要素的增加会使产量增加,但当它的增加超过一定限度时,增加的产量将要递减,最终还会使产量绝对减少。边际报酬递减规律是短期生产的一条基本规律。

边际报酬递减规律存在的原因是,随着可变要素投入量的增加,可变要素投入量与固定要素投入量之间的比例在发生变化。在可变要素投入量增加的最初阶段,相对于固定要素来说,可变要素投入过少,因此,随着可变要素投入量的增加,生产要素的投入量逐步接近最佳的组合比,其边际产量递增,当可变要素与固定要素的组合比例恰当时,边际产量达到最大。如果再继续增加可变要素投入量,生产要素的投入量之比就越来越偏离最佳的组合比,于是边际产量就出现递减趋势。因此,对于任何一种产品的生产来说,可变要素投入量和不变要素投入量之间都存在一个最佳的组合比例。

边际报酬递减规律表明了一个基本的关系。当一种投入如劳动被更多地追加于既定数量的土地、机器和其他投入要素上时,每单位劳动所能发挥作用的对象越来越有限。土地会越来

越拥挤,机器会被过度地使用,从而劳动的边际产量会下降。

理解边际报酬递减规律时要注意三点:首先,随着可变要素的连续增加,边际产品变化要经历递增、递减,最后变为负数的全过程。递增是因为固定要素在可变要素很少时潜在效率未发挥出来。一旦固定要素潜在效率全部发挥出来了,边际产量就开始出现递减。这个规律的意义在于,当一种要素连续增加时,迟早会出现边际产品递减的趋势,而不是规定它一开始就递减。其次,边际报酬递减规律只适用于可变要素比例的生产函数。如果要素比例是固定的,这个规律就不成立。最后,边际报酬递减规律的前提条件是技术水平不变。若技术水平发生变化,这个规律就不存在。边际报酬递减规律给我们提出了一个问题:既然可变要素投入的增加到最后反而引起总产量的减少,那么,对厂商来说就有必要了解可变要素的最佳投入量。这就涉及对产量三个阶段的分析。

四、一种生产要素的合理投入

根据短期生产的总产量曲线、平均产量曲线和边际产量曲线之间的关系(见图4-1),可以将短期生产划分为三个阶段:

第Ⅰ阶段,可变要素投入的增加至平均产量达到最大。在此阶段总产量和平均产量都是递增的,所以,理性的生产者不会把可变投入的使用量限制在这一阶段内,而是继续增加劳动投入量。

第Ⅱ阶段,平均产量开始递减至边际产量为零。在此阶段,平均产量和边际产量都处于递减阶段,但总产量是增加的,且达到最大。

第Ⅲ阶段,总产量开始递减,边际产量为负。在此阶段,总产量开始下降,所以理性的生产者不会选择增加这一阶段的劳动投入量,而是会减少劳动投入量。

综上所述,理性的生产者不会选择第Ⅰ阶段和第Ⅲ阶段进行生产,必然选择在第Ⅱ阶段组织生产,即只有第Ⅱ阶段才是可变要素投入的合理区域。但在这一区域中,生产者究竟投入多少可变要素才能使利润最大化,必须结合成本函数才能确定。

第三节 两种生产要素的合理投入

案例导入

厂商的最终目标是追求利润最大化

【案例内容】

经济学上有一句话:天下没有免费的午餐。其意思是说要想得到什么就必须付出一定的代价。天下没有免费的午餐可以解释许多行为和现象,本案例所说的赠报行为便是一例。

每年的12月份,各大报刊都做出大量的广告,以期留住老客户,吸引新客户。在今年的元旦伊始,笔者到收发室拿报纸,看到这样一则通知,本地的一家晚报向各个订报单位赠送一个月的报纸,并且可以在以后进行补订。

从短期来看,报社的成本不一定会因为赠报而增加,办过报纸的人应该很清楚,报纸是存在规模经济的典型产品,发行量达到一定数量,报社所花的成本最低。况且报纸这种产品,其产品的边际成本是很低的。在受赠的客户中,有一部分会订阅该报刊,因为他们可以用11个月的钱看12个月的报纸。更为重要的是,报社的这种赠阅行为有如公益行为,扩大了该报刊的知名度,这也是一种收益,而且比金钱的收益更加重要。

【案例分析】

企业的行为取决于其目标。在现实中,企业可能有各种目标,如同消费者是以效用最大化为目标的;企业是以利润最大化为目标的。利润最大化就是要获得最大可能的利润。在现实中,企业可能还有其他目标,如销售量最大化、为社会谋福利等。其中,利润最大化是基本目标。因此,企业以利润最大化作为追求目标,有利于企业实现资源的有效配置。所谓资源的有效配置,也就是在产量既定的条件下实现成本尽可能的小,或在成本既定的条件下达到产量尽可能的大。从这点讲,追求利润最大化是企业的理性行为。

【案例来源】

http://www.google.com.hk

一、两种可变生产要素的生产函数

在长期中,所有的生产要素的投入量都是可变的,多种可变生产要素的长期生产函数可以用公式表示为:

$$Q = f(X_1, X_2, \cdots, X_n) \tag{4.10}$$

式中,Q 为产量; $X_i(i = 1,2,\cdots,n)$ 为第 i 种可变生产要素的投入数量。为了简便起见,假定生产者使用劳动与资本两种生产要素来生产一种产品,则两种可变生产要素的长期生产函数可以表示为:

$$Q = f(L,K) \tag{4.11}$$

式中,Q 为产量;L 为可变要素劳动的投入量;K 为可变要素资本的投入量。

二、等产量曲线

1. 等产量曲线的概念

等产量曲线是指在技术水平不变的情况下,生产同一产量的两种生产要素投入量的所有不同数量组合的轨迹。

假定可变生产要素劳动与资本有四种组合方式 (A,B,C,D),这四种组合方式生产出来的产品数量均相等(如表4-2所示)。

表 4－2　　等产量

组合方式	劳动量(L)	资本量(K)	产量(Q)
A	1	6	100
B	2	3	100
C	3	2	100
D	6	1	100

根据表 4－2 中所列的数据，可绘出等产量曲线，如图 4－2 所示。图中横轴代表劳动(L)的投入量，纵轴代表资本(K)的投入量，曲线 Q_0 代表该等产量线，Q_0 上的任何一点所代表的 L 和 K 不同数量的组合都能而且只能生产出相等的产量。实际上，对于一个既定的生产函数，如 $Q = f(L,K)$ 来说，在同一坐标平面上可以有无数条等产量曲线。

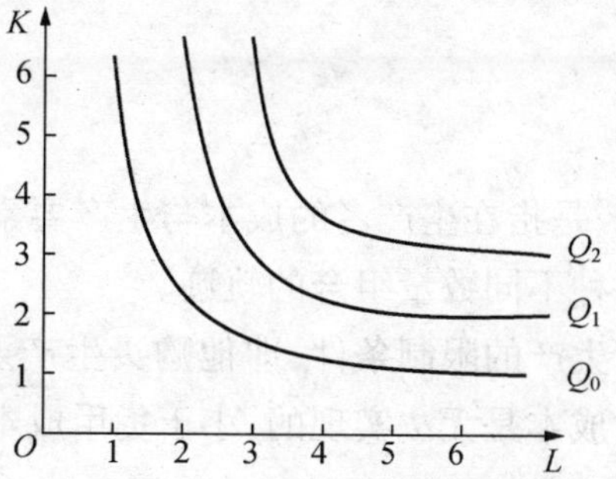

图 4－2　不同的等产量曲线

2. 等产量曲线的特征

等产量曲线与无差异曲线具有类似的性质，其特征为：

第一，等产量曲线是一条向右下方倾斜的线，其斜率为负值。这表明，在生产者的资源与生产要素价格既定的条件下，为了达到相同的产量，在增加一种生产要素时，必须减少另一种生产要素。两种生产要素同时增加，是资源既定时无法实现的；两种生产要素同时减少，不能保持相等的产量水平。

第二，在同一坐标平面图上可以有无数条等产量曲线。同一条等产量曲线代表相同的产量，不同的等产量曲线代表不同的产量水平，离原点越远的等产量曲线所代表的产量越高，反之则越低。在图 4－2 中，Q_0、Q_1、Q_2 是三条不同的等产量曲线，它们分别代表不同的产量水平，其代表的产量大小为 $Q_0 < Q_1 < Q_2$。

第三，在同一平面图上，任意两条等产量线不能相交。因为在交点上两条等产量曲线代表了相同的产量水平，与第二个特征相矛盾。

第四，等产量线是一条凸向原点的线。这是由边际技术替代率递减所决定的。

3. 边际技术替代率

边际技术替代率是指在维持相同产量水平时，每增加一单位某种生产要素的数量与所需减少的另一种生产要素的数量之比。

如果增加劳动 L 可以减少资本 K 而能够保持产量不变，那么，增加的劳动 L 的数量与减少

的资本 K 的数量的比值，就是劳动 L 替代资本 K 的边际技术替代率，记为 $MRTS_{LK}$。以 ΔL 代表劳动的增加量，ΔK 代表资本的减少量，$MRTS_{LK}$代表以劳动代替资本的边际技术替代率就可用公式表示：

$$MRTS_{LK} = -\frac{\Delta K}{\Delta L} \tag{4.12}$$

在产量不变的条件下，增加一种生产要素投入就要减少另一种生产要素的投入，因此，边际技术替代率应为负值，公式中的负号是为了使 $MRTS$ 值在一般情况下为正值，以方便比较。

边际技术替代率的变化呈递减规律，在保持产量不变的条件下，当不断地增加一种要素投入量时，增加一单位该种要素投入所需减少的另一种要素的数量越来越少，即随着一种要素投入的不断增加，一单位该种要素所能替代的另一种要素的数量是递减的。边际技术替代率也是等产量曲线的斜率，所以等产量曲线是一条凸向原点的曲线。

三、等成本线

1. 等成本线的概念

等成本线又叫企业预算线，是指在生产者的成本与生产要素价格既定的条件下，生产者可以购买到的两种生产要素的各种不同数量组合的轨迹。

等成本线表明了厂商进行生产的限制条件，即他购买生产要素所花的钱不能大于或小于所拥有的货币成本。大于货币成本是无法实现的，小于货币成本则无法实现产量最大化。

等成本线用公式表示为：

$$M = P_L \times Q_L + P_K \times Q_K \tag{4.13}$$

式中，M 为货币成本；P_L、P_K、Q_L、Q_K 分别为劳动与资本的价格与购买量。上式也可以写为：

$$Q_K = \frac{M}{P_K} - \frac{P_L}{P_K} \times Q_L \tag{4.14}$$

这是一个直线方程式，其斜率为 $-\frac{P_L}{P_K}$。

因为 M、P_L、P_K 是既定的常数，所以，给出 Q_L的值，就可以求出 Q_K的值；当然，给出 Q_K的值，也可以求出 Q_L的值。

如果 $Q_L = 0$，则 $Q_K = \frac{M}{P_K}$，表示货币 M 全部用来购买资本时的数量。

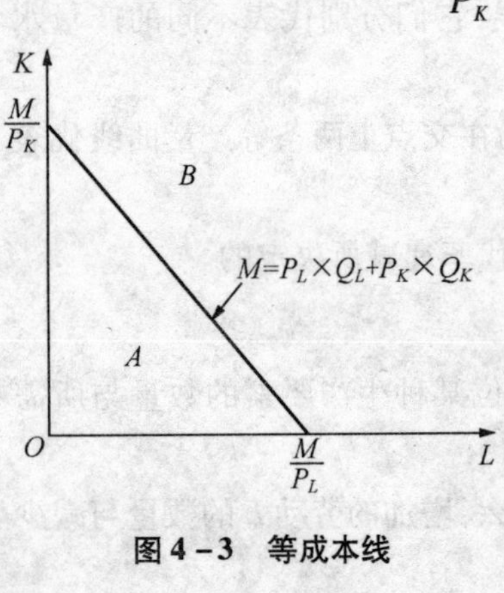

图 4－3　等成本线

如果 $Q_K = 0$，则 $Q_L = \frac{M}{P_L}$，表示货币 M 全部用来购买劳动时的数量。

这样，厂商能够购买的劳动与资本的各种组合可以用如图 4－3 所示的线段来代替。图中横轴上的截距表示全部成本可以购买到的劳动的数量；图中纵轴上的截距表示全部成本可以购买到的资本的数量，连接这两点的线段就是等成本线。它表示既定的全部成本所能购买到劳动和资本的各种组合。所以等成本线是一条线段。

等成本线以内区域中的任何一点(如 A 点),表示既定的全部成本都用来购买该点的劳动和资本的组合以后还有剩余。等成本线以外的区域中的任何一点(如 B 点),表示用既定的全部成本购买该点的劳动和资本的组合都不够。唯有等成本线上的任何一点,才表示用既定的全部成本刚好能购买到的劳动和资本的组合。

2. 等成本线的变动

在成本固定和要素价格已知的条件下,便可以得到一条等成本线。所以,任何关于成本和要素价格的变动,都会使等成本线发生变化。

第一种情况:在生产要素价格既定的条件下,生产者购买生产要素的总成本的变动导致等成本线发生平行移动(如图 4 - 4 所示)。等成本线向右移动表示生产者的总费用增加,能够购买到更多数量的生产要素;等成本线向左移动表示生产者的总费用减少,能够购买的生产要素数量减少。

在图 4 - 4 中,A_1B_1 是总成本为 M_1 时的等成本线;当总成本从 M_1 增加到 M_2 时,等成本线从 A_1B_1 向右平行移动到 A_2B_2,当总成本从 M_1 减少到 M_3 时,等成本线从 A_1B_1 向左平行移动到 A_3B_3。位置较低即距离原点较近的等成本线代表较低水平的生产要素组合,位置较高即距离原点较远的等成本线代表较高水平的生产要素组合。

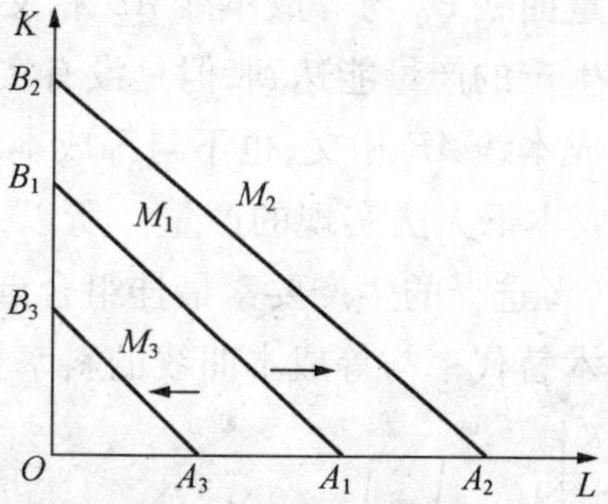

图 4 - 4 等成本线的变动

第二种情况:当总成本和其中一种生产要素的价格既定,另一种生产要素的价格发生变化时,等成本线则以价格不变要素的原购买量为定点发生旋转。如图 4 - 5 所示,当总成本与资本的价格不变时,资本的购买量为 OB,当 L 的价格提高时,L 的购买量就会减少,等成本线会以 B 点为定点发生旋转,从 BA_1 向内旋转到 BA_3($BA_1 \rightarrow BA_3$);当 L 的价格降低时,L 的购买量就会增加,等成本线会以 B 点为定点发生旋转,从 BA_1 向外旋转到 BA_2($BA_1 \rightarrow BA_2$)。

第三种情况:当总成本和其中一种生产要素的价格既定,另一种生产要素的价格发生变化时,等成本线则以价格不变要素的原购买量为定点发生旋转。如图 4 - 6 所示,当总成本与劳动的价格不变,劳动的购买量为 OA,当资本 K 的价格提高时,K 的购买量就会减少,等成本线会以 A 点为定点发生旋转,从 AB_1 向内旋转到 AB_3($AB_1 \rightarrow AB_3$);当资本 K 的价格降低时,K 的购买量就会增加,等成本线会以 A 点为定点发生旋转,从 AB_1 向外旋转到 AB_2($AB_1 \rightarrow AB_2$)。

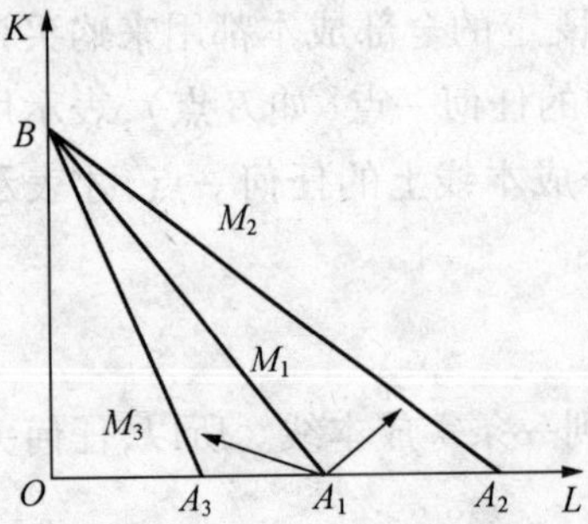

图 4-5 等成本线的变动

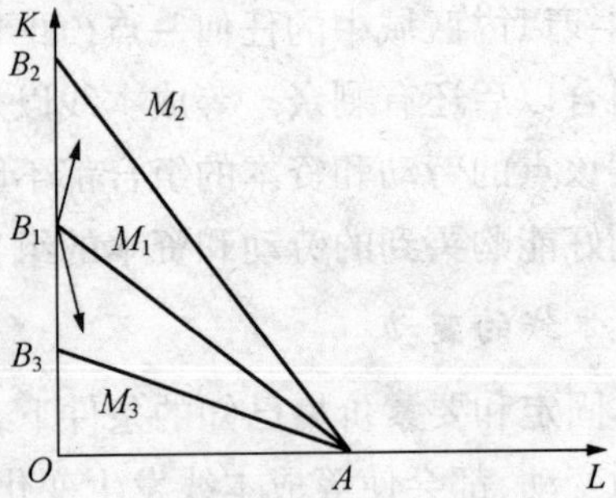

图 4-6 等成本线的变动

四、生产要素的最佳组合:资源的最优配置

把等产量曲线与等成本线结合起来就可以决定生产要素的最佳组合。生产者实现生产要素的最佳组合有两种含义:一是在成本既定时实现产量最大的要素组合;二是在既定产量下达到成本最小的要素组合。

第一种情况:既定成本条件下的产量最大化。

如图 4-7 所示,由于成本既定,所以,只有一条等成本线 AB,Q_0、Q_1、Q_2 是三条不同的等产量曲线,代表产量最小的等产量曲线 Q_0 与等成本线 AB 相交于 C 点和 D 点,两个交点所代表的产量相等,表明在既定成本生产的产量能达到,但是没有实现产量最大化;等产量曲线 Q_2 在等成本曲线的上方,既不与等成本线 AB 相交,也不与等成本线 AB 相切,这表明等产量曲线 Q_2 所代表的产量是企业在既定成本下无法实现的产量。所以,只有当等成本线 AB 与等产量曲线 Q_1 相切于 E 点时,才是生产者选择的生产要素最佳组合点,并在此点实现了生产者均衡。在切点处,等产量曲线的边际技术替代率与等成本曲线的斜率相等。

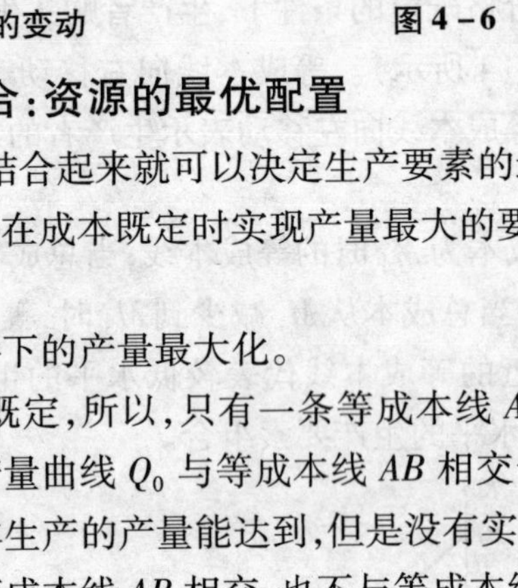

图 4-7 成本既定时产量最大化

第二种情况:既定产量条件下的成本最小化。

如图 4-8 所示,由于产量既定,所以,只有一条等产量曲线 Q_0,A_1B_1、A_2B_2、A_3B_3 是三条等成本线。其中,A_1B_1 成本最低,它与等产量曲线 Q_0 既不相交,也不相切,因此,要达到既定产量 Q_0 是无法实现的;等成本线 A_3B_3 最高,它与等产量曲线 Q_0 相交于 C 点和 D 点,这两点虽然可以达到既定产量,但不符合成本最小原则;所以,生产者要实现等产量曲线 Q_0 所代表的产量水平,只有选择等产量曲线 Q_0 与等成本线 A_2B_2 相切的 E 点,在切点 E 处实现了既定产量条件下的成本最小化,也是生产者选择的生产要素最佳组合点,并实现了生产者均衡。

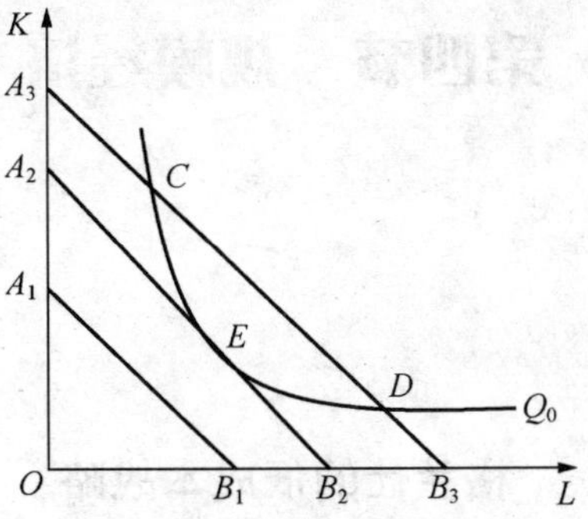

图 4－8　产量既定时成本最小化

从以上分析可知，使成本最小和产量最大的要素组合的条件是相同的，即等产量曲线与一条最低的等成本线相切，和等成本线与一条最高的等产量曲线相切。实际上，这是一个问题的两个方面，使产量达到最大的成本支出必须是最小的，否则，产量就不是最大的；使成本达到最小的产量必须是最大的，否则，成本不可能是最小的。既然要素最佳组合的条件是等成本线与等产量曲线相切，那么，在切点上它们的斜率必定相等。根据前面的分析，等成本线的斜率等于两个生产要素的价格之比，等产量曲线的斜率等于两个生产要素的边际产量之比。于是，生产要素最佳组合条件就是：

$$\frac{MP_L}{MP_K} = \frac{P_L}{P_K} \tag{4.15}$$

也可以表示为：

$$\frac{MP_L}{P_L} = \frac{MP_K}{P_K} \tag{4.16}$$

五、扩展线

扩展线是指在生产要素价格不变的条件下，与不同总成本支出相对应的最优生产要素投入组合点的轨迹。扩展线表示：在生产要素价格、生产技术和其他条件不变的情况下，当生产的成本或产量发生变化时，厂商必然会沿着扩展线来选择最优的生产要素组合，从而实现既定成本条件下的最大产量，或实现既定产量条件下的最小成本。扩展线是厂商在长期的扩张或收缩生产时所必须遵循的路线，企业如何在生产要素价格不变的条件下选择最佳要素投入组合，以便达到既定的产量扩张或收缩的目的，是与生产要素的边际生产力（要素的边际生产力体现在边际技术替代率上）密切相关的。

第四节　规模经济

案例导入

格兰仕的低成本战略

【案例内容】

面临着越来越广阔的市场,每个企业都有两种战略选择:一是多产业、小规模,低市场占有率;二是少产业、大规模,高市场占有率。格兰仕选择的是后者。格兰仕的微波炉,在国内已达到70%的市场占有率;在国外已达到35%的市场占有率。格兰仕产品销往全球80多个国家和地区,出口创汇2亿多美元。格兰仕通过贴牌生产开始创业,也通过贴牌生产走向海外市场,并创出了一条与众不同的、以成为"全球最大的微波炉制造中心"为目标的国际化经营之路。

格兰仕的成功就是运用规模经济的理论。经济学中有一个规模经济的概念,即某种产品的生产,只有达到一定的规模时,才能取得较好的效益。微波炉生产的最小经济规模为100万台。早在1996~1997年,格兰仕就达到了这一规模。随后,规模每上一个台阶,生产成本就下降一个台阶。这就为企业的产品降价提供了条件。格兰仕的做法是,当生产规模达到100万台时,将出厂价定在规模80万台企业的成本价以下;当规模达到400万台时,将出厂价又调到规模为200万台的企业的成本价以下;而现在规模达到1 000万台以上时,又把出厂价降到规模为500万台企业的成本价以下。这种在成本下降的基础上所进行的降价,是一种合理的降价。降价的结果是将价格平衡点以下的企业一次又一次大规模淘汰,使行业的集中度不断提高,使行业的规模经济水平不断提高,由此带动整个行业社会必要劳动时间不断下降,进而带来整个行业的成本不断下降。

成本低,价格必然低,降价最大的受益者是广大的消费者。1993年格兰仕进入微波炉行业,2003年微波炉的价格由最初的每台3 000多元降到每台300元左右,下降了90%。这不能不说是格兰仕的功劳,不能不说是格兰仕对中国广大消费者的巨大贡献。

【案例分析】

本案例中格兰仕利用规模经济走出了一条成功的发展道路。规模经济使长期平均成本随着产量增加而减少,这一规律在格兰仕得到了验证,格兰仕规模每上一个台阶,生产成本就下降一个台阶。规模经济的产生是因为更大规模的生产,一方面使得劳动的分工更专业化,工人更加精通自己的业务;另一方面更大规模的生产能够充分利用大规模的厂房和设备。格兰仕的经验为我们提供了借鉴。

【案例来源】

张淑兰.《经济学——从理论到实践》. 北京:化学工业出版社,2004

一、规模经济

短期生产中,有些要素不变,而另一种或两种要素可变。在长期生产中,所有的生产要素都是可变的,这就意味着工厂规模可以调整,也就产生了规模经济问题。规模经济又称规模收益,是指在生产技术不变的情况下,由于企业生产规模的变动引起产量或收益变动的情况。规模与产量或收益之间的关系分为三个阶段:

第一阶段是规模收益递增阶段,即产量或收益的递增幅度大于投入规模的递增幅度。或者说企业规模扩大了一倍,导致产量增加超过了一倍,这种情况就是规模收益递增。

第二阶段是规模收益不变阶段,即产量或收益的递增幅度等于投入规模的递增幅度。或者说企业规模扩大了一倍,导致产量也扩大了一倍。

第三阶段是规模收益递减阶段,即产量或收益的递增幅度小于投入规模的递增幅度。或者说企业规模扩大了一倍,导致产量增加却不到一倍,这种情况就是规模收益递减。

规模经济的形成,有来自企业内部的原因,也有来自企业外部的原因。

二、内在经济与外在经济

1. 内在经济与内在不经济

所谓内在经济是指一个厂商在生产规模扩大时由自身内部所引起的产量增加。引起内在经济的原因主要是:

(1)技术。生产规模扩大,可以购置和使用更加先进的机器设备;可以提高专业化程度,提高生产效率;还有利于实行资源的综合开发和利用,使生产要素效率得到充分发挥。

(2)管理。生产规模扩大,能使厂商内部管理系统高度专门化,使各个部门管理者容易成为某一方面专家,从而提高管理水平和工作效率。

(3)购销。大厂商从大宗产品的销售和原料购买中获得更大好处。订购大批原料可获得各种优惠条件,大宗产品的销售能节约销售成本。

(4)金融。大规模企业在筹措资金时,比较容易获得银行贷款,因为它可以提供更大的财产担保;与小厂商相比,大规模企业能以更低的费用发行股票和债券,因为它更能取得投资者的信任。

由此可见,工厂规模的扩大可以使厂商从很多方面获得内在经济,从而获得递增的规模收益。但是,厂商的生产规模也并不是越大越好。如果一个厂商由于本身生产规模过大而引起产量或者收益的减少,就叫做内在不经济。引起内在不经济的原因主要是:

(1)管理效率下降。由于生产规模过大,会使管理机构庞大,管理起来越来越复杂,也容易出现各种漏洞,从而使产量和收益反而减少。

(2)生产要素价格与销售费用增加。生产规模过大必然大幅度增加对生产要素的需求,而使生产要素的价格上升;同时,由于生产规模过大,产品大量增加,也增加了销售的困难,需要更多的销售机构和销售人员，导致销售费用增加。因此，生产规模并不是越大越好。

2. 外在经济与外在不经济

一个厂商除了从工厂规模扩大中获得利益外，还可以从行业规模扩大中获得好处。这种因整个行业生产规模的扩大，给个别厂商带来产量与收益的增加称为外在经济。

引起外在经济的原因有：行业规模的扩大可以设立专业技术学校培养熟练劳动力和工程技术人员，提高整个行业的劳动力素质；可以建立共同的服务组织，如市场推销机构、信息机构和科研机构等，从而提高整个行业的经济效益；可以建立较便利的交通运输和通信网络。此外，行业规模的扩大如同厂商规模扩大一样，能够在行业内部实行更好的专业化协作，提高各个厂商的生产效率。

但是，行业规模也不是越大越好。首先，行业规模过大，厂商之间互相争购原料和劳动力，从而导致要素价格上升，成本的增加。其次，行业规模过大，也会加重环境污染，交通紧张，个别厂商要为此承担更高代价。因此，行业规模过大将会导致外在不经济，使厂商的规模收益递减。

知识归纳

【基本概念】

生产　生产函数　总产量　平均产量　边际产量　边际收益递减规律　等产量线　等成本线　边际技术替代率　规模经济

【基本原理】

等成本线与等产量线结合起来是分析生产要素的最佳组合，要素的最佳组合有两种情况：一是在成本既定时实现产量最大的要素组合；二是在产量既定时实现成本最小的要素组合。生产者的最优选择是本章的重点。

人物窗

西蒙·史密斯·库兹涅茨(1901～1985)，俄裔美国著名经济学家，1971年诺贝尔经济学奖获得者。他在经济周期研究中所提出的为期20年的经济周期，被西方经济学界称为“库兹涅茨周期”。他在国民收入核算研究中提出了国民收入及其组成部分的定义和计算方法，被经济学家们誉为“美国的GNP之父”。他对经济增长的分析，被西方经济学界认为揭示了各发达国家一个多世纪的经济增长过程，并提出了许多深刻的见解。

思考与练习

1. 单选题

(1)对于一种可变生产要素的生产函数 $Q=f(L,\bar{K})$ 而言,当 TP_L 处于达到最大值后逐步递减的阶段时,MP_L 处于(　　)的阶段。

A. 递减且 $MP_L<0$　　B. 递减且 $MP_L>0$

C. $MP_L=0$　　D. 无法确定 MP_L 值的变动特征

(2)根据可变要素的总产量曲线、平均产量曲线和边际产量曲线之间的关系,可将生产划分为三个阶段,任何理性的生产者都会将生产选择在(　　)。

A. 第Ⅰ阶段　　B. 第Ⅱ阶段　　C. 第Ⅲ阶段　　D. 第 Ⅳ 阶段。

(3)关于生产函数 $Q=f(L,\bar{K})$ 的生产的第二阶段应该是(　　)。

A. 开始于 AP_L 开始递减处,终止于 MP_L 为零处

B. 开始于 AP_L 曲线和 MP_L 曲线的相交处,终止于 MP_L 曲线和横轴的相交处

C. 开始于 AP_L 的最高点,终止于 MP_L 为零处

D. 上述说法都对

(4)当边际产量大于平均产量时(　　)。

A. 平均产量增加　　B. 平均产量减少

C. 平均产量不变　　D. 平均产量达到最低点

(5)生产函数的斜率是(　　)。

A. 总产量　　B. 平均产量　　C. 平均成本　　D. 边际产量

(6)在经济学中,短期和长期的划分标准是(　　)。

A. 厂商是否可以调整其产量

B. 厂商是否可以调整其产品的价格

C. 时间的长短

D. 厂商是否可以调整其全部生产要素的投入数量

2. 多选题

(1)边际收益递减规律成立的条件是(　　)。

A. 生产技术水平保持不变

B. 保持其他生产要素投入数量的不变,只改变一种生产要素的投入量

C. 边际产量递减发生在可变投入增加到一定程度之后

D. 扩大固定资本的存量

E. 在开始阶段,边际收益有可能是增加的

(2)关于总产量与边际产量的关系描述正确的是(　　)。

A. 在边际产量曲线上升时,总产量曲线以越来越慢的速度上升

B. 在边际产量曲线上升时,总产量曲线以越来越快的速度上升

C. 在边际产量曲线下降并位于横轴之上时，总产量曲线以越来越快的速度上升

D. 在边际产量曲线下降并位于横轴之上时，总产量曲线以越来越慢的速度上升

E. 当边际产量等于零时，总产量达到最大

(3) 边际报酬递减规律发生作用的前提是(　　)。

A. 存在技术进步

B. 生产技术水平不变

C. 具有两种以上可变要素的生产

D. 只有一种可变要素的生产

E. 前后投入的要素保持相同的质

(4) 下列说法正确的有(　　)。

A. 等产量曲线上某点的边际技术替代率等于等产量曲线上该点斜率值

B. 等产量曲线上某点的边际技术替代率等于等产量曲线上该点斜率的绝对值

C. 边际技术替代率等于两种生产要素的边际产量之比

D. 随着增加劳动投入去替代资本投入，MP_L不断下降，MP_K不断上升

E. 随着增加劳动投入去替代资本投入，MP_L不断上升，MP_K不断下降

3. 简答题

(1) 简述边际产量曲线、总产量曲线和平均产量曲线之间存在怎样的关系。

(2) 等产量曲线有哪些特征？这些特征的经济含义是什么？

(3) 简述理性的生产厂商应如何组织生产。

(4) 厂商利润最大化与生产要素最优组合之间的关系是怎样的？

第五章　成本与收益

教学目标

- 掌握机会成本的概念，掌握厂商短期成本曲线和长期成本的含义与区别；
- 理解生产成本与收益之间的经济关系，学会分析厂商利润最大化问题。

第一节　成本概念

案例导入

上大学的机会成本

【案例内容】

大学学位的机会成本是什么？让我们来看一看，一名学生在大学里待了4年，每年支付1万元的学费与书费。上大学的部分机会成本，是该学生可用于购买其他商品但又不得不用于学费与书费的4万元。如果该学生不上大学，而是到一家银行做职员，每年的薪金为2万元。那么，在大学里所花费的时间的机会成本是8万元。因而，该学生的大学学位的机会总成本为12万元。那么，你关于上大学的决策又意味着什么呢？大学学位可以提高我们的赚钱能力，因而我们还是可以从中获益的。为了作出是否上大学的明智决策，你必须比较收益与机会成本。

【案例分析】

任何稀缺资源的使用，不论在实际中是否为之支付代价，总会形成"机会成本"，即为了这种使用所牺牲掉的其他使用能够带来的益处。机会成本与会计成本是两个不同的概念。会计成本是指实际支付的货币成本，而机会成本是指生产者所放弃的使用相同的生产要素在其他生产用途中所能得到的最高收入。因此，上大学的成本不只是学费与书费4万元，而是总成本的12万元。

【案例来源】

http://www.blog.sina.com.cn

一、机会成本的概念

1. 机会成本

企业在生产经营活动中为了获得产出必须投入各种生产要素，而成本就是投入各种生产要素所付出的代价，如为了投入劳动而支付的工资，为了投入资本而付出的利息等。然而经济学家认为，在经济学分析中，仅从这样的角度来理解成本的概念是不够的，为此，他们提出了机会成本的概念。

资源相对于人的欲望而言总是稀缺的，选择了一种用途，必然要丧失另一种用途的机会，后者可能带来的最大收益就成了前者的机会成本。例如，当一个厂商决定利用自己所拥有的经济资源生产一辆汽车时，这就意味着该厂商不可能再利用相同的经济资源来生产200辆自行车。于是，可以说，生产一辆汽车的机会成本是所放弃生产的200辆自行车。因此，生产1单位的某种商品的机会成本是指生产者所放弃的使用相同的生产要素在其他生产用途中所能得到的最高收入。理解机会成本的概念时我们需要注意：第一，机会成本不等于实际成本。第二，机会成本是作出一种选择时所放弃的其他若干种可能的选择中最好的一种。第三，机会成本并不全是由个人选择所引起的。

机会成本的概念告诉我们，任何稀缺的资源的使用，不论在实际中是否为之支付代价，总会形成“机会成本”，即为了这种使用所牺牲掉的其他使用能够带来的益处。因此，在我们作出任何决策时都要使收益大于或至少等于机会成本。如果机会成本大于收益，则这项决策从经济学的观点看就是不合理的。通过对相同的经济资源在不同的生产用途中所得到的不同收入的比较，将使得经济资源从所得收入相对低的生产用途上，转移到所得收入相对高的生产用途上，达到资源的合理配置。

2. 显成本和隐成本

企业的生产成本应该从机会成本的角度来理解。企业的生产成本可以分为显成本和隐成本。显成本(Explicit Cost)就是一般会计学上的成本概念，是指厂商在生产要素市场上购买或租用所需要的生产要素的实际支出，这些支出是在会计账目上作为成本项目记入账上的各项费用支出。隐成本(Implicit Cost)是对厂商自己拥有的，且被用于该企业生产过程的那些生产要素所应支付的费用。这些费用并没有在企业的会计账目上反映出来，所以称为隐成本。

二、短期成本

如同我们前面讲述的生产理论一样，由于短期内企业只能调整可变生产要素的投入数量，不能调整固定生产要素的投入数量，而在长期企业则可以调整全部生产要素的投入数量，因此，成本理论中也把厂商的成本分为短期成本和长期成本。在短期内，厂商的成本可以分为以下七种：

1. 总成本(Total Cost)

总成本是指短期内生产一定产量所付出的全部成本，是厂商总固定成本与总变动成本之和。用公式表示为 $TC(Q)=TFC+TVC(Q)$。

2. 总可变成本(Variable Cost)

总可变成本是指短期内可以改变的可变投入的成本,它随产量的变化而变化。例如,原材料、燃料、动力支出、雇用工人的工资等。当产量为零时,变动成本也为零,产量越多,变动成本也越多。总可变成本曲线是从原点开始不断地向右上方上升的曲线。如图 5-1 所示。变动规律:初期随着产量增加先递减上升,到一定阶段后转入递增上升。

3. 总不变成本(Fixed Cost)

总不变成本是指那些短期内无法改变的固定投入所带来的成本,这部分成本不随产量的变化而变化,即使厂商暂时关闭工厂,什么也不生产,也会承担这部分费用,比如厂房设备投资的利息、折旧费和维修费、各种保险金和税金等,因此总不变成本的曲线为一条水平线。

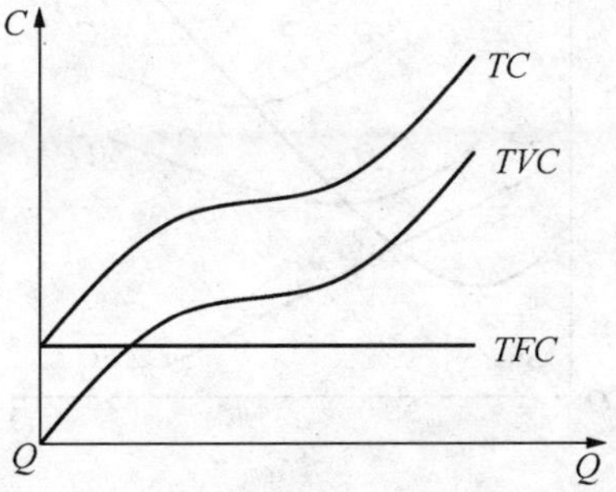

图 5-1　总成本、总不变成本和总可变成本曲线

4. 平均不变成本(Average Fixed Cost)

平均不变成本是指厂商短期内平均生产每一单位产品所消耗的固定成本。公式为 $AFC = \frac{TFC}{Q}$。随着产量的增加,平均不变成本是越来越小的,因此,AFC 曲线随产量的增加一直呈下降趋势。

5. 平均可变成本(Average Variable Cost)

平均可变成本是指厂商短期内平均生产每一单位产品所消耗的总变动成本。公式为 $AVC = \frac{TVC}{Q}$。变动规律:初期随着产量增加而不断下降,产量增加到一定量时,AVC 达到最低点,而后随着产量继续增加,开始上升。

6. 平均成本(Average Cost)

平均成本是指厂商短期内平均生产每一单位产品所消耗的成本。公式为 $AC = \frac{TC}{Q}$。变动规律:初期,随着产量的增加,不断下降,产量增加到一定量时,AC 达到最低点,而后随着产量的继续增加,AC 开始上升,如图 5-2 所示。最低点的确定:从原点引一条射线与 TC 相切,切点的左边,总可变成本增长慢于产量增长,因此 TC/Q 的值是下降的。在切点的右边,总可变成本快于产量增长,因此 TC/Q 的值是上升的。在切点对应的产量上,平均总成本达到最低点。

7. 边际成本(Marginal Cost)

边际成本是指厂商在短期内增加 1 单位产量所引起的总成本的增加。公式为 $MC = \frac{\Delta TC}{\Delta Q}$。当$\Delta Q \to 0$时，$MC = \lim_{\Delta Q \to 0} \frac{\Delta TC}{\Delta Q} = \frac{dTC}{dQ}$。

MC 曲线的变动规律：*MC* 曲线随着产量的增加，初期迅速下降，很快降到最低点，然后迅速上升，上升的速度快于 *AVC*、*AC*。从图 5 - 2 可以看出，不仅 *AVC* 曲线、*AC* 曲线和 *MC* 曲线均呈 U 形特征，而且，*MC* 曲线与 *AVC* 曲线相交于 *AVC* 曲线的最低点 *M* 点，*MC* 曲线与 *AC* 曲线相交于 *AC* 曲线的最低点 *E* 点。

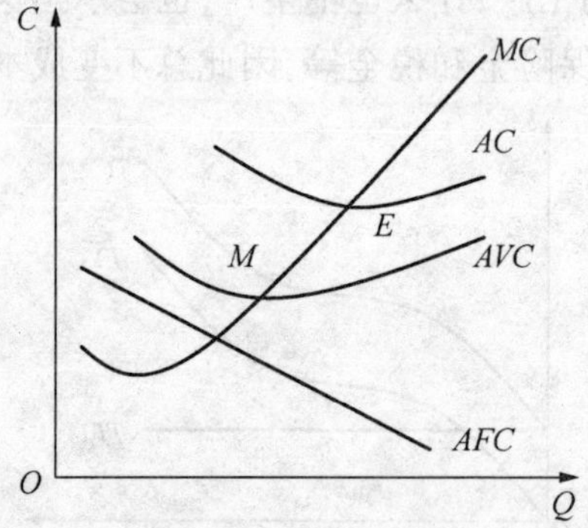

图 5 - 2　平均成本、平均不变成本、平均可变成本和边际成本曲线

在解释了每一个成本概念后，我们将运用一个对许多企业成本情况具有典型意义的例子，来更直观地了解每个成本之间的关系。这是一个固定成本为 60 元的企业，总可变成本和总成本随着产量的增加而增加，边际成本先递减后递增，呈 U 形。

表 5 - 1　某企业的短期成本　单位：元

产出水平（*Q*）	总不变成本（*TFC*）	总可变成本（*TVC*）	总成本（*TC*）	边际成本（*MC*）	平均不变成本（*AFC*）	平均可变成本（*AVC*）	平均成本（*AC*）
0	60	0	60	—	—	—	—
1	60	35	95	35	60	35	95
2	60	50	110	15	30	35	55
3	60	60	120	10	20	25	40
4	60	80	140	20	15	20	35
5	60	115	175	35	12	23	35
6	60	180	240	65	10	30	40

三、长期成本

在短期的分析中我们主要考查规模既定的厂商产量的变化与相应的总成本、平均成本和边际成本之间的关系，而厂商在长期生产中，不仅可以根据预计的产量来调整人工、原材料等可变要素的投入，而且可以重新设计工厂的生产规模，甚至选择进入或退出一个行业，因此厂商的长期成本中不存在固定成本和可变成本之分，所有的投入要素都是可变的。这里厂商的长期成本分析中着重考察长期总成本、长期平均成本和长期边际成本。

1. 长期总成本

长期总成本（LTC）是指厂商在长期内在每一个产量水平上通过改变生产规模所能达到的最低总成本，长期总成本随产量的增加而增加。长期总成本函数公式：$LTC = LTC(Q)$。长期总成本曲线是无数条短期总成本曲线的包络曲线。每一个产量水平上，表示生产该产量的最优规模短期总成本；包络曲线上，长期总成本与一条短期总成本相切，切点表示生产该产量的最低总成本。长期总成本曲线是由原点出发向右上方倾斜的曲线，表示每一个产量水平上由最优生产规模所带来的最小总成本。

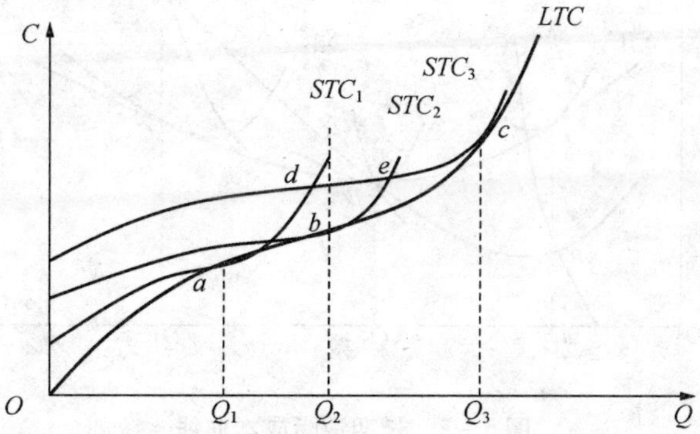

图 5－3　长期总成本曲线

2. 长期平均成本

长期平均成本（LAC）表示的是厂商在长期内按产量平均计算的最低点总成本。长期平均成本函数：$LAC = \frac{LTC}{Q}$。LAC 曲线是无数条 SAC 曲线的包络线。在这条包络线上，在连续变化的每一个产量水平，都存在 LAC 曲线和与一条 SAC 曲线的相切点，该切点所对应的平均成本就是相应的最低平均成本。LAC 曲线表示厂商在长期内在每一产量水平上可以实现的最小的平均成本。

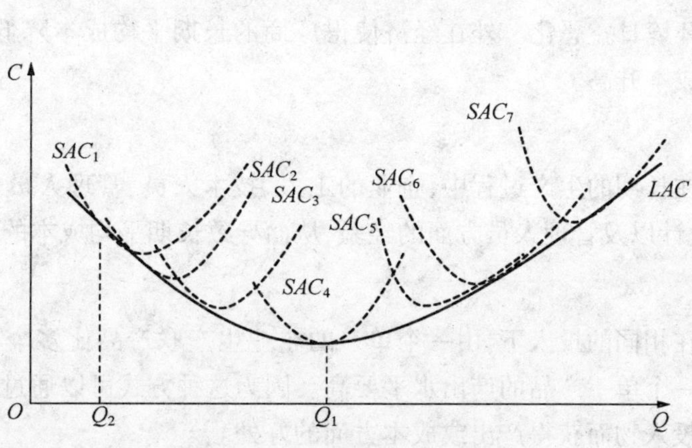

图 5－4　长期平均成本曲线

3. 长期边际成本

长期边际成本(*LMC*)是指在长期内每增加 1 单位产量所增加的总成本。*LMC* 函数公式：$LMC=\frac{\Delta LTC}{\Delta Q}$，当 $\Delta Q\to 0$ 时，$LMC=\lim_{\Delta Q\to 0}\frac{\Delta LTC}{\Delta Q}=\frac{\mathrm{d}LTC}{\mathrm{d}Q}$。由于 *LTC* 是厂商最优产量时的最低短期总成本 *STC*。因此，长期总成本 *LTC* 曲线与 *STC* 曲线相切于最优产量那一点。*LMC* 曲线呈 U 形，且 *LMC* 和 *LAC* 的关系，同 *SMC* 和 *SAC* 的曲线的关系。

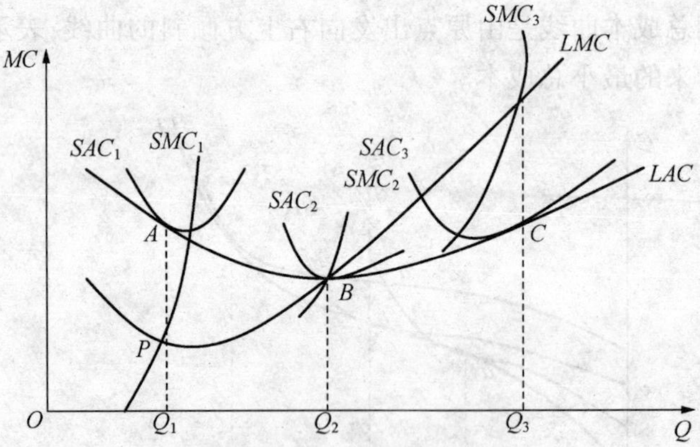

图 5-5　长期边际成本曲线

四、影响长期平均成本曲线变化的因素

1. 规模经济与规模不经济

规模经济是指由于生产规模扩大而导致长期平均成本下降的情况。规模不经济是指由于企业规模扩大使得管理无效而导致长期成本上升的情况。

2. 外在经济与外在不经济

外在经济是由于厂商的生产活动所依赖的外界环境改善而产生的。外在不经济是指企业生产所依赖的外界环境日益恶化。外在经济使得厂商的长期平均成本降低，而外在不经济使得厂商的长期平均成本升高。

3. 学习效应

学习效应是指在长期的生产过程中，企业的工人、技术人员、管理人员等可以积累起产品生产、产品的技术设计以及管理人员方面的经验，从而导致长期平均成本的下降。

4. 范围经济

范围经济是指在相同的投入下，由一个单一的企业生产联产品比多个不同的企业分别生产这些联产品中每一个单一产品的产出水平要高。因为这种方式可以通过使多种产品共同分享生产设备或其他投入物而获得产出或成本方面的好处。

第二节　收益与利润最大化

案例导入

大商场平时为什么不延长营业时间

【案例内容】

节假日期间天津许多大型商场都延长营业时间，为什么平时不延长？现在我们用边际分析理论来解释这个问题。

从理论上说延长1小时时间，就要支付1小时所耗费的成本，这种成本既包括直接的物耗，如水、电等，也包括由于延时而需要给售货员的加班费，这种增加的成本就是我们这一章所要学习的边际成本。假如延长1小时增加的成本是1万元（注意这里讲的成本是西方成本概念，包括成本和正常利润），那么在延时的一小时里他们由于卖出商品而增加收益大于1万元，作为一名精明的企业家他还应该将营业时间在此基础上再延长，因为这时他还有一部分该赚的钱还没赚到手。相反，如果他在延长一小时里增加的成本是1万元，增加的收益是不足1万元，他在不考虑其他因素情况下就应该取消延时的经营决定，因为他延长一小时的成本大于收益。

节假日期间，人们有更多的时间去旅游购物，使商场的收益增加，而平时紧张的工作、繁忙的家务使人们没有更多时间和精力去购物，就是延时服务也不会有更多的人光顾，增加的销售额不足以抵偿延时所增加的成本。这就是在节假日期间延长营业时间而在平时不延长营业时间的经济学的道理。

【案例分析】

厂商最大利润原则是 $MR=MC$。无论是边际收益大于边际成本还是小于边际成本，厂商都要进行营业时间调整，说明这两种情况下都没有实现利润的最大化。只有在边际收益等于边际成本时，厂商才不调整营业时间，这表明已把该赚的利润都赚到了，即实现了利润的最大化。

【案例来源】

http://www.blog.sina.com.cn

一、收益的概念

厂商销售产量获得的收入就是收益。总收益（TR）是指厂商销售一定的数量的产量或劳务所获得的全部收入，它等于产品的销售价格与销售数量之间的乘积，$TR=P\times Q$。平均收益（AR）是指厂商每单位产量平均获得的收入，$AR(Q)=\dfrac{TR(Q)}{Q}=\dfrac{P\times Q}{Q}=P$。边际收益（$MR$）

是指每增加1单位商品销售所增加的收入。总收益、平均收益和边际收益都与厂商的产量有关,因而其曲线与总产量、平均产量、边际产量曲线相对应,具有相同的形状。

二、收益曲线

根据收益函数我们可以绘制出收益曲线。收益曲线的形状由需求曲线的形状决定,当价格为常数时,总收益曲线是从原点出发的一条射线,而平均收益曲线和边际收益曲线与需求曲线完全重合,如图5-6所示。

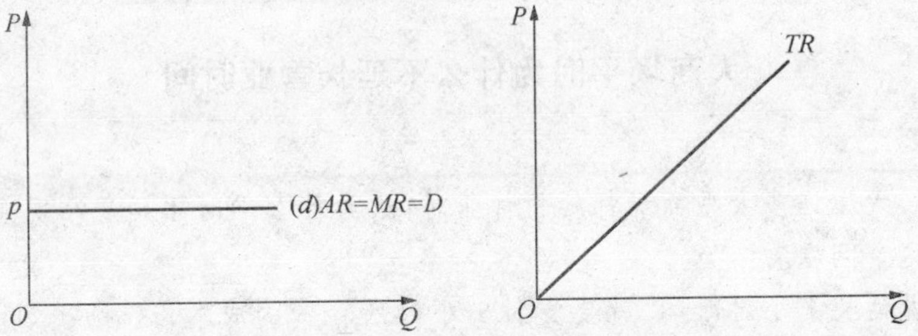

图5-6 价格为常数时的收益曲线

三、厂商的利润最大化原则

在成本与收益分析的基础之上,我们来分析厂商的最大利润原则。厂商为使利润最大就必须把产量定在 $MC=MR$ 的基础上,$MR=MC$ 称为厂商最大利润原则。如果厂商的边际收益大于边际成本,这就意味着厂商每多生产1单位的产量用于销售所增加的收益大于因多生产1单位产品所增加的成本。此时,增加产量可以增加利润。如果厂商 $MR<MC$,表明厂商增加产量只会使利润减少。当 $MR=MC$ 时,说明厂商该得到的利润全部得到了。也可以用数学的方法来证明,可以设 π 为利润,Q 为厂商产量,TR 为厂商总收益,TC 为厂商总成本,则 $\pi(Q)=TR(Q)-TC(Q)$,利润最大化的必要条件是 π 对 Q 的一阶导数为零。因此 $MR=MC$ 时利润达到最大值。

知识归纳

【基本概念】

机会成本　短期成本　短期边际成本　长期总成本　长期平均成本　长期边际成本

【基本原理】

厂商的生产成本按照是否可以全部调整生产要素的投入分为短期成本和长期成本。短期成本包括固定成本和可变成本。短期总成本为固定成本和可变成本之和,平均成本为平均固定成本和平均可变成本之和。边际成本分别交于平均可变成本和平均成本的最低点。长期成本分为总成本、平均成本和边际成本。长期总成本和平均成本是短期成本曲线的包络线。长期边际成本交于长期平均成本曲线的最低点。

人物窗

保罗·萨缪尔森(1915~2009),1935 年毕业于芝加哥大学,随后获得哈佛大学的硕士学位和博士学位。萨缪尔森的巨著《经济学》流传颇广。现在,许多国家的高等学校将《经济学》作为专业教科书。他于 1947 年成为约翰·贝茨·克拉克奖的首位获得者,并于 1970 年获得诺贝尔经济学奖。

思考与练习

1. 单选题

(1)短期边际成本曲线与短期平均成本曲线的相交点是(　　)。

A. 平均成本曲线的最低点

B. 边际成本曲线的最低点

C. 平均成本曲线下降阶段的任何一点

D. 平均成本曲线上升阶段的任何一点

(2)在短期中,当边际成本曲线位于平均成本曲线下方时(　　)。

A. 平均成本是递减的

B. 平均成本是递增的

C. 边际成本是递减的

D. 边际成本保持不变

(3)已知产量为 8 个单位时,总成本为 80 元,当产量增加到 9 个单位时,平均成本为 11 元,那么此时的边际成本为(　　)。

A. 1 元

B. 19 元

C. 88 元

D. 20 元

(4)随着产量的增加,短期固定成本(　　)。

A. 增加

B. 减少

C. 不变

D. 先减后增

2. 计算题

(1)假定某厂商的边际成本函数:$MC = 3Q^2 - 30Q + 100$,且生产 10 个单位产量时的总成本为1 000,求:①TFC;②TC、TVC、AC、AVC。

(2)已知某企业的短期总成本函数：$STC(Q) = 0.04Q_3 - 0.8Q_2 + 10Q + 5$，求最小的平均可变成本值。

3. 简答题

(1)如何理解机会成本的含义？

(2)说明各短期成本曲线的特点。

(3)影响长期平均成本曲线变化的因素有哪些？

第六章 市场理论

教学目标

➢熟练掌握完全竞争市场、完全垄断市场、垄断竞争市场和寡头垄断市场的含义和特征,各市场结构中厂商的需求曲线、收益曲线的区别,以及厂商利润最大化的产量和价格的决定;

➢了解有关博弈理论的知识,能结合现实,对完全垄断和寡头垄断企业的经营行为与定价特点有较深入地认识和分析。

第一节 完全竞争市场上的厂商均衡

案例导入

农村春联市场:完全竞争的缩影

【案例内容】

2003 年临近春节,我有机会对某村农贸市场的春联销售进行了调查,该农贸市场主要供应周围 7 个村 5 000 余农户的日用品需求。贴春联是中国民间的一大传统,春节临近,春联市场红红火火,而在农村,此种风味更浓。

在该春联市场中,需求者有 5 000 多农户,供给者为 70 多家零售商,市场中存在许多买者和卖者;供应商的进货渠道大致相同,且产品的差异性很小,产品具有高度同质性(春联所用纸张、制作工艺相同,区别仅在于春联所书写内容的不同);供给者进入与退出没有限制;农民购买春联时的习惯是逐个询价,最终决定购买,信息充分;供应商的零售价格水平相近,提价基本上销售量为零,降价会引起利润损失。原来,我国有着丰富文化内涵的春联,其销售市场结构竟是一个高度近似的完全竞争市场。

供应商在销售产品的过程中,都不愿意单方面降价。春联是农村过年的必需品,购买春联的支出在购买年货的支出中只占很小的比例,因此其需求弹性较小。某些供应商为增加销售量,扩大利润而采取的低于同行价格的竞争方法,反而会使消费者认为其所经营的产品存在瑕疵(例如,上年库存、产品质量存在问题等),反而不愿买。

该农村集贸市场条件简陋,春联商品习惯性地席地摆放,大部分供应商都将春联放入透明的塑料袋中以防尘保持产品质量。而少部分供应商则更愿意损失少部分产品暴露于阳光下、寒风中,以此展示产品。因此就产生了产品之间的鲜明对照。暴露在阳光下的春联更鲜艳,更能吸引消费者目光、刺激购买欲望,在同等价格下,该供应商销量必定高于其他同行。由此可见,在价格竞争达到极限时,价格外的营销竞争对企业利润的贡献不可小视。

【案例分析】

"春联市场中存在许多买者和卖者,产品的差异性很小,供给者进入退出没有限制,信息充分,是一个高度近似的完全竞争市场。每一个春联的买者和卖者的需求量或供给量都是微不足道的,买者买与不买,卖者卖与不卖,都不会对价格产生任何影响,因此,他们每一个人都只能被动地接受既定的市场价格。另外,商品的同质性使得每一个卖者都不会单独降价或提价,他们会按照市场价格实现自己那一份销售份额。"

【案例来源】

杨晓东.《农村春联市场:完全竞争的缩影》.经济学消息报(599),2004-6-25

在经济分析中,根据市场结构的不同特征,将市场分为完全竞争市场、完全垄断市场、垄断竞争市场和寡头垄断市场四种。决定市场结构划分的因素主要有:第一,厂商的数目;第二,产品的差别程度;第三,单个厂商对价格的控制程度;第四,进入或退出一个行业的难易程度。我们将依次介绍完全竞争市场、完全垄断市场、垄断竞争市场和寡头垄断市场中厂商是如何决定价格和产量,达到利润最大化的。

一、完全竞争市场的条件

完全竞争市场是指竞争充分而不受任何阻碍和干扰的一种市场结构。在这种市场类型中,买卖人数众多,买者和卖者是价格的接受者,资源可自由流动,市场完全由"看不见的手"进行调节,政府对市场不作任何干预。通常来说,完全竞争市场必须具备以下条件:

1. 市场上有大量的卖者和买者

经济主体数量众多,且每一主体规模又很小,所以,他们任何一个人都无法通过买卖行为来影响市场上的供求关系,也无法影响市场价格,每个人都是市场价格的被动接受者。显然,在交换者众多的市场上,若某厂商要价过高,顾客可以从别的厂商购买商品或劳务,同样,如果某顾客压价太低,厂商可以拒绝出售给顾客而不怕没有别的顾客光临。

2. 参与经济活动的厂商出售的产品是同质的

在完全竞争市场上众多生产者提供的同一种商品无论质量、性能、销售条件和装潢等方面都是完全相同的。在消费者眼中,各厂商提供的商品毫无差异,他们没有理由偏爱某一厂商的产品,也不会为得到某一厂商的产品而必须支付更高的价格。同样对于厂商来说,没有任何一家厂商拥有市场优势,他们将以可能的市场价格出售自己的产品。

3. 厂商可以自由地进入或退出一个行业

即所有的资源都可以在各行业之间自由流动。劳动力、资本等要素可以自由地从一个行业转到另一个行业，资源的自由流动使得厂商总是能够及时地向获利的行业运动，及时退出亏损的行业，这样，效率较高的企业可以吸引大量的投入，缺乏效率的企业会被市场淘汰。资源的流动是促使市场实现均衡的重要条件。

4. *参与市场活动的经济主体具有完全信息*

市场中的每一个卖者和买者都掌握着与自己决策、与市场交易相关的全部信息，这一条件保证了消费者不可能以较高的价格购买，生产者也不可能以高于现行价格出卖，每一个经济行为主体都可以根据所掌握的完全信息，确定自己最优购买量或最优生产量，从而获得最大的经济利益。

可见，理论分析上所假设的完全竞争市场的条件是非常严格的，在现实的经济中没有一个市场真正具备以上四个条件，通常只是将某些农产品市场看成是比较接近的完全竞争市场类型。但是完全竞争市场作为一个理想经济模型，可以说明在假设的完全竞争条件下，市场机制如何调节经济，有了完全竞争的市场，我们就有了一把尺子，一面镜子，一个目标。

二、完全竞争厂商的需求曲线

在任何一个商品市场中，市场需求是针对市场上所有厂商组成的行业而言的，消费者对整个行业所生产的商品的需求称为行业所面临的需求，相应的需求曲线称为行业所面临的需求曲线，也就是市场的需求曲线，它一般是一条从左上方向右下方倾斜的曲线。图 6－1(a) 中的 D 曲线就是一条完全竞争市场的需求曲线，是向右下方倾斜的。

在完全竞争市场上，单个厂商是市场价格的接受者，而不是价格的设定者。假设某家厂商把价格定得略高于市场价格，由于产品具有同质性，且消费者有完备信息并可以自由流动，那么将没有人购买该厂商的产品。也就是说，厂商一旦涨价，它所面临的需求会下降为零。如果厂商的价格等于市场价格，则由于厂商数目众多，一个厂商的供应是无足轻重的，无论厂商供应多少，价格都维持不变，或者说在既定的市场价格下，厂商可能销售掉任意数量的商品。在完全竞争条件下，厂商所面临的需求曲线是一条由既定的市场均衡价格出发的水平线。图 6－1(b) 中的 d 曲线就是一条完全竞争厂商的需求曲线，是一条与横轴平行的水平线。

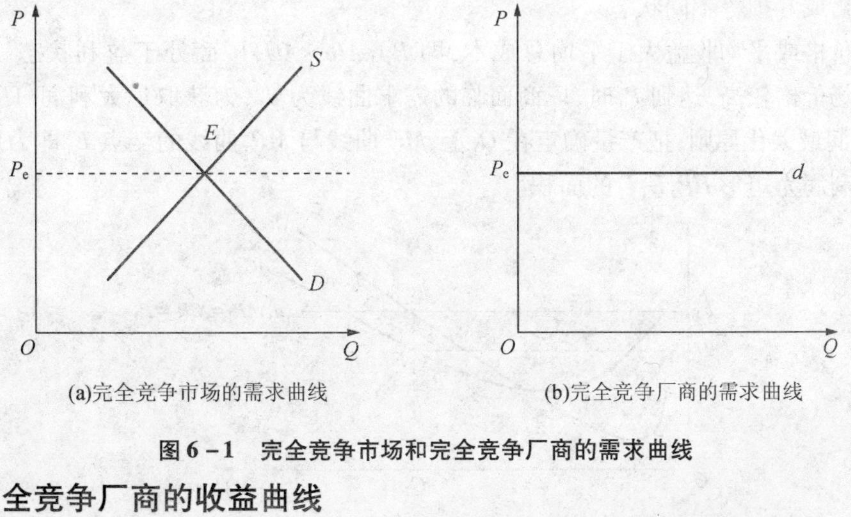

(a)完全竞争市场的需求曲线　　(b)完全竞争厂商的需求曲线

图 6－1　完全竞争市场和完全竞争厂商的需求曲线

三、完全竞争厂商的收益曲线

厂商的收益可以分为总收益、平均收益和边际收益。由于在完全竞争市场中商品的单位市场价格是固定不变的,所以总收益曲线是一条从原点出发的斜率不变的直线。平均收益等于总收益与销售量之比。由于完全竞争市场厂商只能按既定价格出售商品,因此平均收益也等于商品的单位价格。即

$$AR(Q) = \frac{TR(Q)}{Q} = \frac{P \times Q}{Q} = P \tag{6.1}$$

边际收益指厂商增加一单位产品销售所获得的收入增量。商品价格为既定时,边际收益就是每单位商品的卖价。即 $MR = \frac{\Delta TR}{\Delta Q}$ (6.2)

可见,在完全竞争市场中,厂商的平均收益与边际收益相等,且都等于既定的价格,或者说在任何销售量水平上都有 $AR = MR = P$。

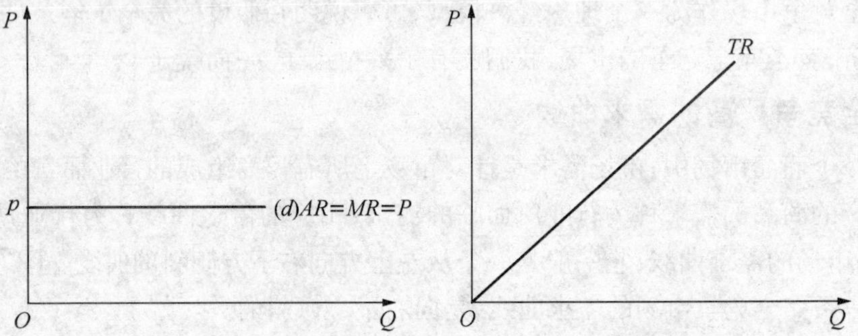

图 6－2　完全竞争厂商的平均收益与总收益曲线

四、完全竞争厂商的短期均衡

在短期里,不仅产品的市场价格是既定的,而且生产中的不变要素投入量也是无法改变的,或者说厂商只能通过变动可变要素的投入量来调整产量,从而通过对产量的调整来实现 $MR = MC$ 的利润最大化均衡条件。在完全竞争的市场中,市场供给和需求相互作用形成的产品价格,可能高于、等于、低于厂商的平均成本。因此在短期内,厂商出售产品就有可能处于盈利、盈亏平衡或亏损等不同状态。

第一,价格或平均收益大于平均总成本,即 $P = AR > AC$,厂商处于盈利状态。如图 6－3 所示,当市场价格较高,达到 P_1 时,厂商面临的需求曲线为 d_1,为获取最大利润,厂商根据 $MR = MC$ 的利润最大化原则,把产量确定在 Q_1 上,MC 曲线与 MR_1 曲线的交点 E_1 即为厂商的短期均衡点,其利润为矩形 HP_1E_1F 的面积。

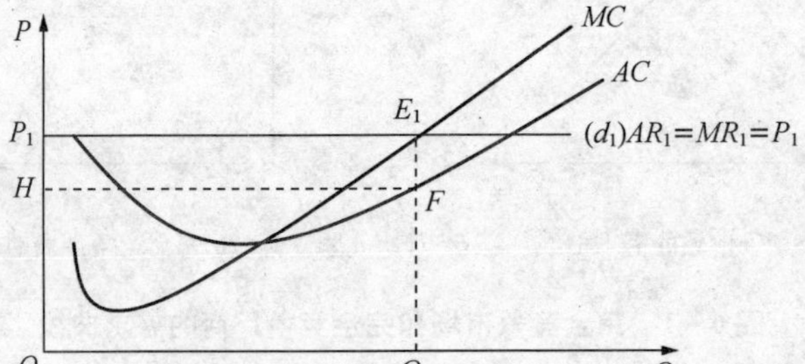

图 6－3　完全竞争厂商短期均衡(a)

第二，价格或平均收益等于平均总成本，即 $P=AR=AC$，厂商的经济利润恰好为零，处于盈亏平衡状态。如图 6-4 所示，当市场价格为 P_2 时，厂商面临的需求曲线为 d_2，这条需求曲线刚好切于短期平均总成本曲线 SAC 的最低点，同时短期边际成本 SMC 曲线也通过此点，SMC 曲线与 MR_2 曲线的交点 E_2 就是均衡点，相应的均衡产量确定在 Q_2，此时厂商的经济利润为零，但实现了全部的正常利润。E_2 称为“收支相抵点”。

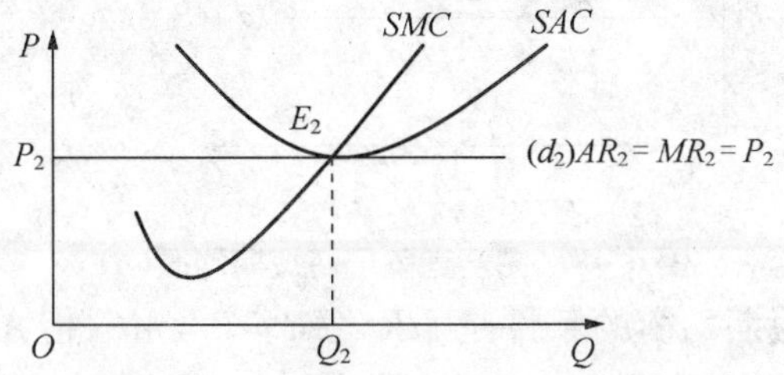

图 6-4　完全竞争厂商短期均衡(b)

第三，价格或平均收益小于平均总成本，但仍大于平均可变成本，即 $AVC<AR<SAC$，厂商亏损，但厂商仍会继续生产，因为此时厂商获得的全部收益，不仅能够弥补全部的可变成本，还能够收回一部分固定成本，即厂商继续生产所获得的收益超过继续生产所增加的成本。

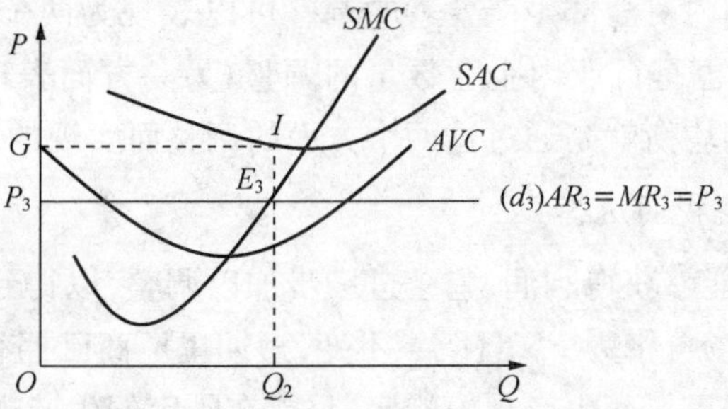

图 6-5　完全竞争厂商短期均衡(c)

第四，价格或平均收益等于平均可变成本，即 $P=AR=AVC$，这意味着厂商进行生产所获得的收益，只能弥补可变成本，而不能收回任何的不变成本，生产与不生产对厂商来说，结果是一样的，厂商处于亏损状态，且处于生产与停产的临界点。所以，SMC 曲线与 SAC 曲线的交点是厂商生产与不生产的临界点，也称为“停止营业点”。

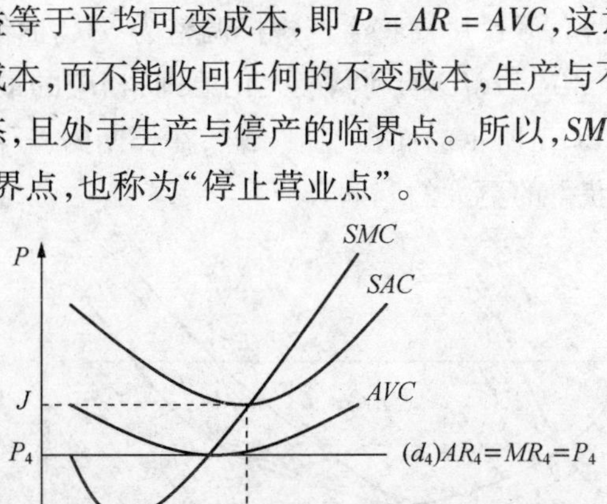

图 6-6　完全竞争厂商短期均衡(d)

第五，价格或平均收益小于平均可变成本，即 $AR<AVC$，厂商处于亏损状态，且停止生产。

如图 6 - 7 所示。

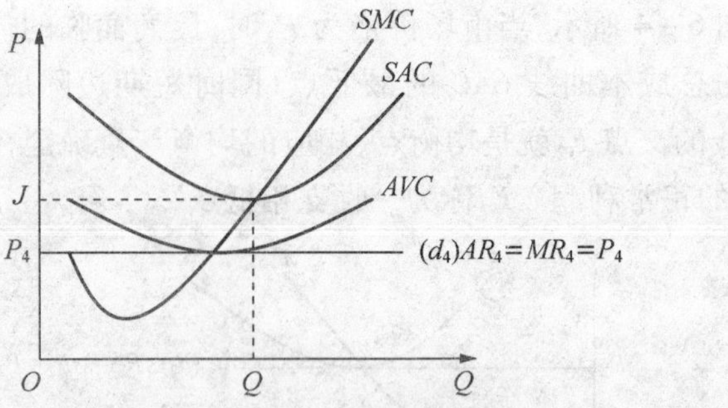

图 6 - 7　完全竞争厂商短期均衡(e)

可见,完全竞争厂商短期均衡的条件是 $MR=AR=P=MC$,但在此均衡条件下,完全竞争的厂商可能获得经济利润,可能经济利润为零,也可能蒙受最小亏损。

五、完全竞争厂商的长期均衡

在长期生产中,所有的生产要素投入量都是可变的,完全竞争厂商是通过对全部生产要素投入量的调整,来实现利润最大化的均衡条件 $MR=MC$ 的。

完全竞争厂商在长期内对全部生产要素的调整可以表现为两个方面:一方面表现为厂商进入或退出一个行业,这也是行业内企业数量的调整;另一方面表现为厂商对生产规模的调整。完全竞争厂商的长期均衡就是通过这两个方面的调整而实现的。

1. 厂商对最优生产规模的选择

在短期里,如果厂商能够获得利润,它会进一步加以调整,以得到更多的利润。从图 6 - 8 可以看到,假定产品的市场价格为 P_0,且既定不变,短期里厂商已拥有的生产规模以 SAC_1 曲线和 SMC_1 曲线表示,在短期里厂商生产规模既定,只能在既定的生产规模下进行生产,根据利润最大化均衡条件,厂商选择的最优产量为 Q_1,所获得的利润为图中 P_0E_1GF 的面积。但是,在长期里,厂商会调整生产规模,假设厂商将生产规模调整为 SAC_2 曲线和 SMC_2 曲线所代表的最优生产规模进行生产,按照 $MR=LMC$ 的利润最大化原则,相应的最优产量达到 Q_2,此时厂商获得的利润增大为图中 P_0E_2IH 所示的面积。很显然,在长期内,厂商通过对生产规模的调整,能够获得比在短期内所能获得的更大的利润。

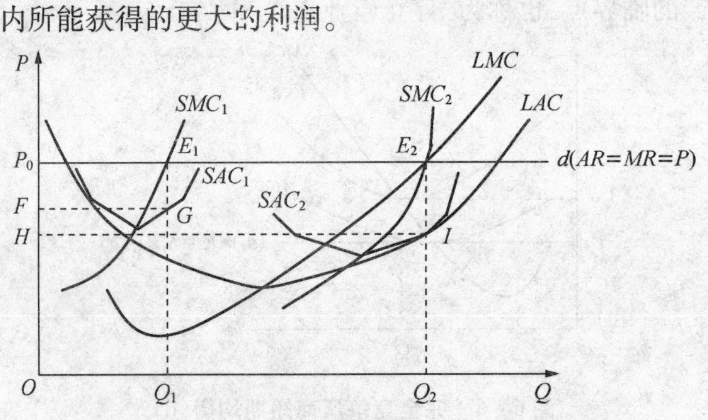

图 6 - 8　长期内厂商对最优生产规模的调整

不过,这里是假定产品的市场价格始终不变。但实际上,如果市场需求不变的话,各个厂商自身都调整规模,即使厂商数量没有变化,整个行业的产量也会相应地发生变化,随着整个市场供给量的增加,往往会引起价格下降。

2. 厂商进出一个行业的选择

在完全竞争市场,要素可以在不同部门之间自由流动,或者说厂商可以自由进入或退出一个行业。实际上生产要素总是会流向能获得更大利润的行业,也总是会从亏损的行业退出,正是由于行业之间生产要素的自由流动或厂商的自由进出,导致了完全竞争厂商长期均衡时的经济利润为零。具体来看,如果当某一行业开始时的产品价格较高为 P_1,厂商根据利润最大化均衡条件,将选择最优生产规模进行生产,如图 6-9 中的 Q_1 产量。此时厂商获得了利润,这会吸引一部分厂商进入到该行业中。随着行业内厂商数量的增加,市场上的产品供给就会增加,在市场需求相对稳定的情况下,市场价格就会不断下降,单个厂商的利润随之逐步减少,厂商也将随着价格的变化进一步调整生产规模。只有当市场价格水平下降到使单个厂商的利润减少为零时,新厂商的进入才会停止,至此厂商的生产规模调整至 Q_2 产量上。

相反,如果市场价格较低为 P_3,厂商根据 $MR = MC$ 的条件,相应的最优生产规模选择在 Q_3 产量上。此时,厂商是亏损的,这会使得行业内原有厂商中的一部分退出该行业的生产。随着行业内厂商数量的逐步减少,市场上产品的供给就会减少,若市场需求相对稳定,产品的市场价格就会上升,单个厂商的利润又会随之逐步增加。只有当市场价格水平上升到使单个厂商的亏损消失即利润为零时,厂商的退出才会停止。总之,不论是新厂商的加入,还是原有厂商的退出,最终这种调整将使市场价格达到长期平均成本最低点的水平,如图 6-9 中的价格水平 P_2。在这一水平,行业中的每个厂商既无利润,也无亏损,但都实现了正常利润为零,实现了长期均衡。

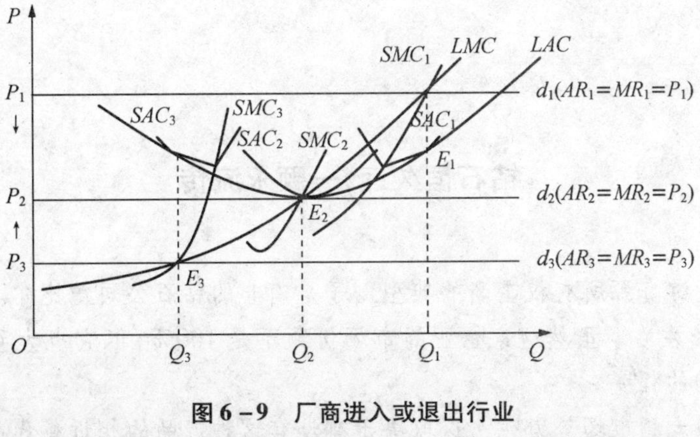

图 6-9 厂商进入或退出行业

图中 6-9E_2 的点是完全竞争厂商的长期均衡点。在这个长期均衡点上,LAC 曲线达到最低点,与代表最优生产规模的 SAC_2 曲线相切于该点,相应的 SMC_2 曲线和 LMC 曲线都从该点经过,厂商面对的需求曲线与 LAC 曲线相切于这一点。总而言之,完全竞争厂商的长期均衡出现在 LAC 曲线的最低点。此时不仅生产的平均成本降到长期平均成本的最低点,而且商品的价格也等于最低的长期平均成本。

因此我们得到完全竞争厂商的长期均衡条件为：

$$MR = LMC = SMC = LAC = SAC = AR = P$$

此时单个厂商的利润等于零。

六、完全竞争市场的效率

在完全竞争市场上，厂商处于长期均衡状态时，市场是最有效率的。

第一，$MC = P$。MC 度量了社会多生产一单位产量耗费资源的成本，而市场价格则衡量了消费者愿意支付的价格，它反映了增加一单位产品给消费者增加的福利，$MC = P$ 说明最后一单位产量所耗费的价值等于该单位产量的社会价值。消费者支付的市场价格最低，所以说，竞争的好处归消费者。

第二，从平均成本等于市场价格来看，在完全竞争市场上市场价格是一条水平线，而在厂商处于长期均衡状态时，厂商的 $MR = AR = P = LAC = LMC$，此时，平均成本最低，这说明厂商使用现有技术使得厂商的平均成本为最低，因而在完全竞争市场上厂商在生产技术使用方面是有效率的。如果全社会所有厂商都能在 LAC 的最低点组织生产，则社会稀缺资源的消耗最小。

第三，由于在完全竞争市场中，长期不存在超额利润，因而不存在短缺的现象，也不存在亏损，所以也不存在过剩积压的现象。所以，社会供求是平衡的不存在资源的浪费。

第四，完全竞争市场长期均衡是通过市场供求关系的变动来实现的，当消费者的偏好、收入等因素发生变化，市场便可以迅速作出反应，使得厂商及时调整生产经营决策。

第二节　完全垄断市场上的厂商均衡

案例导入

钻石恒久远，一颗永流传

【案例内容】

产生于一种关键资源所有权垄断的典型例子是南非的钻石公司德比尔。德比尔控制了世界钻石生产的80%左右。虽然这家企业的市场份额不是100%，但它也大到足以对世界钻石价格产生重大影响的程度。

德比尔拥有多大的市场势力呢？这取决于有没有这种产品的相近替代品。如果人们认为翡翠、红宝石和蓝宝石都是钻石的良好替代品，那么，德比尔的市场势力就较小了。在这种情况下，德比尔任何一种想提高钻石价格的努力都会使人们转向其他宝石。但是，如果人们认为这些其他石头都与钻石非常不同，那么，德比尔就可以在相当的大程度上影响自己产品的价格。德比尔支付了大量的广告费。乍一看，这种决策似乎有点奇怪。如果垄断者是一种产品的唯一卖者，为什么它还需要广告呢？德比尔广告的一个目的是在消费者心目中把钻石与其他宝石区分开来。当德比尔的口号告诉你"钻石恒久远,一颗永流传"时,你马上会想到翡翠、红宝石和蓝宝石并不是这样(而且,要注意的是,这个口号适用于所有钻石,而不仅仅是德比尔的钻石——德比尔垄断地位的象征)。如果广告是成功的,消费者就将认为钻石是独特的,不是许多宝石中的一种,而且,这种感觉就使德比尔有更大的市场势力。

【案例分析】

垄断厂商之所以能够成为某种产品的唯一供给者,是由于该厂商控制了这种产品的供给,使其他厂商不能进入该市场并生产同种产品。案例中的德比尔公司控制了世界钻石生产的80%左右,而其他厂商就极少生产这种产品,从而该厂商就可能成为一个垄断者。另外,完全垄断企业的产品不存在任何相近的替代品。否则,其他企业可以生产替代品来代替垄断企业的产品,这样完全垄断企业就不可能成为市场上唯一的供给者。让消费者无其他选择,这正是德比尔公司这则广告的目的。

【案例来源】

http://www1.tlu.edu.cn

一、完全垄断市场的条件

完全垄断市场是与完全竞争市场结构完全相反的一种市场类型,是指一家厂商控制了某种产品全部供给的市场结构。在完全垄断市场上,厂商数目唯一,一家厂商控制了某种产品的全部供给;由于垄断企业控制了整个行业的供给,也就控制了整个行业的价格,成为价格制定者;完全垄断企业的产品不存在任何相近的替代品;进入该行业极为困难或不可能。

完全垄断的形成主要原因是对进入行业的限制,而限制的原因可能是以下几方面的:

第一,法律的限制。如专利权是政府和法律允许的一种垄断形式。专利权是为促进发明创造,发展新产品和新技术,而以法律的形式赋予发明人的一种权利。专利权禁止其他人生产某种产品或使用某项技术,除非得到发明人的许可。一家厂商可能因为拥有专利权而成为某种商品的垄断者。又比如政府通过颁发执照的方式限制进入某一行业的人数,如大城市出租车驾驶执照等。很多情况下,一家厂商可能获得政府的特权,而成为某种产品的唯一供给者,如邮政、公用事业等。

第二,自然限制。如果某种商品的生产具有十分明显的规模经济性,需要大量固定资产投资,规模报酬递增阶段要持续到一个很高的产量水平,此时,大规模生产可以使成本大大降低。那么由一个大厂商供给全部市场需求的平均成本最低,两个或两个以上的厂商供给该产品就难以获得利润。在这种情况下,该厂商就形成自然垄断。许多公用行业,如电力供应、煤气供应、地铁等是典型的自然垄断行业。又比如对资源的独家控制。如果一家厂商控制了用于生产某种产品的全部资源或基本资源的供给,其他厂商就不能生产这种产品,从而该厂商就可能成为一个垄断者。

二、垄断厂商的需求曲线和收益曲线

1. 需求曲线

完全垄断条件下,市场上只有一家企业,因此垄断厂商所面临的需求曲线就是整个市场的需求曲线,这是垄断厂商的重要特征。垄断厂商的需求曲线向右下方倾斜,斜率为负,销售量与价格成反比关系。因此,完全垄断厂商是价格的制定者,可以通过减少销售量来提高市场价格,在其产量水平较高时,市场价格也随之下降。这一点与完全竞争市场上厂商是价格的接受者不同。

2. 收益曲线

由于垄断厂商的平均收益 AR 始终等于商品的价格,因此垄断厂商的平均收益曲线与需求曲线重合,是一条向右下方倾斜的曲线。根据边际量与平均量的关系,边际收益总是小于平均收益,因此 MR 曲线在 AR 曲线的下方。根据边际收益的定义,每一个销售量上的边际收益 MR 都是相应的总收益曲线 TR 的斜率,所以 $MR>0$ 时,TR 递增;$MR<0$ 时,TR 递减;$MR=0$ 时,TR 达到最大值。

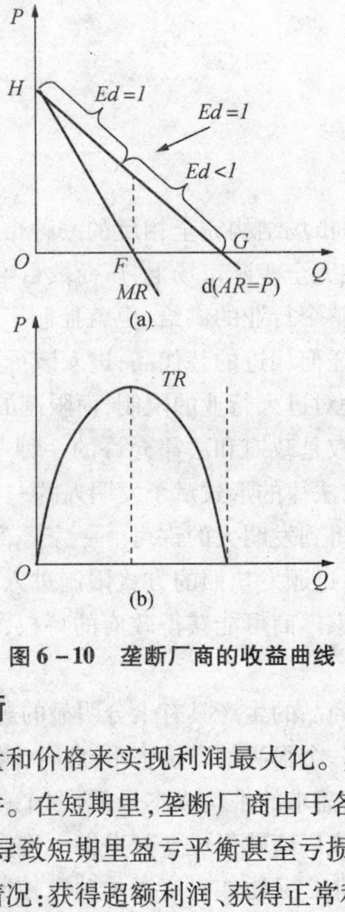

图 6－10　垄断厂商的收益曲线

三、垄断厂商的短期均衡

垄断厂商可以通过调整产量和价格来实现利润最大化。其利润最大化条件为 $MR=MC$,这也是垄断厂商短期均衡的条件。在短期里,垄断厂商由于各种原因,如既定规模成本过高,或面对的市场需求较小等,可能导致短期里盈亏平衡甚至亏损,不一定总是获得垄断利润。所以垄断厂商的短期均衡有三种情况:获得超额利润、获得正常利润或蒙受损失。

四、垄断厂商的供给曲线

供给曲线表示在每一个价格水平生产者愿意而且能够提供的产品的数量,体现了产量和价格之间的一一对应关系。但是垄断厂商可以通过产量和价格的同时调整来实现利润最大化,所以垄断厂商的价格和产量之间不再必然存在一一对应的关系。因此有这样的结论:凡是在或多或少的程度上带有垄断因素的不完全竞争市场中,或者说,凡是在单个厂商对市场价格有一定的控制力量,从而单个厂商的需求曲线向右下方倾斜的市场中,是不存在具有规律性厂商和行业的短期供给曲线的。

五、垄断厂商的长期均衡

完全垄断条件下,长期中不会有新的厂商进入该市场。垄断厂商在长期内可以通过调整生产规模来实现利润最大化。而且垄断厂商获得的利润留成不用担心新厂商的加入而消失,即垄断厂商在长期内可以保持利润(至少获得正常利润)。垄断厂商之所以在长期内能获得利润,其原因在于长期内厂商的生产规模是可变的,以及市场对新加入厂商是完全关闭的,或者说垄断市场上不存在竞争。垄断厂商的长期均衡条件仍然是 $MR = MC$,可以表示为 $MR = SMC = LMC$。

六、价格歧视

在完全竞争市场上,所有的购买者都对同质产品支付相同的价格。如果所有消费者都具有充分的信息,那么产品之间的价格差别就不存在了。因为任何试图比现有市场价格要价更高的产品销售者都将发现,没有人会向他们购买产品。然而,在卖主为垄断者或寡头的市场中,价格歧视则是很常见的。价格歧视又称价格差别,指厂商在同一时期对同一产品索取不同价格的行为。价格歧视既可以是对不同购买者索取不同价格,也可以是对同一个购买者的不同购买数量收取不同价格。根据价格差别的程度,可把价格歧视区分为三个等级:

一级价格歧视又称完全价格歧视,就是每一单位产品都有不同的价格,即假定垄断者知道每一个消费者对任何数量的产品所要支付的最大货币量,并以此决定其价格,所确定的价格正好等于产品的需求价格,因而获得每个消费者的全部消费剩余。这是一种极端的情况,现实中很少发生。

二级价格歧视即垄断厂商了解消费者的需求曲线,把这种需求曲线分为不同段,根据不同购买量,确定不同价格,垄断者获得一部分而不是全部买主的消费剩余。公用事业中的差别价格就是典型的二级价格歧视。

三级价格歧视是指垄断厂商对同一种商品在不同市场上索取不同的价格,或者对不同的消费群索取不同的价格。如火车站销售的学生票、麦当劳连锁店的折扣券等。

第三节 垄断竞争市场上的厂商均衡

案例导入

眼镜行业广告与价格

【案例内容】

贝纳姆通过比较限制广告情况下的价格和不限制广告情况下的价格,研究了广告对眼镜价格的影响。

贝纳姆发现,1963 年,在广告完全被禁止的那些州内,眼镜的平均价格为 37.48 美元;在不存在广告限制的那些州内,眼镜的平均价格是 17.98 美元。贝纳姆的解释如下:总之,大量低价销售的卖者依赖于将顾客从某个广阔领域里吸引过来,因而就需要告知他们的潜在顾客关于购买他们商品的好处。如果广告被禁止,他们就不能生产必要的销售量来维持低价格。同时,少量高价销售的零售商存在于市场的可能性将会增加。

贝纳姆提出,广告包容更多的现存厂商之间的竞争,降低利润边际。他还提出,广告为进入市场提供便利,因此,禁止广告是进入市场的壁垒。令人感到惊讶的是,贝纳姆发现,广告所包含的价格并不是导致眼镜价格下降的一个重要因素。他把禁止价格出现在广告上面的那些州与非限制性广告存在的那些州区分开来,发现在那些价格不能够包括在广告中的州里,平均价格只比没有限制的那些州略微高些。换句话说,存在地点和产品花色、品种方面的信息能够引起消费者对竞争企业足够的兴趣,这种兴趣又导致更大程度上的竞争。

【案例分析】

垄断竞争的厂商所生产的产品是有差别的,由于存在差别,使得产品成了带有自身特点的"唯一"产品了,也使得消费者有了选择的必然,使得厂商对自己独特产品的生产销售量和价格具有控制力,即具有了一定的垄断能力,而垄断能力的大小则取决于它的产品区别于其他厂商的程度。产品差别程度越大,垄断程度越高。广告就是一种非价格竞争手段,厂商通过增加心理上的产品差别度和品牌忠诚度,使消费者漠视同类产品之间的价格差别,从而可以增加定价权力获取高利润。

【案例来源】

http://www.blog.sina.com.cn

一个市场中有许多厂商生产和销售有差别的同种商品的一种市场组织称为垄断竞争市场。垄断竞争是一种介于完全竞争和完全垄断之间的市场组织形式,在这种市场中,既存在着竞争,又具有垄断的因素。垄断竞争的市场应具有如下基本特征:

第一,较多数目的厂商通过销售有差别的产品进行竞争。由于每个厂商都认为自己的产量在整个市场中只占有一个很小的比例,因而厂商会认为自己改变产量和价格,不会招致其竞争对手们相应行动的报复,每个厂商都不会对商品价格和数量产生举足轻重的影响。不同厂商的产品之间存在较高的替代程度但又有所差别,因此,垄断竞争市场存在一定的垄断性。

第二,厂商可以自由地进入和退出市场。由于厂商的规模较小,产品有替代性,因此厂商进入和退出行业都比较容易,资源流动性较强。垄断竞争市场是常见的一种市场结构,如日用品市场、服务业市场、食品类市场等大都属于此类。

一、垄断竞争厂商的需求曲线

由于垄断竞争厂商生产的是有差别的产品,因而对该产品都具有一定的垄断能力,和完全竞争的厂商只是被动地接受市场的价格不同,垄断竞争厂商对价格有一定的影响力。因此,垄断竞争厂商所面临的需求曲线相对于完全竞争厂商而言要更陡一些,即更缺乏弹性,而相对于垄断厂商来讲需求曲线要平缓,即更富有弹性。

垄断竞争厂商面临的需求曲线有两种,它们通常被区分为 d 曲线和 D 曲线。d 曲线表示在垄断竞争生产集团中的单个厂商改变产品价格,而其他厂商的产品价格保持不变时,该厂商的产品价格与销售量之间的对应关系,称为主观需求曲线。D 曲线表示在垄断竞争生产集团中的单个厂商改变产品价格,而其他所有厂商也使产品价格发生相同变化时,该厂商的产品价格和销售量之间的关系,称之为客观需求曲线。

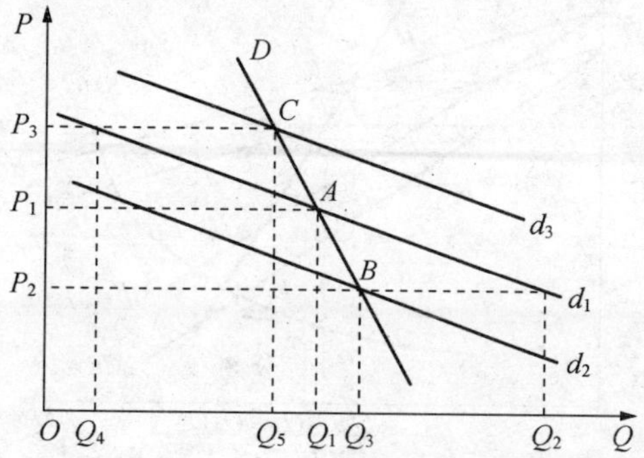

图 6－11　垄断竞争厂商所面临的需求曲线

如图 6－11 所示,垄断竞争厂商的主观需求曲线为 d_1,厂商最初的产量为 Q_1,最初的价格为 P_1,即位于主观需求曲线上的 A 点。当该厂商将产品的价格由 P_1 下调至 P_2 后,按照其主观需求曲线 d_1,厂商预期其销售量将提高至 Q_2。但是,由于该厂商降价时,其他厂商也将采取同样的措施,以维护自己的市场占有率,因此,该厂商的销售量实际只有 Q_3,即介于 Q_1 和 Q_2 之间,厂商实际只能移动到 B 点。当厂商意识到这点之后,厂商的主观需求曲线就会作出相应的调整,改为经过 B 点的 d_2。相反,如果厂商将它的价格由 P_1 提高至 P_3,厂商按照主观需求曲线 d_1 会预期自己的需求量将降低至 Q_4,但由于其他厂商也同样采取提价措施,该厂商需求量的下降并不像预期的那么多,实际的需求量为 Q_5,即厂商实际移动到 C 点,厂商的主观需求曲线也将随之调整至经过 C 点的 d_3。根据客观需求曲线的定义,连接 A、B、C 三点的曲线 D 即是客观需求曲线。

二、垄断竞争厂商的短期均衡

垄断竞争厂商在短期内会通过调整它的产量和价格来实现它的利润最大化目标。和垄断厂商、完全竞争厂商一样,垄断竞争厂商也可能获得经济利润,也可能经济利润为零,甚至是亏损,经济利润为负。这主要取决于厂商所面临的需求曲线与其平均成本曲线的位置。

如图 6－12 所示,SMC 是代表性厂商的边际成本曲线,d_1 是厂商的主观需求曲线,D 是厂商的客观需求曲线。假定厂商一开始处于 A 点,此时产量是 Q_0,价格为 P_0。厂商为了实现利润最大化,会按照 $MR_1 = MC$ 的原则来调整其价格和产量,即沿着主观需求曲线调整至 B 点,此时价格是 P_1,产量为 Q_1。由于行业中的其他厂商也面临着相同的情况,每个厂商都在假定其他厂商不改变产量和价格的条件下根据自己的利润最大化原则降低了价格。于是,当其他厂商都降低了自己产品的价格时,代表性厂商实际的需求量不能增加到 Q_1,而只能是 Q_0 和 Q_1 之间的一点 C,需求量只有 Q_2。厂商的主观需求曲线也要修正到经过 C 点的 d_2,边际收益曲

线也相应调整至 MR_2。这样该厂商在 P_1 的价格下无法实现最大利润，必须进一步作出调整。按照厂商利润最大化的条件 $MR_2 = MC$，厂商将会把价格进一步降低至 P_2，厂商预期自己的需求量将会增加至 Q_3。但是由于其他厂商采取同样的行动，该厂商的需求量实际只能沿客观需求曲线增加到 Q_4，厂商在 P_2 价格下仍无法实现最大利润。以此类推，厂商的价格还需作出进一步的调整，其主观需求曲线也将沿客观需求曲线不断移动。

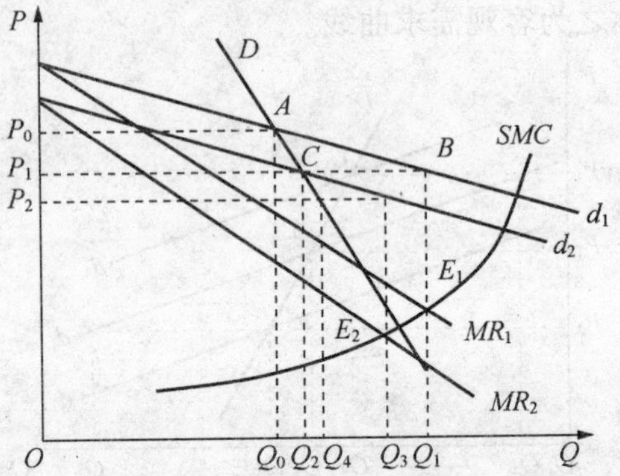

图 6-12　垄断竞争厂商在短期内的生产调整过程

厂商实现短期均衡时，必须满足如下条件：第一，厂商的产量 Q_E 符合 $MR = MC$ 的原则，厂商实现了利润最大化，因而厂商没有动力改变目前的状态；第二，厂商此时的产量和价格决策恰好位于主观需求曲线与客观需求曲线的交点 H，亦即厂商按自己能够感觉到的主观需求曲线所作出的价格产量决策恰好和其他厂商也作出同样调整的价格产量决策相一致，如图 6-13 所示。

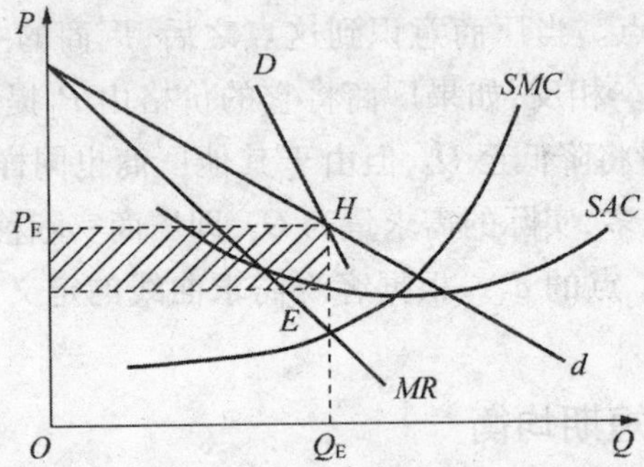

图 6-13　垄断竞争厂商的短期均衡

三、非价格竞争

企业间竞争大致可分为两类：价格竞争和非价格竞争。价格竞争是通过降价来使顾客花更少的钱却得到同样满足的一种竞争。非价格竞争，即价值竞争，就是为顾客提供更好、更有特色，或者更能适合各自需求的产品或服务的一种竞争。价格竞争仅通过价格的升降来刺激消费，达到竞争的目的，而非价格竞争则可以通过产品升级、技术革新、质量改良、品牌建树、超值服务等多种手段来吸引消费，达到扩大产销量的目的。

非价格竞争相对于价格竞争具有相对广泛的市场针对性和适应性。随着社会经济的发展和人们生活水平的提高，消费结构和消费心理也发生着变化。需求的个性化、差异化、多样化、层次化、动态化已逐步成为当今市场消费的基本特征。单一的价格竞争当然是无法适应和满足这一市场需求的。而非价格竞争则可以通过了解消费者需求的变化，不断按照消费者潜在的和现实的需求改进产品，改进营销策略，从而以丰富多彩的竞争手段和形式，满足消费者的消费需求，应付竞争者的挑战。

第四节　寡头垄断市场上的厂商均衡

案例导入

充分竞争才是市场的最佳选择

【案例内容】

我们以彩电市场为例，我国当前市场容量为 2 000 万台左右，而生产能力则有 4 000 万台左右，明显的供大于求注定了市场竞争将会日趋激烈。各个彩电企业又都是单独的利益主体，它们在市场竞争中当然会从争取更多的顾客和市场份额的动机出发，选择对自己有利的策略——竞相降价当为正常举措。但是，当一些企业在日趋激烈的价格竞争中感到盈利下跌，难以招架时，该怎么办？它们可以设法扩大规模，也可相机转产，改变原有的投资方向。这便是市场经济条件下企业争取规模效益，或是灵活掉头的发展之路。如果一个企业只想靠价格联盟来形成和保持垄断利益，坐享固定的市场份额，最终会发现，在商品供大于求的背景下，去签一个自己和竞争对手们都不会认真遵守的协议（除非协议有超级监督力和强制力），不过是徒劳之举。

对于政府部门和行业协会来说，可问一声自己有无能力或有无必要让所有彩电企业都有饭吃，致使先进企业发挥不了长处，落后企业亦不会被淘汰。如果没有，又想通过建立价格联盟而为之，岂不白费气力？近年来，价格联盟一次次的不欢而散已经说明了此理，难道今后还要花费大量资源去做本来就不会成功的事，把每个政府部门都搞成一个“欧佩克”，不断去发起和监督限价、限产的卡特尔活动，从不成功，而又不肯罢手，犹如堂吉诃德同风车作战。竞争的市场是商品价格的最终决定因素。在供大于求的背景下，通过价格、品牌、服务、质量等方面的竞争，强势企业可以通过增加市场份额、兼并重组，不断扩大规模而成为市场经济下竞争产生的“巨舰”；弱势企业则需利用市场退出机制，或寻找新的投资点，以扬长避短，或者被其他企业兼并、联合，成为“巨舰”的一部分。如此，才会有具有国际竞争力的大企业产生。所有消费者也将从产品价格不断降低、质量服务日益完善中受益。国际和国内历史的经验表明，希望通过政府“拉郎配”的办法去组建大企业，或是组成欧佩克式的价格联盟保护垄断与落后均非好的办法。

【案例分析】

寡头市场上只有几家厂商，所以，每个寡头的产量和价格的变动都会显著地影响到本行业竞争对手的销售量和销售收入。正因为如此,每个寡头也必然对其他厂商产量和价格的变动采取相应的行动。某个寡头在采取某项行动之前必须考虑其他寡头厂商的决策,同时,他也要考虑自己的决策对其他寡头的影响。考虑到这些因素之后,才能采取最有利的行动。所以,每个寡头厂商的利润都要受到行业中所有厂商的决策相互作用的影响。寡头厂商之间有相互勾结的需要,也有破坏联盟的动机,因此,案例中的家电企业一次次建立联盟,却又一次次不欢而散,充分竞争才是最佳选择。

【案例来源】

http://www1.tlu.edu.cn

寡头市场又称寡头垄断市场,是指少数几家厂商控制整个市场的产品的生产和销售的这样一个市场组织,每家厂商的产量在该行业总产量中都占有相当大的份额。形成寡头市场的主要原因有:一些产品的生产必须在相当大的生产规模上进行才能达到最好的经济效益;行业中几家企业对生产所需的基本生产资源的供给的控制;政府的扶植和支持等。由此可见,寡头市场的成因和垄断市场是很相似的,只是在程度上有所差别而已。寡头市场是比较接近垄断市场的一种市场组织。

寡头厂商的价格和产量的决定是非常复杂的问题。[主要原因在于:在寡头市场上,每个寡头的产量都在全行业的总产量中占较大份额,从而每个厂商的产量和价格的变动都会对其他竞争对手以致整个行业的产量和价格产生举足轻重的影响。从而每个寡头厂商在采取某项行动之前,必须首先推测或掌握自己这一行动对其他厂商的影响以及其他厂商可能作出的反应,考虑到这些因素之后,才能采取最有利的行动。所以每个寡头厂商的利润都要受到行业中所有厂商的决策的相互作用的影响。]一般而言,不知道竞争对手的反应方式,就无法建立寡头厂商的模型。或者说,有多少关于竞争对手的反应方式的假定,就有多少寡头厂商的模型,就可以得到多少不同的结果。为了便于理解,通常的分析仅限于两家寡头厂商,比较典型的寡头模型主要包括古诺模型和斯威齐模型。

一、古诺模型

古诺模型又称古诺双寡头模型,是由法国经济学家奥古斯丁·古诺于1838年最早提出的,它研究的是一个双寡头垄断市场。古诺模型分析的是两个出售相同产品的生产成本为零的寡头厂商的情况。

古诺模型的假定是:市场上只有A、B两个厂商生产和销售相同的产品,他们的生产成本为零;他们共同面临的市场的需求曲线是线性的,A、B两个厂商都准确地了解市场的需求曲线;A、B两个厂商都是在已知对方产量的情况下,各自确定能够给自己带来最大利润的产量,即每一个产商都是消极地以自己的产量去适应对方已确定的产量。

A厂商的均衡产量为:$Q(1/2-1/8-1/32-\cdots)=1/3\ Q$

B厂商的均衡产量为:$Q(1/4+1/16+1/64+\cdots)=1/3\ Q$

行业的均衡总产量为:$1/3\ Q+1/3\ Q=2/3\ Q$

以上双寡头古诺模型的结论可以推广。如图6-14所示,令寡头厂商的数量为m,则可以得到一般的结论如下：每个寡头厂商的均衡产量 = 市场总容量/($m+1$)；行业的均衡总产量 = 市场总容量 × $m/(m+1)$。

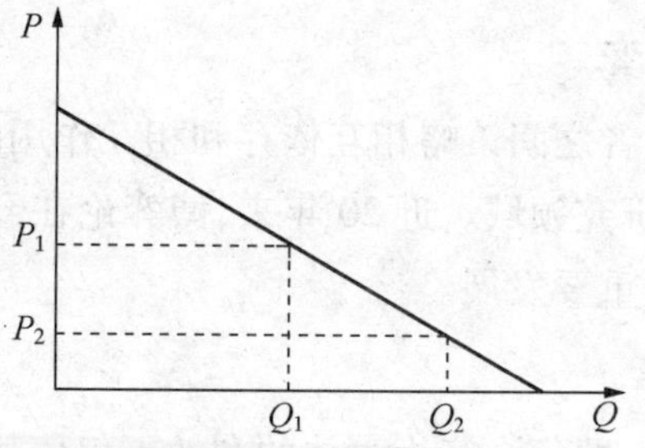

图 6－14　古诺模型

二、斯威齐模型

斯威齐模型是美国经济学家保罗 · 斯威齐于 20 世纪 30 年代所建立，用于解释寡头垄断市场上所存在的价格刚性现象的经济模型。由于寡头厂商会意识到相互依赖的关系，因此，当一个寡头厂商提价时，其竞争对手并不提价，以保持市场份额；但是当一个寡头厂商降价时，其竞争对手也降价，以避免市场份额减少，由此形成折弯的需求曲线。

斯威齐模型中，因为厂商的需求曲线是折弯的，所以其边际收益曲线是间断的，故只要边际成本曲线的位置变动不超过边际收益曲线的垂直间断范围，就仍然可以在同样的产量水平与边际收益相等，即均衡数量和均衡价格不变，所以可以保持价格不变。

如图 6－15 所示，假定厂商原来处于 A 点，即产量为 Q_1，价格为 P_1。按照斯威齐的假定，厂商提价的时候，其他厂商价格不变，因而厂商的需求量将会下降很多，即产品富有弹性，相当于图中 AE 段的需求曲线；当厂商降价的时候，其他厂商的价格也下降，因而厂商的需求量不会增加很多，从而产品是缺乏弹性的，相当于图中 AD 段。与需求曲线相对应的边际收益曲线也标在图 6－15 中，可以看出，在 H 点与 N 点之间，边际收益曲线有一个较大的落差。如果厂商的边际成本为 MC_2 所代表，厂商的产量和价格分别将是 Q_1 和 P_1；如果厂商边际成本提高至 MC_1，厂商的产量和价格仍然是 Q_1 和 P_1；如果厂商的边际成本降低到 MC_3，厂商的利润最大化的产量和价格仍然不变。由此可见，厂商的成本即使在一个很大的范围内发生变动，只要是在点 H 和点 N 之间，厂商的产量和价格仍将保持稳定。

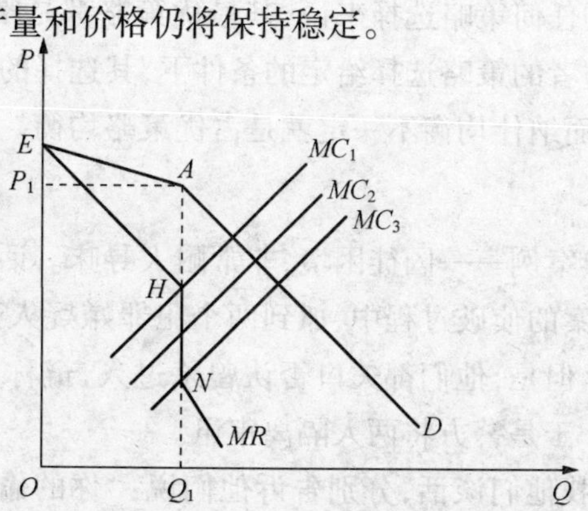

图 6－15　折弯的需求曲线

西方经济学家认为,斯威齐模型虽然对价格刚性现象提供了一种解释,但是该模型并没有说明价格刚性本身是如何形成的,所以不能真正解释寡头垄断的定价问题。

三、寡头厂商之间的博弈

博弈论是描述和研究行为者之间策略相互依存和相互作用的一种决策理论。博弈论被应用于政治、外交、军事、经济等研究领域。近 20 年来,博弈论在经济学中得到了更广泛的运用,博弈论的应用是微观经济学的重要发展。

1. 博弈的含义与基本要素

所谓博弈指的是一种决策,即每一行为主体的利益不仅依赖它自己的行动选择,而且有赖于别人的行动选择,以致它所采取的最好行动有赖于其竞争对手将选择什么行动。博弈论所研究的就是两个以上行为主体的互动决策及策略均衡。博弈论的基本要素包括:

(1)局中人(Player)

博弈中的每个决策者都被称为局中人(也可称作选手和参与者),在具体的经济模型中,它们可以是厂商,也可以是厂商消费者或任何契约关系中的人。根据经济学的理性假定,局中人同样是以利益最大化为目标。

(2)支付(Payoff Structure)

支付是指博弈结束时局中人得到的利益。支付有时以局中人得到的效用来表示,有时以局中人得到货币报酬来表示。局中人的利益最大化也就是指支付或报酬最大化。

(3)策略(Strategies)

策略(也称作战略)是局中人为实现其目标而采取的一系列行动或行动计划,它规定在何种情况下采取何种行动。

(4)策略均衡

所谓策略均衡指博弈中的所有参与者都不想改变自己的策略这样一种状态。一般地说,由博弈中的所有参与者的占优策略组合所构成的均衡就是占优策略均衡。而纳什均衡指任何一个参与者都不会改变自己的策略,如果其他参与者不改变策略的话。

由此可见,占优策略是比纳什均衡更强的一个博弈均衡概念。占优策略均衡要求任何一个参与者对于其他参与者的任何策略选择来说,其最优策略都是唯一的。而纳什均衡只要求任何一个参与者在其他参与者的策略选择给定的条件下,其选择的策略是最优的。所以,占优策略均衡一定是纳什均衡,而纳什均衡不一定就是占优策略均衡。

2. 囚徒困境

在博弈论中有一个经典案例——囚徒困境,非常耐人寻味。话说有一天,一位富翁在家中被杀,财物被盗。警方在此案的侦破过程中,抓到两个犯罪嫌疑人 A 和 B,并从他们的住处搜出被害人家中丢失的财物。但是,他们都矢口否认曾杀过人,辩称是先发现富翁被杀,然后只是顺手牵羊偷了点儿东西。于是警方将两人隔离审讯。

这个时候,聪明的警官找他们谈话,分别告诉他们说:“你的偷盗罪确凿,所以可以判你 2 年刑期。但是,我可以和你做个交易。如果你招了,他不招,那么你会作为证人无罪释放,他将被判10年徒刑；如果你招了，他也招了，你们都将被判5年有期徒刑；如果他招了，你不招，他无罪释放，你被判无期徒刑，终身囚禁；如果你们都不招，各判2年。”

一般人可能会误认为，既然两个囚犯最好的结果是都不招供，两人都只被判2年，那么，两个囚犯都选择不招供就是这个博弈的最终结果。但事实并非如此，囚犯A的内心活动是这样：假如他招了，我不招，我就要将牢底坐穿，招了最坏坐10年，还是招了合算；假如他不招，我也不招，只坐2年的牢（因无法串供，风险太大）；如果我招，他不招，马上被释放，也是招了合算。因此，无论囚犯B是坦白还是沉默，囚犯A采取坦白的策略对自己更为有利。

同样，以上推理也适用于囚犯B。结果两个囚徒都坦白了，都被判刑5年。囚徒困境之所以被称为“困境”，正是在于：如果A、B二人都保持沉默，则都只被判刑2年，显然比两人都坦白的结果要好。两名囚犯都作出招供的选择，这对他们个人来说都是最佳的，即最符合他们个体理性的选择。照博弈论的说法，这是唯一的纳什均衡点。

除了这个均衡点，A与B任何一人单方面改变选择，都只会得到更加不经济的结果。而在其他的结果中，比如两人都不坦白的情况下，都有一人可以通过单方面改变选择，来减少自己的刑期。可是两人经过一番理性计算后，却选择了一个使自己陷入不利的结局。

3. 寡头厂商间的博弈

在寡头市场上，每个寡头的产量都在全行业的总产量中占较大份额，从而每个厂商的产量和价格的变动都会对其他竞争对手以致整个行业的产量和价格产生举足轻重的影响。从而每个寡头厂商在采取某项行动之前，必须首先推测或掌握自己这一行动对其他厂商的影响以及其他厂商可能作出的反应，考虑到这些因素之后，才能采取最有利的行动。

对所有生产者来说，最佳情况是在串谋或联合时实现利润最大化。但这种情况是不稳定的，因为双方都想以降低价格和增加产量来增加利润。当参加博弈的双方都这样做时，实际上也就实现了纳什均衡。

4. 重复博弈

重复博弈是动态博弈的一种特殊情况。显然在一次性博弈的情况下，任何欺骗行为和违约行为都不会遭到报复，参与者的不合作则是难以避免的。但在重复博弈中，情况就会得到改变。

如果是无限期的重复博弈，对于任何一个参与者的欺骗和违约行为，其他参与者总会有机会给予报复，如不再与其合作。这样一来，违约或欺骗方会遭受长期的惨重损失，因此每个参与者都不会采取违约或欺骗的行为，囚徒困境合作的均衡则是存在的。其实，无限期重复博弈的主要特征是每一个参与者都不知道哪一期是末期，因而，每一个参与者在每一期都认定下一期还要继续相互合作，这就和无限期重复博弈没有什么区别。所以在没有确定终止期的有限期重复博弈的模型中，纳什均衡的合作则是可以存在的。

如果是有限期的重复博弈，情况就有所不同了。用逆推法来分析博弈过程，可以表明，参与者若明确合作到了最后一期，以后不会再有重复博弈，那么，最后一期的博弈和一次性的博弈就没有区别，参与者的欺骗和违约行为是不可能被报复的，于是最后一期单个参与者的占优策略就是不合作的欺骗或违约。逆推到前一期，每个参与者都推知以后将不合作，所以也不会合作。如此等等，在有限期重复博弈中，囚徒困境博弈的纳什均衡是参与者的不合作。

知识归纳

【基本概念】

完全竞争市场　收支相抵点　停止营业点　总收益　平均收益　边际收益　垄断市场　垄断竞争市场　寡头市场　价格歧视　非价格竞争　古诺模型　斯威齐模型

【基本原理】

根据市场结构的不同特征，将市场分为完全竞争市场、完全垄断市场、垄断竞争市场和寡头垄断市场四种。决定市场结构划分的因素主要有：第一，厂商的数目；第二，产品的差别程度；第三，单个厂商对价格的控制程度；第四，进入或退出一个行业的难易程度。

在完全竞争市场中，厂商是价格的接受者，因此厂商面临的需求曲线是一条水平线，同时它又是边际收益和平均收益曲线。厂商总是根据 $MR = MC$ 的原则决定利润最大化的产量。

垄断市场只有一个厂商，市场的需求曲线就是垄断厂商的需求曲线，因此，它是向右下方倾斜的。短期内，垄断厂商是在既定的生产规模下通过对价格和产量的调整来实现利润最大化的。

垄断竞争厂商有两条需求曲线：D 和 d。短期内，垄断竞争厂商是在既定的生产规模下通过对价格和产量的调整来实现利润最大化的。

在寡头市场上，寡头厂商之间的行为是相互影响的，因此不同的影响方式用不同的模型来表示。古诺模型说明了市场上每一个寡头以自己的行为来适应其他竞争对手的均衡。斯威齐模型用折弯的需求曲线解释了寡头市场上的价格刚性现象。

人物窗

琼·罗宾逊，世界级经济学家当中唯一的女性，有史以来最著名的女性经济学家，新剑桥学派最著名的代表人物和实际领袖。被西方经济学家认为是应该获得而未能获得诺贝尔经济学奖的少数几个经济学家之一。1933 年她发表了《不完全竞争经济学》一书，因之闻名于西方经济学界。

思考与练习

1. 单选题

(1) 完全竞争市场厂商的总收益曲线是(　　)。

A. 以不变斜率向上倾斜　　B. 垂直

C. 以不变斜率向下倾斜　　D. 水平

(2) 完全竞争市场中以利润为最大化目标的厂商将以(　　)为目标来设定产量。

A. 价格超过边际成本　　B. 边际成本大于价格
C. 价格等于边际成本　　D. 总成本等于总收益

(3)完全竞争的厂商不能控制(　　)。

A. 产量　　B. 成本　　C. 价格　　D. 生产技术

(4)在垄断厂商的短期均衡时,垄断厂商可以(　　)。

A. 亏损　　B. 利润为零
C. 盈利　　D. 以上情况都可能

(5)古诺模型达到均衡时,两厂商所占的市场份额为(　　)。

A. 1/2,1/2　　B. 1/3,1/3　　C. 1/3,2/3　　D. 3/5,2/5

2. 计算题

(1)已知完全竞争厂商的长期成本函数为 $LTC = Q_3 - 12Q_2 + 40Q$,计算当市场价格 $P = 100$ 时,厂商实现最大利润的产量、利润为多少?平均成本是多少?

(2)某垄断厂商短期总成本函数为 $STC = 0.3Q_3 + 6Q_2 + 140$,需求函数为 $Q = 140 - 2P$,求短期均衡产量和均衡价格。

3. 简答题

(1)影响市场类型的因素有哪些?

(2)完全竞争市场的特征是什么?

(3)什么是价格歧视?

第七章　分配理论

教学目标

➢掌握生产要素需求的特点和边际生产力的有关重要概念，如边际收益产品、边际产品价值及其与边际产量的区别，理解生产要素的供给、需求及要素市场的均衡；

➢掌握工资、利息、地租和利润的概念及决定因素。

第一节　生产要素的供给与需求

案例导入

漂亮的收益

【案例内容】

美国经济学家丹尼尔·哈莫米斯与杰文·比德尔在1994年第4期《美国经济评论》上发表了一份调查报告。根据这份调查报告，漂亮的人的收入比长相一般的人的收入高5%左右，长相一般的人又比丑陋一点的人收入高5%～10%。为什么漂亮的人收入高呢？

经济学家认为，人的收入差别取决于人的个体差异，即能力、勤奋程度和机遇的不同。漂亮程度正是这种差别的表现。

个人能力包括先天的禀赋和后天培养的能力，长相与人在体育、文艺、科学方面的天才一样是一种先天的禀赋。漂亮属于天生能力的一个方面，它可以使漂亮的人从事其他人难以从事的职业（如当演员或模特）。漂亮的人少，供给有限，自然市场价格高，收入高。

漂亮不仅仅是脸蛋和身材，还包括一个人的气质。在调查中，漂亮由调查者打分，实际是包括外形与内在气质的一种综合。这种气质是人内在修养与文化的表现。因此，在漂亮程度上得分高的人往往是文化高、受教育程度高的人。两个长相接近的人，也会由于受教育程度不同表现出来的漂亮程度不同。所以，漂亮是反映人受教育水平的标志之一，而受教育是个人能力的来源，受教育多，文化高，收入水平高就是正常的。

漂亮也可以反映人的勤奋和努力程度。一个工作勤奋、勇于上进的人，自然会打扮得体，举止文雅，有一种朝气。这些都会提高一个人的漂亮得分。漂亮在某种程度上反映了人的勤奋,与收入相关也就不奇怪了。

最后,漂亮的人机遇更多。有些工作,只有漂亮的人才能从事,漂亮往往是许多高收入工作的条件之一。就是在所有的人都能从事的工作中,漂亮的人也更有利。漂亮的人从事推销更易于被客户接受,当老师会更受到学生喜爱,当医生会使病人觉得可亲,所以,在劳动市场上,漂亮的人机遇更多,雇主总爱优先雇用漂亮的人。有些人把漂亮的人机遇更多,更易于受雇称为一种歧视,这也不无道理。但有哪一条法律能禁止这种歧视?这是一种无法克服的社会习俗。

【案例分析】

消费者在产品市场上是需求者,在要素市场上成为了劳动的供给者,消费者的收入随着提供要素数量的变化而变化,劳动的需求和供给共同决定了工资水平。但现实生活中收入还受到其他因素的影响,如案例当中提到的"漂亮"。收入分配不平等是合理的,但有一定限度,如果收入分配差距过大,甚至出现贫富两极分化,既有损于社会公正的目的,又会成为社会动乱的隐患。因此,各国政府都在一定程度上采用收入再分配政策以纠正收入分配中较为严重的不平等问题。

【案例来源】

梁小民.《微观经济学纵横谈》.上海:上海三联书店,2000

西方经济学中,生产要素一般被划分为劳动力、土地、资本、企业家才能四种类型。相应于各种要素:劳动、资本、土地、企业家才能的价格,即形成各种收入:工资、利息、地租、利润。要素的市场价格与其他商品价格一样,也由其需求和供给两个方面来决定,只是对要素的需求来自厂商,而要素的供给为消费者,且对要素的需求和要素的供给具有不同于一般商品的需求和供给的特点,不同的要素其供给曲线也不同,因此决定了不同要素均衡价格决定上的不同特点。

一、生产要素的需求

1. 引致需求

在产品市场上,需求来自消费者。消费者为了满足自己的消费需求而购买产品。因此,对产品的需求是直接需求。在要素市场上,需求来自厂商。厂商购买生产要素并不能直接得到效用,而只能是增加生产的能力,并由此来生产和出售满足消费者欲望的产品以便获得利润。因此,对生产要素的需求是一种间接需求,或者说,是派生需求。这种需求被称为引致需求。比如,消费者的直接需求是汽车,这种直接需求引起汽车厂要购买生产要素来生产汽车,从而轮胎厂也要购买生产要素生产轮胎,钢铁厂也要购买生产要素来生产钢铁才能满足这种需求。厂商购买生产要素的目的只有一个,那就是通过购买生产要素生产出满足消费者需要的产品,从而实现自己的利润最大化。

另外,厂商对生产要素的需求是共同的、相互依赖的需求。因为厂商要进行生产活动,必须把所有的生产要素同时购买才能够进行生产,通常只拥有一种或两种生产要素是无法进行生产的。对生产要素需求的这种共同性特点带来了一个重要后果,即对某种生产要素的需求,不仅取决于该生产要素本身的价格，而且也取决于其他生产要素的价格。但为了便于分析，往往还是集中于分析一种生产要素的情况。

2. 完全竞争厂商使用生产要素的原则

厂商使用生产要素是为了生产出产品，最终的目的仍然是实现利润最大化。因此厂商使用生产要素的原则就是利润最大化原则。我们知道在产品市场上，厂商利润最大化的原则是产品的边际收益等于边际成本，在要素市场上，这一原则仍然是适用的，只不过这时是对要素而言，即厂商使用要素的边际成本（Marginal Factor Cost）等于使用要素的边际产品价值（Value of Marginal Product）。

厂商使用要素的边际成本，叫做边际要素成本，以 MFC 表示。边际要素成本可以定义为增加一个要素的使用厂商所增加的成本。以 F 代表生产要素，MFC 可以表示为 $MFC = \frac{\Delta C}{\Delta F}$。

厂商使用要素的边际收益，称为边际收益产品，记为 MRP。边际收益产品反映了厂商增加一单位的要素所能增加的收益。MRP 可以表示为 $MRP = \frac{\Delta TR}{\Delta F}$。由于厂商的收益取决于产量，产量又取决于生产要素，因此 MRP 又可表示为 $MRP = \frac{\Delta TR}{\Delta F} = \frac{\Delta TR}{\Delta Q} \times \frac{\Delta Q}{\Delta F} = MR \times MP$。由于产品的边际收益 MR 反映了增加一单位产量所增加的收益（注意这里的 MR 是对产品而言的），要素的边际产量 MP 反映了增加一单位要素所增加的产量（注意 MP 是对要素而言的），因而产品的边际收益 MR 与要素的边际产量 MP 的乘积就是边际收益产品 MRP。

现在来看厂商使用要素的原则。如果厂商的 $MRP > MFC$，那么增加一个要素时所增加的收益要大于增加的成本，因而厂商的利润将增加，作为一个追求利润最大化的厂商，它肯定会不断地增加它的要素，从而增加它的利润。随着厂商产量的不断增加，按照边际收益递减规律，它的边际产量下降而边际收益下降或不变，从而边际收益产品也是下降的，最终会达到 $MRP = MFC$。反过来，如果厂商的 $MRP < MFC$，那么厂商减少一个要素时，成本减少量将大于收益的减少量，因而利润也将增加，随着要素的不断减少，厂商的产量也在不断减少，它的边际产量增加、边际收益不变或者增加，因而边际收益产品不断增加，最终会达到 $MRP = MFC$。总之，厂商最后实现均衡时，必有 $MRP = MFC$。

对于完全竞争的厂商，由于其产品的需求曲线是水平的，即厂商产量的增减并不造成市场价格的变化，价格可以看做常数，因而有 $MR = P$。所以对于完全竞争的厂商而言，$MRP = MR \times MPP \times MP$。显然 VMP 只是 MRP 的一个特例，即当 MR 为常数时，是产品价格与要素的边际产量的乘积。

在完全竞争的要素市场上，厂商只能被动地接受市场形成的要素价格，一个厂商无法影响市场形成的要素价格，所以可以把完全竞争市场的要素价格看成是常数。以 W 代表工资率，即劳动的价格，以 r 代表利息率，即资本的价格。如果我们考虑一个短期过程，假定资本 K 不变，L 可变，那么：

$$VMP = P \times MP_L \tag{7.1}$$

$$MFC_L = \frac{dC}{dL} = \frac{d(W \times L + r \times \bar{K})}{dL} = W \quad (7.2)$$

这时，完全竞争厂商实现均衡的条件可以写成：$VMP = W$，即完全竞争厂商使用要素的原则是，边际产品价值等于该要素的市场价格。

3. 完全竞争厂商对生产要素的需求曲线

完全竞争厂商实现利润最大化必须遵循 $VMP = W$ 的原则，同时劳动的价格 W 也是由市场决定的，厂商只能被动地接受。如图 7－1 所示，假定市场的劳动价格是 W_1，按照 $VMP = W$ 的原则，厂商对生产要素的需求量将是 L_1，因为只有使用 L_1 的劳动，它才能够实现利润最大化；假定市场的劳动价格下降到 W_2，这时 $VMP > W_2$，对厂商来讲增加要素的使用所带来的收益增量将大于成本的增量，因而厂商对劳动的需求将增加，在图中是增加到 L_2；如果市场的劳动价格下降到 W_3，那么厂商对劳动的需求将提高到 L_3……以此类推。可以看出，厂商对劳动的需求曲线有两个重要特点：一是需求曲线和厂商的边际产品价值曲线即 VMP 曲线是重合的，二是需求曲线向右下方倾斜。

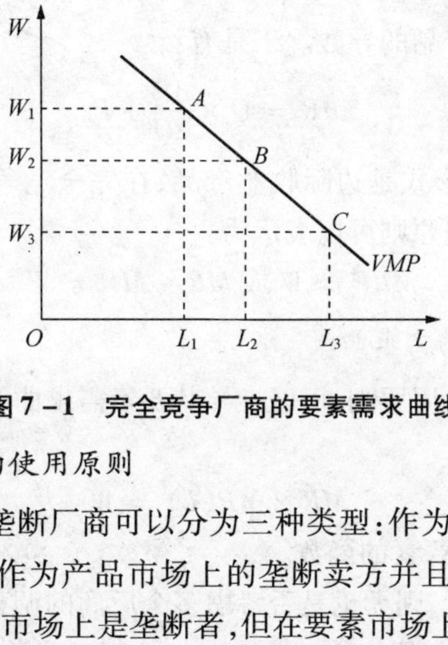

图 7－1　完全竞争厂商的要素需求曲线

4. 卖方垄断对生产要素的使用原则

和完全竞争厂商不一样，垄断厂商可以分为三种类型：作为产品市场上的垄断卖方、作为市场要素上的垄断买方，以及作为产品市场上的垄断卖方并且作为要素市场上的垄断买方。卖方垄断厂商是指厂商在产品市场上是垄断者，但在要素市场上是完全竞争者。

假定所讨论的卖方垄断厂商的收益函数和生产函数分别为 $R = R(Q)$ 和 $Q = Q(L)$，则收益可以看做要素的复合函数：$R = R[Q(L)]$，根据复合函数求导法则有：

$$\frac{dR}{dL} = \frac{dR}{dQ} \times \frac{dQ}{dL} \quad (7.3)$$

式中，等式右边第一项 $\frac{dR}{dQ}$ 为收益对产量的导数，即边际收益 MR，它反映了增加一单位产品所增加的收益；第二项 $\frac{dQ}{dL}$ 为产量对要素的导数，它反映了增加一单位要素所增加的产品。在卖方垄断条件下，厂商使用要素的边际收益等于产品的边际收益 MR 和要素的边际产品 MP 的乘积。通常被称做要素的边际收益产品，并用 MRP 表示，即

$$MRP = MR \times MP$$

上式表示的不仅是卖方垄断厂商使用要素的边际收益，而且是一般厂商的使用要素的边际收益。

我们知道，厂商的收益等于其产品价格和产品数量的乘积，即

$$R = P \times Q \tag{7.4}$$

厂商的收益可写成：

$$R = P \times Q = P[Q(L)] \times Q(L) \tag{7.5}$$

式中，$P[Q(L)]$ 为产品价格，是要素数量的复合函数：产品价格是产品数量的函数，产品数量又是要素数量的函数。使用要素的边际收益是对收益对象要素的导数，于是：

$$MRP = \frac{\mathrm{d}P}{\mathrm{d}Q} \times \frac{\mathrm{d}Q}{\mathrm{d}L} \times Q + P \times \frac{\mathrm{d}Q}{\mathrm{d}L} = [Q \times \frac{\mathrm{d}P}{\mathrm{d}Q} + P] \times \frac{\mathrm{d}Q}{\mathrm{d}L} = MR \times MP \tag{7.6}$$

式中，$Q \times \frac{\mathrm{d}P}{\mathrm{d}Q} + P$ 为产品的边际收益。为了求得产品的边际收益，将厂商的收益写成产品的函数：

$$R = P \times Q = P(Q) \times Q \tag{7.7}$$

产品的边际收益等于对产品的导数。于是有：

$$MR = Q \times \frac{\mathrm{d}P}{\mathrm{d}Q} + P \tag{7.8}$$

要素的边际收益的一般形式是边际收益产品，在完全竞争条件下，它简化为边际产品价值。卖方垄断厂商的要素使用原则可以表示为：

$$MRP = W \text{ 或 } MR \times MP = W$$

5. *卖方垄断对生产要素的需求曲线*

由卖方垄断厂商的要素使用原则，可以推导其要素需求曲线。为此，将要素使用原则稍稍改写如下：

$$MR \times MP(L) = W \tag{7.9}$$

式中，$MP(L)$ 为边际产品，是要素的函数。

假定只使用一种生产要素，则无论是否考虑多个厂商的调整，卖方垄断厂商的要素需求曲线都等于其边际收益产品曲线 MRP。

假定所讨论的要素市场包括 n 个厂商，即除了前面研究过的那个卖方垄断厂商 r 外，还有 $n-1$ 个厂商。如果这其余的 $n-1$ 个厂商与 r 一样，均是各自产品市场上的垄断者，则它们的行业调整曲线亦等于各自的边际效益产品曲线。于是，在这种场合，市场要素的需求曲线就是 n 个卖方垄断者的边际收益产品曲线的简单水平相加，即

$$D = \sum_{r=1}^{n} MRP_r \tag{7.10}$$

更为复杂一点的情况是，除了厂商 r 以外，其余 $n-1$ 个厂商并非是卖方垄断者，整个要素市场的需求曲线不再等于所有厂商的边际收益产品曲线的简单水平相加。为了得到市场的要素需求曲线，仍需要求得每一个厂商在各自行业调整情况下的要素需求曲线，然后再将它们相加，或者换个说法，仍要对每一个要素价格，分别求出每一个厂商的要素需求量，再将它们相加

求和。

6. 买方垄断情况下生产要素的价格和数量决定

尽管从整个要素市场来说,要素供给曲线通常是向右上方倾斜的。但是对于要素市场中每个厂商来说,事情未必都是如此,即厂商所面临的要素供给曲线 $W(L)$ 不一定与市场供给曲线相一致,甚至不一定像市场供给曲线那样向右上方倾斜。

买方垄断厂商的要素使用原则可以写成:

$$VMP = MFC \tag{7.11}$$

它与完全竞争厂商的要素使用原则相比,差别仅仅在于:买方垄断厂商的边际要素成本 MFC 不再等于要素价格 W。

二、生产要素的供给

生产要素的供给是指在各种价格水平下,生产要素所有者愿意并且能够提供的生产要素的数量。考查要素市场的供给就是要确定要素供给量与要素价格之间的函数关系。由于各种生产要素的供给有各自的特点,我们将在下一节中分别对劳动和资本等要素进行具体的分析,这里主要探讨一般原理。

首先,在分析要素的供给时,需要区分两个不同的概念:一是某一时期内生产要素的拥有量;二是要素的所有者愿意提供的数量。其次,在完全竞争条件下,由于市场上有很多的买者和卖者,单个生产要素所有者是生产要素价格的接受者,他们改变生产要素供给量不可能影响市场上的生产要素价格。而且,要素供给曲线的倾斜程度与所考查的时间的长短、市场大小有关。

微观经济学假定资源可以充分利用,所有要素的市场供给都是既定的,因此就整个社会而言,劳动的供给曲线是一条十分陡峭的、近似垂直的线,但具体到某一个行业来说,要素供给量对要素价格的反应就会非常敏感,因此,单个企业或行业所面临的要素供给曲线十分平缓,近似水平线。

第二节 工资、利息、地租和利润

案例导入

中国的基尼系数已超警戒线

【案例内容】

2005 年 6 月,国家统计局城市社会经济调查总队对全国 5.4 万户城镇居民家庭抽样调查显示,2005 年第一季度收入和消费支出均呈现增长趋缓的态势。第一季度人均可支配收入为 2 938元,同比增长 11.3%,扣除价格因素,实际增长 8.6 %,增幅较 2004 年同期回落 1.2 个百分点。人均消费性支出 2 020 元,同比增长 9.9%,实际增长 7.2%,增幅回落 0.7 个百分点。同时,数据显示,高低收入组的收入差距有所扩大。最高 10% 收入组人均可支配收入 8 880 元,同比增长 15.7%;最低 10% 收入组人均可支配收入 755 元,同比增长 7.6%。高低收入组之比为11.8:1,比 2004 年同季(10.9:1)有所扩大。

中国社科院研究收入分配的专家指出,2005 年中国的基尼系数迅速逼近 0.47,已经超过了警戒线 0.4,收入差距已经处于高水平,形势严峻。

【案例分析】

基尼系数是国际上用来综合考查居民内部收入分配差异状况的一个重要分析指标,由意大利经济学家于 1922 年提出。其经济含义是,在全部居民收入中,用于进行不平均分配的那部分收入占总收入的百分比。基尼系数最大为"1",最小等于"0"。前者表示居民之间的收入分配绝对不平均,即 100% 的收入被一个单位的人全部占有了;而后者则表示居民之间的收入分配绝对平均,即人与人之间收入完全平等,没有任何差异。但这两种情况只是在理论上的绝对化形式,在实际生活中一般不会出现。因此,基尼系数的实际数值只能介于 0~1 之间。

按照国际惯例,基尼系数在 0.2 以下,表示居民之间收入分配"高度平均",0.2~0.3 之间表示"相对平均",在 0.3~0.4 之间为"比较合理",同时,国际上通常把 0.4 作为收入分配贫富差距的"警戒线",认为 0.4~0.6 为"差距偏大",0.6 以上为"高度不平均"。

【案例来源】

梁小民.《微观经济学纵横谈》. 上海:上海三联书店,2000

一、劳动的供给和工资的决定

1. 劳动的供给

劳动者是劳动的供给者,但他又是消费者,作为消费者,劳动者可以选择消费各种商品。但同时,消费商品又需要收入。一般而言,劳动给劳动者带来痛苦,而与劳动相对应的闲暇给劳动者带来快乐。这就是说,劳动产生负效用,而闲暇产生正效用。所以,当劳动者在闲暇和劳动之间作出选择时,事实上是在各种商品以及闲暇之间作出选择,劳动者在要素市场上表现出来的经济行为就是通过这种选择以便使得自身的效用最大。

劳动者的劳动供给量取决于工资率的高低,因为工资越高,闲暇的机会成本也越高。工资变动会产生替代效应和收入效应。

工资率变动的替代效应,是指工资率变动对于劳动者消费闲暇与其他商品之间的替代关系所产生的影响。较高的工资率意味着闲暇变得相对昂贵,因而,其工资率提高,劳动者倾向于消费其他商品来代替闲暇。所以,工资率提高的替代效应使得劳动者减少闲暇时间,增加劳动时间;反之则反是。

工资率变动的收入效应,是指工资率变动对于劳动者的收入影响,从而对劳动时间所产生的影响。如果劳动者的工作时间保持不变,那么工资率的提高使得劳动者的收入提高,收入提高将使得劳动者能购买更多的商品,其中包括购买更多的闲暇时间,这意味着劳动时间的减少。

2. 劳动的市场供给曲线

一般来说,工资率较低时,工资率提高对于劳动者的收入影响不大,工资率提高的收入效应小于替代效应,因而劳动供给曲线向右上方倾斜。但是,当工资率上升到一定程度后,工作较少的时间就可以维持较好的生活水平。此时,工资率提高的收入效应超过替代效应,从而使得劳动供给曲线向左上方延伸。因此,劳动供给曲线向后弯曲,如图 7 – 2 所示。

3. 均衡工资率的确定

在图 7 – 3 中,横轴为劳动的数量,纵轴为工资率,S_L为劳动的市场供给曲线,D_L是劳动的市场需求曲线。在需求曲线和供给曲线的交点 E,劳动的供给和需求趋于均衡,均衡的工资率为 W_E,均衡的劳动供给为 L_E。劳动的价格即工资率是由劳动的市场供给和市场需求共同决定的,劳动的市场供给和需求的变动就会引起劳动价格的变动。

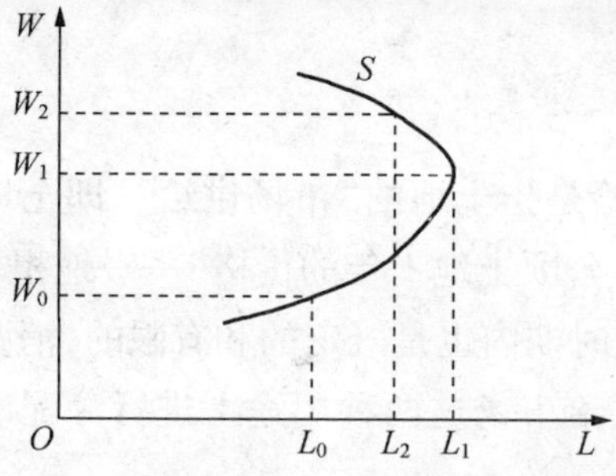

图 7 – 2 向后弯曲的劳动供给曲线

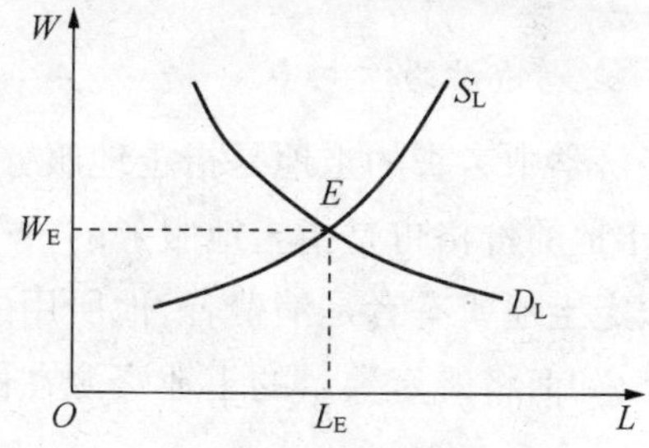

图 7 – 3 劳动市场的均衡

二、资本的供给和利息率的决定

1. 资本的供给

资本是厂商生产所需要的另一类要素。资本形态有多种,有形资本主要包括居住和非居住建筑、机器设备厂房以及各种存货等;无形资本是指以非物质形态提供生产性服务的那些商品,如厂商的无形资产便属于此类。

资本有两个特点:第一,资本是在生产过程中被生产出来的,因而其数量可以改变;第二,资本作为投入要素的目的是为了以此而获得更多的商品和劳务。

利息率是厂商使用资本的价格,这是指厂商在生产过程中使用资本所提供"服务"的价格。理解这一问题最简单的方法是把厂商使用的资本解释为租用而来,并把资本品看成是可以无限分割的物品,这样租用一方向出租方支付的费用就是该项资本的利息。

资本品来源于家庭部门,来源于把其收入中的一部分储蓄下来,从而使得资本数量增加。家庭之所以提供资本,是因为可以在将来为家庭带来更多的收入。对于既定收入的家庭而言,它可以选择马上消费,也可以选择储蓄,即把一部分收入转化为资本租借给厂商,由此获得一定的报酬。一般而言,对同一数量的商品,人们现在消费这些商品而获得的效用大于未来消费的效用。所以,人们倾向于消费所有的收入,除非未来能得到补偿。因此,家庭最优储蓄的数量是在现期消费和未来消费之间进行最优选择的结果。

与分析劳动供给的情形一样,利用利息率提高的替代效应和收入效应可以推导出随着利率提高，储蓄是一条向后弯曲的线。但一般认为，利息率变动幅度较小，因而随着利率的提高，储蓄量增加，储蓄曲线向右上方倾斜。通过对所有消费者储蓄沿横向相加即可得到市场的储蓄曲线。与单个曲线一样，市场储蓄曲线向右上方倾斜。

2. 利息的决定

由于储蓄的增加不断改变资本存量需要相当长的时间，所以从短期来看，可以认为资本存量固定不变，假定资本自用价值为0时，资本的短期供给曲线为一条垂直线。短期垂直的资本供给与资本需求决定短期均衡利率水平。

长期来看，利率决定了最优储蓄数量，资本存量决定了折旧的数量，如果储蓄和折旧不相等，就会出现净投资，则资本供给水平会变化，短期资本供给曲线会发生平移，从而短期均衡利率会变化。

三、土地的供给和地租率的决定

1. 土地的供给

经济学中考查的土地是指土地服务。土地的供给是指土地的“市场供给”，即土地服务的供给；土地的价格也是指土地服务的价格，即“使用1公顷土地1年的价格”——地租。

假定土地所有者是消费者，他所用的土地在一定时期内也是既定的和有限的，消费者要解决的是，如何将既定数量的土地资源在保留自用和供给市场这两种用途上进行分配以获得最大效用。

土地所有者供给土地的目的是为了获得收入 Y，土地所有者实际上是在土地供给带来的收入及自用土地 q 之间进行抉择，所以土地所有者的效用函数为 $U=U(Y,q)$。一般来说，土地的消费性使用只占土地的很小部分，因此假定不考虑土地消费，即不考虑所有者自用土地的效用，即自用土地的边际效用为0，那么消费者效用只取决于收入，即 $U=U(Y)$，而与自用土地数量无关。这时，土地供给越多收入越多，效用也就越大，土地所有者会将其拥有的所有土地供给市场，因此，土地供给量总是既定土地资源的数量，土地供给曲线垂直。

2. 地租的决定

土地的服务价格称为地租，地租的大小由土地的供给和需求决定。如图7－4所示，在完全竞争的市场中，土地的市场供给曲线 S 是垂直的，土地的市场需求曲线 D 是向右下方倾斜的，因此，土地的市场供给曲线和市场需求曲线的交点 E 是土地供求实现均衡的均衡点，在 E 点的地租为 R_E。

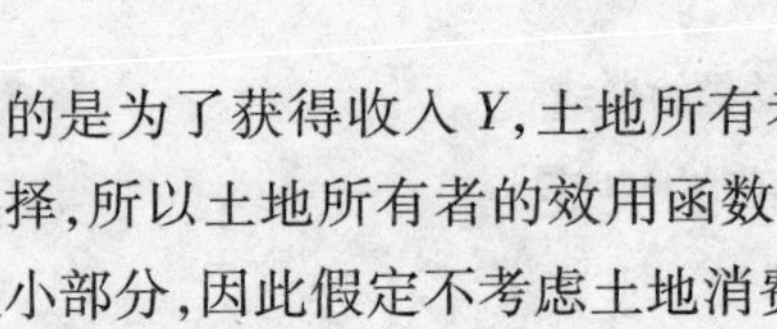

图7－4　均衡地租的决定

四、利润

马歇尔在其《经济学原理》一书中,在劳动、资本、土地外,又增加了一种生产要素即企业家才能,发展为“生产的四要素”。企业家才能指企业家经营企业的组织能力、管理能力与创新能力。微观经济学认为,在生产相同数量的产品时,可以多用资本少用劳动,也可以多用劳动少用资本。但是,劳动、土地和资本三要素必须予以合理组织,才能充分发挥生产效率,因此,为了进行生产,还要有企业家将这三种生产要素组织起来,企业家才能和前三个要素的关系不是互相替代的关系,而是互相补充的关系。

正常利润是企业家才能这种生产要素取得的收入,即企业家才能的价格,它作为隐成本被包含在企业的生产成本中。企业家才能的价格也是由需求和供给两方面共同决定的。

知识归纳

【基本概念】

边际产品　边际产品价值　边际收益产品　边际要素成本　工资　地租　利息　利润

【基本原理】

生产要素一般被划分为劳动力、土地、资本、企业家才能四种类型。相应于各种要素:劳动、资本、土地、企业家才能的价格,即形成各种收入:工资、利息、地租、利润。要素的市场价格与其他商品价格一样,也是由其需求和供给两个方面来决定,只是对要素的需求来自厂商,而要素的供给来自消费者,且对要素的需求和要素的供给具有不同于一般商品的需求和供给的特点,不同的要素其供给曲线也不同,因此决定了不同要素均衡价格决定上的不同特点。

人物窗

熊彼特(1883～1950),美籍奥国经济学家。熊彼特以“创新理论”解释资本主义的本质特征,解释资本主义发生、发展和趋于灭亡的结局,从而闻名于资产阶级经济学界,影响颇大。他在《经济发展理论》一书中提出“创新理论”以后,又相继在《经济周期》和《资本主义、社会主义和民主主义》两书中加以运用和发挥,形成了以“创新理论”为基础的独特的理论体系。当前熊彼特学说在西方学术界的影响有更大的扩展,特别是由于科学技术的进步,熊彼特的“创新理论”受到西方更多学者的重视。

思考与练习

1. 单选题

(1)生产要素的需求曲线之所以向右下方倾斜,是因为(　　)。

A. 要素的边际收益产品递减

B. 要素生产的产品的边际效用递减

C. 要素参加生产的规模报酬递减

D. 以上均不正确

(2)厂商每增加一单位生产要素投入所增加的生产力,是(　　)。

A. 边际产品价值　　B. 边际收益

C. 边际产品　　D. 边际生产力

(3)在完全竞争条件下,要素市场上的边际产品价值的公式是(　　)。

A. $\triangle Q/\triangle L$　　B. $MP\times P$

C. $TR/\triangle Q$　　D. $MP\times MR$

(4)劳动的供给曲线是一条(　　)。

A. 向右上方倾斜的曲线

B. 向后弯曲的曲线

C. 向右下方倾斜的曲线

D. 与横轴平行的曲线

(5)工资率的上升所导致的替代效应是指(　　)。

A. 工作同样长的时间可以得到更多的收入

B. 工作较短的时间也可以得到同样的收入

C. 工人宁愿工作更长的时间,用收入带来的享受替代闲暇带来的享受

D. 以上均对

2. 多选题

(1)劳动、土地、资本和企业家才能等生产要素的价格分别是(　　)。

A. 工资

B. 利润

C. 利息

D. 税率

E. 地租

(2)生产要素的需求是一种(　　)。

A. 派生需求

B. 直接需求

C. 联合需求

D. 最终产品的需求

E. 引致需求

(3)利息是(　　)。

A. 资本的报酬

B. 资本这一生产要素的价格

C. 由资本市场的供求双方决定的

D. 由劳动市场的供求双方决定的

E. 劳动的报酬

3. 简答题

(1)什么是引致需求?

(2)试述厂商的要素使用原则。

(3)劳动的供给曲线为什么向后弯曲?

第八章　市场失灵与微观经济政策

教学目标

➢掌握导致市场失灵的原因，包括垄断、外部性、公共物品和不完全信息等，以及相应的微观经济政策。

第一节　市场失灵

案例导入

买的不如卖的精

【案例内容】

俗话说“从南京到北京，买的不如卖的精”，这其中的道理就是信息不对称。非对称信息，是指市场上买卖双方所掌握的信息是不对称的，一方面掌握的信息多一些，另一方面掌握的信息少一些。

中国古代有“金玉其外，败絮其中”的故事，讲的是商人卖的货物表里不一，由此引申比喻某些人徒有其表。在商品中，有一大类商品是内外有别的，而且商品的内容很难在购买时加以检验。如瓶装的酒类，盒装的香烟，录音、录像带等。人们或者看不到商品包装内部的样子（如香烟、鸡蛋等），或者看得到，却无法用眼睛辨别产品质量的好坏（如录音、录像带）。显然，对于这类产品，买者和卖者了解的信息是不一样的。卖者比买者更清楚产品实际的质量情况。这时卖者很容易依据买者对产品内部情况的不了解欺骗买者。如此看来，消费者的地位相当脆弱，对于掌握了“信息不对称”武器的骗子似乎毫无招架之术。

由于信息不对称，价格对经济的调节就会失灵。比如某商品降价，消费者也未必增加购买，消费者还以为是假冒伪劣商品；某商品即使是假冒伪劣商品提高价格，消费者还以为只有真货价格才高。这就是市场失灵造成的市场的无效率。

为消除信息不对称，精明的商家想了很多办法。比如在大商场某一生产鸭绒制品的公司开设了一个透明车间，当场为顾客填充鸭绒被，消除了生产者和消费者之间的信息不对称。

【案例分析】

交易双方对于交易对象的信息掌握和了解程度不同被称为信息不对称，如案例中卖者比买者更清楚产品实际的质量情况，这时卖者就可以利用买者对产品的不了解而欺骗买者；但另一方面，信息不对称也有可能给一些正直、精明的企业家提供脱颖而出的机会，如案例中的生产鸭绒制品的公司。

【案例来源】

http://www.people.com.cn

市场失灵是指市场机制（价格调节市场的机制）不能实现资源的有效配置，也就是说市场机制造成资源的配置失当。形成市场失灵的主要原因有垄断、外部性、公共物品和不完全信息等。

一、垄断

与完全竞争市场相比，在垄断市场上厂商生产较少的产量，索要较高的价格，消费者因此会受到损害。从社会的角度来看，如果垄断厂商生产的产量更大并索要更低的价格，则消费者的境况会得到改善，社会福利会因此增加，问题是垄断企业一般不会这样做，因此，垄断使社会福利受到损害。

垄断的其他社会成本除此之外，还可能有其他方面的损害，例如，垄断缺乏降低成本和进行技术革新的动力，从而社会生产既定的产量花费较多的成本。

由于垄断可以使厂商获得更多的利润，因而为了保持这种超额利润，垄断厂商往往会采取各种形式的维持垄断的措施。其中包括游说政府制定更有利于自身的政策。这种为了寻求额外的利润而进行的活动被称为寻租行为，寻租不仅要花费成本，而且会滋生政府腐败。

二、外部性

外部性又称为外部经济影响，是指一个经济行为主体的经济活动对另一个经济主体的福利所产生的效应，但这种效应并没有通过市场交易反映出来。外部性有正负之分，或称为外部经济和外部不经济。

1. 生产的外部经济

当一个生产者采取的经济行动对他人产生了有利的影响，而自己却不能从中得到报酬时，便产生了生产的外部经济。例如，一个企业对其所雇用的工人进行培训，而这些工人可能转到其他单位去工作。该企业并不能从其他单位索回培训费用或得到其他形式的补偿。因此，该企业从培训工人中得到的私人利益就小于该活动的社会利益。

2. 消费的外部经济

当一个消费者采取的行动对他人产生了有利的影响，而自己却又不能从中得到补偿时，便产生了消费的外部经济。例如，当某个人对自己的房屋和草坪进行保养时，他的隔壁邻居也从中得到了不用支付报酬的好处。此外，一个人对自己的孩子进行教育，把他们培养成更值得信赖的公民，这显然也使其隔壁邻居甚至整个社会都得到了好处。

3. 生产的外部不经济

当一个生产者采取的行动使他人付出了代价而又未给他人以补偿时,便产生了生产的外部不经济。例如,一个企业可能因为排放脏水而污染了河流,或者因为排放烟尘而污染了空气。这种行为使附近的人们和整个社会都遭到了损失。再如,因生产的扩大可能造成交通拥挤及对风景的破坏,等等。

4. 消费的外部不经济

当一个消费者采取的行动使他人付出了代价而又未给他人以补偿时,便产生了消费的外部不经济。例如,吸烟者的行为危害了被动吸烟者的身体健康,但并未为此而支付任何东西。此外,还有在公共场所随意丢弃果皮、瓜壳,等等。

外部性与资源配置的效率外部性造成市场对资源的配置缺乏效率。之所以如此,原因是社会的边际收益和边际成本与私人的边际收益和边际成本不相等。假设社会边际收益等于私人边际收益,在外部不经济时,私人边际成本小于社会边际成本,从而私人决策所生产的产量大于社会最优产量;反之,如果存在外部经济,则私人产量不足。

三、公共物品

私人物品是那种数量将随任何人对它的消费增加而减少的物品。它在消费上具有两个特点。第一是竞争性:如果某人已消费了某个商品,则其他人就不能再消费该商品了;第二是排他性:对商品支付价格的人才能消费商品。

公共物品是指由政府部门生产,并向社会和个人提供的一切物品和服务的总称。如国防、警察、教育、司法、邮政、消防、基础设施等。它在消费上具有两个特点。第一是消费的非竞争性:公共产品可供大家共同消费。如大家共同消费一条公路。第二是非排他性:公共物品是免费的,它不阻止任何人享用。公共物品可以分为两类:第一,纯公共物品。纯公共物品具有完全的非竞争性和非排他性,如国防、国家安全和法律秩序等,通常采用免费提供的方式。第二,准公共物品。准公共物品具有有限的非竞争性和局部的排他性。即超过一定的临界点,非竞争性和非排他性就会消失,拥挤就会出现。如义务教育、公共图书馆、博物馆、公园、电力、自来水等。

公共物品无法避免“搭便车”的情况,即不用购买也可消费的行为,因而造成市场失灵。市场经济不能自动解决公共产品的供求均衡问题。许多由社会消费的公共产品难以通过正常的市场价格机制加以分配,公共部门和公共物品的生产和经营需要政府按照社会的需要适当进行直接的调节和管理。

四、不完全信息

现实经济中,信息常常是不完全的。在这里,信息不完全不是指绝对意义上的不完全,即由于认识能力的限制,人们不可能知道在什么时候、任何地方发生的或将要发生的任何情况,而且是指“相对”意义上的不完全,即信息不对称。在很多情况下,市场的价格机制并不能有效地解决不完全信息问题,从而出现市场失灵。

第一,信息的收集不可能。来自每个社会阶层供求者或需求者的巨量的供求信息是很难收集的,消费需求的易变性更使这方面的信息收集成为不可能。第二,信息的传递会失真。就算前面两点都能满足，从而确立了反映供求状况的计划，然而，要把这种统一计划通过行政手段，层层分解下达，最后由所有基层单位去执行，这存在着计划信息传递的失真问题及计划执行过程中的扭曲问题。第三，信息的正确处理不可能。在处理信息时，必须确定无数个变量，求解数以亿计的均衡方程组，如果计算需要耗费较长的时间，那么就会引起计划编制的时滞，从而不能及时反映变动了的供求状况。

次品市场是一个有代表性的信息不对称的例子。在"旧货"市场上，卖者比买者拥有更多的信息，因而市场上并不必然出现高质高价现象。在次品市场上出现的高质量产品遭淘汰而低质量产品生存下来的现象就被称为"逆向选择"。

不完全信息导致市场失灵的另外一个例子是道德风险问题。以保险为例，通常投保人要比保险公司更了解投保对象的情况。但当双方签订保险合同之后，信息的不完全又会产生新的问题。一般而言，投保对象出险的可能性与投保人所采取的保护措施相关联。由于保险公司很难了解投保人对保护措施的付出，因而这一市场上存在着信息不完全性。正是这种不完全性使得保险公司会因为出险的可能性提高而蒙受损失。一种可能的结果是，保险公司提高保费，不容易出险的投保人退出该市场，从而市场再次失灵。

第二节　微观经济政策

案例导入

距离产生美

【案例内容】

举世皆知，蒙娜丽莎的清丽无人能及，世界各地专程前来巴黎瞻仰她容貌的人们甚至踏坏了罗浮宫的门槛，但是，蒙娜丽莎的美，只能在距离油画两三米外才能显现，如果贴近来看，唯剩一堆皱巴巴、杂乱不堪的油彩；雄踞五岳之首的泰山，那磅礴的气势也要从山外来看，真进了山中，那石、那树，和别的山川没什么根本的不同；埃菲尔铁塔，从远处看蔚为壮观、气势磅礴，可走近了看，不过是一堆锈迹斑斑的钢条加铆钉。为什么？距离产生美。

政府与市场，同样需要距离。如麦迪逊所言："如果人都是天使，就不需要任何政府了。如果是天使统治人，就不需要对政府有任何外来的或内在的控制了。"完成治理的基本功，做到对市场的不妨害，是一个政府对经济事务管理的最低纲领（对一些政府来说，或许是最高目标）；这也是市场对政府的核心的、正当的、理性的要求。尤其在权力自上授予、对上负责的情况下，过于热心的参与往往是执政目标的暧昧所致。当地方政府在新的政治格局中获得了更大的权力时，这种区域竞赛似有进一步蔓延升温的迹象。当市场上的竞赛主体只是一些集合的、模糊的身影时，竞赛的魅力就已经失去了。

【案例分析】

完全竞争市场在一系列理想的假定下可以导致社会的资源配置最优，但现实的资本主义机制在很多时候不能导致资源的有效配置，如垄断、外部性、公共物品和不完全信息等，既然市场机制本身不能保证能在一切场合下导致资源有效配置的结果，那么，政府在这些场合进行某种干预就成为必要。政府干预经济的主要理由是存在着市场失灵，即政府的作用就在于解决市场自身所不能解决的问题。

【案例来源】

http://www.bookschina.com

完全竞争的市场经济出现的四个问题自身不能很好地加以解决，就需要政府通过制定经济政策加以干预，以有效地配置稀缺资源，实现市场经济的最大效率，获取最大的社会福利。

一、对垄断的管制

垄断缺乏效率并不总是政府干预的原因。在市场需求所要求的数量范围内，如果生产技术使得平均成本处于递减趋势，则从社会的角度来看，一个行业中只有一个厂商进行经营是有利的，并且，这种生产技术对竞争者“自然”会产生排斥作用，因为参与竞争的厂商在生产较少的产量时只能花费更高的成本。这就是所谓的“自然垄断”。在一些包括自然垄断的情形中，政府往往对垄断行业进行管制。

1. 公共管制

为了提高垄断厂商的生产效率，政府试图使价格等于边际成本，从而使得产量达到帕累托最优水平。如果政府只采取价格管制，即规定产品的价格但不规定厂商的生产数量，那么合理的管制价格是厂商的边际成本与需求曲线的交点所决定的价格。对于自然垄断情形而言，上述按价格等于边际成本确定管制价格的方法并不适用，因为此时厂商处于亏损状态。在实践中，解决上述难题的一种方式是采取双价制。即首先按市场需求曲线与厂商的边际成本曲线的交点确定价格，此时厂商处于亏损状态。之后，允许厂商索要一个高价格以弥补其亏损。在双价制下，可以是某些消费者在低数量上支付较高的价格，而另外一些消费者则在高数量上支付低价格；或者，同一个消费者在不同数量上支付不同的价格。如果政府执行价格和数量管制，从理论上讲，市场需求曲线上的任意一点所决定的价格和数量都是可行的。但在实践中，通常的原则是，对公道的价值给予一个公道的报酬。为此，政府可选择的价格和数量组合是市场需求曲线与平均成本曲线的交点，此时厂商获得正常利润。此外，政府也可以采取税收和补贴政策的措施来调节公共物品的供应。

2. 反垄断法

从1890～1950年，美国国会通过一系列法案，反对垄断。其中包括《谢尔曼法》(1890)、《克莱顿法》(1914)、《联邦贸易委员会法》(1914)、《罗宾逊—帕特曼法》(1936)、《惠特—李法》(1938)和《塞勒—凯弗维尔法》(1950)。统称《反托拉斯法》。在其他西方国家中也先后出现了类似的法律规定。对犯法者由法院提出警告、罚款、改组公司直至判刑；或者强行进行行业重组。例如将微软公司强行一分为二;将中国邮电强行分解为中国电信、中国联通、中国移动通信公司等。

二、外部性的干预

第一,使用税收和津贴。针对正外部性行为,采取补贴、减免税等措施补偿私人收益低于社会收益的部分。针对负外部性行为,采取罚款、征收特别税等惩罚措施使私人成本上升到与社会成本一致。

第二,使用企业合并的方法。例如,一个企业的生产影响到另外一个企业。如果影响是正的(外部经济),则第一个企业的生产就会低于社会最优水平;反之,如果影响是负的(外部不经济),则第一个企业的生产就会超过社会最优水平。但是如果把这两个企业合并为一个企业,则此时的外部影响就"消失"了,即被"内部化"了。合并后的单个企业为了自己的利益将使自己的生产确定在其边际成本等于边际收益的水平上。而由于此时不存在外部影响,故合并企业的成本与收益就等于社会的成本与收益。

第三,使用规定财产权的办法。在许多情况下,外部影响之所以导致资源配置失当,是由于财产权不明确。如果财产权是完全确定的并得到充分保障,则有些外部影响就可能不会发生。科斯定理:只要明确地规定法定所有权,并且可以自由交换,只要所有权的交易成本为零,那么,不论所有权在开始如何分配,市场机制所导致的均衡状态符合最有效率状态。即科斯认为在产权明晰的前提下,政府不需要制定微观经济政策,市场机制就能通过自我调节,使克服负外部性的成本降到最低限度。

三、公共物品的提供

既然市场机制在提供公共物品方面是失灵的,政府的介入就成为必要。但是政府介入公共物品的供给,并不等于政府生产所有的公共物品,更不等于政府完全取代公共物品的市场。政府可以通过直接生产公共物品来实现,也可以通过某种方式委托私人企业的间接生产方式来实现。公共物品的供给,前者包括中央政府直接经营、地方政府直接经营和地方公共团体经营三种情形,后者包括签订合同、授予经营权、经济资助、政府参股、法律保护私人进入、社会资源服务六种情形。还有一种新兴的公共物品提供方式是 BOT(Build - Operate - Transfer),即建设—经营—转让,是指政府通过契约授予私营企业(包括外国企业)以一定期限的特许专营权,许可其融资建设和经营特定的公用基础设施,并准许其通过向用户收取费用或出售产品以清偿贷款,回收投资并赚取利润;特许权期限届满时,该基础设施无偿移交给政府。

四、信息不对称的干预

市场机制可以解决一部分的信息不完全和不对称问题。例如,为了利润最大化,生产者必须根据消费者的偏好进行生产,否则,生产出来的商品就可能卖不出去。生产者显然很难知道每个消费者的偏好的具体情况。不过,在市场经济中,这一类信息的不完全并不会影响他们的正确决策——因为他们知道商品的价格,只要知道了商品的价格,就可以由此计算生产该商品的边际收益,从而就能够确定它的利润最大化产量。

市场价格机制不能够解决所有的信息不完全和不对称问题。在市场机制不能解决问题时，就需要政府在信息方面进行调控。信息调控的目的主要是保证消费者和生产者能够得到充分和正确的市场信息，以便他们能够作出正确的选择。

其中通过市场信号显示来解决"逆向选择"问题，通过激励机制的设计来解决委托—代理问题，是两个最基本的方法。

由于信息的不完全性，委托人往往不知道代理人要采取什么行动或者即使知道代理人采取某种行动，也不能观察和测度代理人从事这一行动时的努力程度，同时两者之间存在的利益分割关系，通常会使得代理人不完全按照委托人的意图行事，这在经济学上被称为委托—代理问题。

一旦企业出现委托—代理问题，其后果不仅使企业所有者的利润受损，也使社会资源配置的效率降低，因为在不发生委托—代理问题的情况下，社会将生产出较高质量的产品。

由委托—代理问题而导致的效率损失不可能通过政府的干预解决，而需要通过设计有效的激励措施加以解决。解决委托—代理问题最有效的办法是实施一种最优合约。最优合约是委托人花费最低限度的成本，而使得代理人采取有效率的行动实现委托人目标的合约。

知识归纳

【基本概念】

市场失灵　外部性　科斯定理　私人物品　公共物品　信息不完全

【基本原理】

市场失灵是指完全竞争市场所假定的条件得不到满足而导致的市场配置资源的能力不足，从而缺乏效率的表现。导致市场失灵的原因是多方面的，包括垄断、外部性、公共物品、不完全信息等。对于不同的原因，政府要采取不同的政策来进行干预。

人物窗

庞古（Arthur Cecil Pigou，1877～1959）是英国著名经济学家，剑桥学派的主要代表之一。青年时代进入剑桥大学学习，最初的专业是历史，受当时英国著名经济学家马歇尔的影响，并在其鼓励下转学经济学。他先后担任过英国伦敦大学杰文斯纪念讲座讲师和剑桥大学经济学讲座教授。他被认为是剑桥学派领袖马歇尔的继承人。当时他年仅31岁，是剑桥大学历来担任这个职务的最年轻的人。他任期长达35年，一直到1943年退休为止。退休后，他仍留在剑桥大学从事著述研究工作。

思考与练习

1. 单选题

(1)市场失灵是指(　　)。

A. 在私人部门和公共部门之间资源配置不均

B. 不能产生任何有用成果的市场过程

C. 以市场为基础的对资源的低效率配置

D. 收入分配不平等

(2)某个厂商的一项经济活动对其他厂商产生的有利影响,我们把这种行为称做(　　)。

A. 生产的外部不经济　　B. 消费的外部不经济

C. 生产的外部经济　　D. 消费的外部经济

(3)某人的吸烟行为属(　　)。

A. 生产的外部经济　　B. 消费的外部经济

C. 生产的外部不经济　　D. 消费的外部不经济

(4)如果上游工厂污染了下游居民的饮水,按科斯定理,(　　)问题就可妥善解决。

A. 不管产权是否明确,只要交易成本为零

B. 只要产权明确,且交易成本为零

C. 只要产权明确,不管交易成本有多大

D. 不论产权是否明确,交易成本是否为零

(5)卖主比买主知道更多关于商品的信息,这种情况被称为(　　)。

A. 信息不对称问题　　B."搭便车"问题

C. 道德陷阱　　D. 逆向选择

2. 多选题

(1)形成市场失灵的主要原因有(　　)。

A. 垄断

B. 不完全信息

C. 科斯定理

D. 外部性

E. 公共物品

(2)外部经济是指(　　)。

A. 私人成本高于社会成本

B. 私人成本低于社会成本

C. 私人利益低于社会利益

D. 私人利益高于社会利益

E. 某个家庭或厂商的一项经济活动能给其他家庭或厂商无偿地带来好处

(3)公共物品的基本特征是(　　)。

A. 竞争性

B. 非竞争性

C. 排他性

D. 非排他性

E. 竞争性与非竞争性

3. 简答题

(1)什么叫市场失灵？哪些情况会导致市场失灵？

(2)外部性如何干扰市场对资源的配置？

(3)什么是公共物品？

第九章　国民收入核算理论

教学目标

- 掌握国民收入和国内生产总值的基本概念；
- 掌握核算国内生产总值的三种方法；
- 掌握衡量国民收入的其他指标的概念及计算方法；
- 了解国民经济活动流程。

第一节　国民收入的基本概念

案例导入

从 GDP 看我国的差距

【案例内容】

国际货币基金组织按汇率法计算了 179 个国家和地区 2005 年国内生产总值和人均 GDP 的统计数据。数据显示,2005 年 GDP 位居前 10 位的国家分别是美国、日本、德国、中国、英国、法国、意大利、西班牙、加拿大和巴西。数据同时显示,2005 年世界 179 个国家排名,中国人均 GDP 为 1 352 美元,位居世界第 112 位,仍属中下收入国家行列。尽管与世界发达国家相比,这一数字还相当小,但中国人均 GDP 突破 1 000 美元,表明中国跨过了一个“门槛”。

2005 年人均 GDP 位居世界前 10 位的国家分别是卢森堡、挪威、瑞士、爱尔兰、丹麦、冰岛、美国、瑞典、英国和日本。中国香港居世界第 23 位;中国台湾居世界第 36 位。

从上述数字可以看出,在 2005 年我国的 GDP 总量已超过了 10 万亿元,我国的经济增长速度是 9.2%,这是非常了不起的成绩,尤其是在各国经济衰退的宏观形势下。但是我们和发达国家相比差距还是很大的,从 GDP 的总量来看,如果我们把这 10 多万亿元比作一个蛋糕,那么美国就是 6 个蛋糕,从人均 GDP 看差距就更大了,美国 6 个蛋糕除以 3 亿人,我们一个蛋糕除以 13 亿人,美国的人均 GDP 高出我们 35 倍之多。中外很多经济学家估计照这样的速度增长,我国 GDP 总量有望在 2015 年赶上美国,但人均 GDP 赶上美国还任重道远。

【案例分析】

怎样缩小我国与发达国家的差距，把我国 GDP 这个蛋糕做大呢？重要的是转变观念。无论是企业家还是政府官员，都要想办法把企业的价值链做长、把经济的价值链做长、把产品的附加值做大。怎样理解这句话，举一个例子说明：我国是农业大国，农产品的商品化程度很低，也就是价值链短。农民吃的东西很少是到市场上买来的。他们吃的粮食、蔬菜、蛋类等都是自己生产的。再看美国的农民（美国农业人口占全国总人口的 2.8%），美国农民是先把小麦送进面粉厂，面粉加工出来又进面包厂，生产出来的面包又进超市，超市再把它卖出去。光是吃这个链条就很长，在这个链条上每一个环节价值都在增值。而我国农民只做了一道工序，农民把粮食种出来就进嘴了。无论是政府还是企业家都应设法把产品和服务价值链做长，这样才会增加我国的 GDP。

【案例来源】

互联网《西方经济学（宏观部分）》黄德林

一、国民收入的定义

衡量一个社会经济活动的基本尺度是国民收入。国民收入是一个国家一定时期内（通常是一年）新创造的最终产品和劳务的市场价格总和。通常国民收入是用货币计算并表示的。最终产品和劳务是指在全社会范围内不再加工和转售，最后直接消费和使用的产品和劳务。

西方经济学中国民收入可以从两个方面去理解。广义理解，国民收入不是单一指标，而是几个高度综合、相互关联的总量指标，如国内生产总值、国民生产总值、国民生产净值等。在国民收入核算理论里，国民收入的概念是广义的。狭义理解，国民收入是国民生产净值或国内生产净值减去所有的间接税。在介绍国民收入核算中几个总量关系时，指的是狭义的国民收入。

掌握国民收入概念要注意以下两点：

第一，国民收入是流量。经济分析中的变量可分为存量和流量，存量是某一时点存在的变量数值，而流量是在某一时期内发生的变量变动数值。国民收入是流量，而国民财富是存量。

第二，国民收入在经济分析和统计中有不同含义。经济分析中指国内生产总值、国民生产总值、国民生产净值；统计中指一个国家在一定时期内参与经济各生产要素所得收入总和。

二、国民收入的几个总量及其关系

国民收入核算涉及的主要总量有：国内生产总值、国民生产总值、国内生产净值、国民生产净值、国民收入、个人收入、个人可支配收入。

1. 国内生产总值（GDP）和国民生产总值（GNP）

这是两个最重要又有密切关系的总量指标。国民生产总值，是指一个国家在一定时期内（通常为 1 年）生产的各种最终产品和劳务按当年市场价格计算的价值总和。而国内生产总值，是指在一定时期内（通常为 1 年）在本国领土上生产的各种最终产品和劳务的市场价值总和。二者之间的差异来自生产要素在国际间的流动。前者以人口为统计标准，是指本国常住居民生产的；后者以领土为统计标准，是指在本国领土上生产的，二者关系可以表述为：

国民生产总值 = 国内生产总值 + 国外要素收入净额

国外要素收入净额是指在国外的本国公民获得收入和在本国的外国公民获得收入之差，如为正值时，GNP ＞ GDP ，如为负值时，GDP ＞ GNP 。其中包含空间、时间、最终、即期、市场价格、利益主体等含义，它们反映一个国家宏观经济活动的总体水平，是最概括、最重要的指标。

我国每年的政府工作报告中均使用 GDP，原因有三点：一是为了与普遍采取这一概念的国家的经济有可比性；二是 GDP 不管国外，只管国内，资料更容易获得，从而更容易计算；三是 GDP 相对 GNP 而言，能更好地反映本国就业潜力，比如外国人在中国投资，解决的是中国的就业问题。

2. 国内生产净值（NDP）和国民生产净值（NNP）

国内生产总值与国民生产总值强调包括了所有的产量，没考虑折旧。如果从中剔出折旧就是国内生产净值与国民生产净值。国内生产净值是国内生产总值减去折旧，是指在一定时期（通常为 1 年）在本国领土内新创造的价值总和；国民生产净值是国民生产总值减去折旧，是指一个国家在一定时期（通常为 1 年）新增加的最终商品和劳务市场价值总和。它们的关系可以表述为：

国内生产净值 = 国内生产总值 - 折旧

国民生产净值 = 国民生产总值 - 折旧

3. 国民收入（NI）

这里讲的国民收入指的是狭义国民收入，是指一个国家在一定时期内（通常为 1 年）用于生产产品和提供劳务的各种生产要素（土地、劳动、资本与企业家才能）所获得收入的总和。国民收入与国民（或国内）生产净值的区别是，从理论上讲前者是从分配的角度考虑的，后者是从生产的角度考虑的；从数量上讲国民收入等于国民（国内）生产净值减去企业间接税再加上政府津贴。间接税从形式上看是由企业负担的，实际上间接税支出附加在成本上，在销售产品中转移出去。间接税作为产品的价格附加，既不是任何生产要素提供的，也不能为任何生产要素所获得，因此计算国民收入时要扣除。政府津贴是国家对产品售价低于生产要素成本价格企业的补贴，目的是弥补企业的损失以维持这种产品的生产。这种补贴可看做一种负税（倒付的税），属于企业生产要素的收入。因此计算国民收入要从间接税中扣除政府津贴。用公式表示：

国民收入 = 国民（或国内）生产净值 - 企业间接税 + 政府津贴

= 工资 + 利润 + 利息 + 租金 + 津贴

4. 个人收入（PI）

个人收入是指一个国家所有个人在一定时期内（通常为 1 年）从各种来源所得到的收入总和。它包括劳动收入、企业主收入、租金收入、利息和股息收入、政府转移支付和企业转移支付等。个人收入的构成可以表述为：

个人收入 = 国民收入 -（公司未分配利润 + 公司利润税 + 公司和个人缴纳的社会保险费）

+(政府对个人支付的利息+政府对个人的转移支付+企业对个人的转移支付)
=工资和薪金+企业主收入+个人租金收入+个人利息收入+政府和企业对个人的转移支付-公司和个人缴纳的社会保险费

个人收入与国民收入的不同之处在于,国民收入中有一部分不分配给个人,如公司未分配利润、公司利润税等,这不构成个人收入。而个人收入中通过再分配渠道取得的部分,如政府和企业对个人的转移支付,则不属于国民收入。

5. 个人可支配收入(PDI)

个人可支配收入是指一个国家所有的个人在一定时期内(通常为1年)所得到的可以支配的收入。个人收入并不是人们实际得到的、可任意支配的款项,它必须扣除个人税和非税支付之后,才能归个人自由支配。个人税包括个人所得税、财产税、房地税等;非税支付包括罚款、教育费和医疗费等。

个人可支配收入表述为:

个人可支配收入=个人收入-(个人税+非税支付)=个人消费支出+个人储蓄

第二节　国民收入的核算方法

案例导入

我国 GDP 是如何确定的

【案例内容】

国家统计局每年公布的 GDP 数据是怎么得到的呢?据国家统计局专家讲,我国的 GDP 计算需要经过以下几个过程:初步估计过程、初步核实过程和最终核实过程。初步估计过程一般在每年年终和次年年初进行。它得到的年度 GDP 数据只是一个初步数,这个数据有待于获得较充分的资料后进行核实。初步核实过程一般在次年的第二季度进行。初步核实所获得的 GDP 数据更准确些,但因仍缺少 GDP 核算所需要的许多重要资料,因此相应的数据尚需要进一步核实。最终核实过程一般在次年的第四季度进行。这时,GDP 核算所需要的和所能收集到的各种统计资料、会计决算资料和行政管理资料基本齐备。与前一个步骤相比,它运用了更全面、更细致的资料,所以这个 GDP 数据显得就更准确些。

【案例分析】

每个时段公布的 GDP 都有其特定阶段的含义和特定的价值,不能因为在不同时间公布的数据不同,而怀疑统计数据存在问题。当然,我国在 GDP 的计算体系上也有一些缺憾,例如我国长期采用的原产生于苏联和东欧国家的统计核算体系,从实际情况看,不少地方已经滞后于时代的发展了。

【案例来源】

互联网《西方经济学(宏观部分)》黄德林

一、国内生产总值的计算方法

在国民经济核算体系中有不同的计算国内生产总值的方法,其中,主要有支出法、收入法以及部门法。这里简单介绍这三种计算国内生产总值的方法。

1. 支出法

支出法又称产品流动法、产品支出法或最终产品法。这种方法从产品的使用出发,把1年内购买各项最终产品的支出加总,计算出该年内生产出的最终产品的市场价值。即把购买各种最终产品所支出的货币加在一起,得出社会最终产品的流动量的货币价值的总和。

支出法从支出的角度出发,将一定时期内按市场价格计算对最终产品、服务的支出数额加总,形成GDP。在国民经济实际运行中,社会经济对最终产品和服务的支出分为四大部分,即消费、投资、政府购买和净出口。

(1) 消费。消费是指居民户购买最终产品和服务。家庭消费支出可进一步划分为三部分,即耐用品(如彩电、空调、冰箱、汽车等)的支出、非耐用品(如食品、服装、电力、报刊等)的支出和服务(如理发、医疗、教育等)的支出,居民租房的租金计算在消费中。

(2) 投资。投资支出包括固定资产投资支出和企业存货两部分。固定资产投资包括商业固定资产投资和居民住宅投资。与消费支出相同,投资支出也包括对国外生产投资品的购买。投资支出中的企业存货是指企业存货的增加量。

(3) 政府购买。政府购买指政府对国内外最终产品和服务进行购买所发生的全部支出。政府购买既包括政府在国防以及基础设施(如道路、桥梁等)的支出,也包括转移支付(如社会保障、医疗、失业救济、困难补助等支出)和向政府公务员支付薪金。

(4) 净出口。净出口($X-M$)是指出口额与进口额的差额。出口是一个国家的商品和服务输出到国外,并由国外的消费者、生产者和政府进行购买;进口是本国居民、厂商和政府对外国产出的商品和服务进行购买。当一国贸易出现顺差时,净出口($X-M$)为正值;出现贸易逆差时,净出口($X-M$)为负值。

综上所述,用支出法核算时,GDP计算公式为:

$$\text{国内生产总值(GDP)} = \text{消费} + \text{投资} + \text{政府购买} + \text{净出口}$$

从支出角度看,GDP一部分是居民的消费;一部分是人们的投资;一部分是政府支出;还有一部分是外国人买了国内的产品,也就是出口。即把购买各种最终产品所支出的货币加在一起,得出社会最终产品的流动量的货币价值的总和。通常比较容易理解和应用较多的是支出法。

2. 收入法

收入法是从收入的角度出发,把生产要素在生产中所得到的各项收入相加,即把劳动所得的工资、土地所得的地租、资本所得的利息,以及企业家所得到的利润相加,计算国内生产总值。

3. 部门法

部门法按提供物质产品与劳务的各个部门的产值来计算国内生产总值。这种计算方法反映了国内生产总值的来源,所以又称生产法。

在用这种方法计算国内生产总值时,各物质生产部门要把所使用的中间产品的产值扣除,仅计算本部门的增值。商业、服务等部门也按增值法计算。卫生、教育、行政等无法计算增值的部门则按该部门职工的工资收入来计算,以工资代表他们所提供的劳务价值。按以上三种方法计算所得出的结果,从理论上说应该是一致的,因为它们是从不同的角度来计算同一国内生产总值。但在实际上,这三种方法所得出的结果往往并不一致。国民经济核算体系以支出法为基本方法,即以支出法所计算出的国内生产总值为标准。如果按收入法与部门法计算出的结果与此不一致,就要通过误差调整项来进行调整,使之达到一致。GDP 三种计算方法的比较见表 9－1。

表 9－1　　GDP 三种计算方法比较

方法 特点	支出法	收入法	部门法
分析角度	使用角度	分配角度	生产角度
指标实质	经济主体支出	要素所有者报酬	第一、二、三产业增加值之和

二、国内生产总值指标的缺陷与修正

1. 国内生产总值指标的缺陷

国内生产总值是各国官方普遍使用的核算国民收入的指标,但是它在反映社会福利水平方面存在一系列缺陷。

(1) 忽略社会成本。现代的生产活动可能造成环境污染,而污染带来的福利损失并未在国内生产总值统计中作出扣除。例如,造纸可能引起森林的减少、生态环境的破坏和河流污染等,但是国内生产总值只考虑了纸张给人们带来的好处,而没有考虑派生出来的坏处。

(2) 未考虑闲暇的价值。经济学中的闲暇,指市场活动之外的一切时间,除休息、娱乐和睡眠时间外,还涉及自己在家里学习或动手干活的时间。休息、娱乐和睡眠都可以给人们带来满足,当前许多国家实行的 5 天工作制以及年假制就反映了人们在这方面的需求。在市场发育程度较低的发展中国家,许多经济活动都是未经过市场交易的。例如,自己在家里做饭、自己看孩子、自己修自行车或水龙头等。如果这些活雇人来干,则会计入国内生产总值,但是未经过市场交易的自给自足的经济活动则不会计入国内生产总值。

(3) 未涉及地下经济的产值。地下经济指未得到官方统计的市场交易活动,包括非法的市场交易活动(如毒品交易)和本身合法但由于逃税而没有纳入官方统计的市场交易活动。在发达国家,只要交易中使用现金而不是支票或信用卡,纳税人就可能逃税。家庭雇请保姆和木匠,农场雇用临时工,餐馆雇用招待和厨师等,通常都是现金支出。随着第三产业在国民经济中的比重增大,有些发达国家的地下经济规模有增大趋势。在发展中国家,由于税收制度存在缺陷,地下经济的相对规模往往大于发达国家。

(4) 汇率可能造成国内生产总值的扭曲。各国都使用本国货币衡量其国内生产总值。在对国内生产总值进行国际比较时,汇率(即各国货币之间的折算比例)可能造成国内生产总值的扭曲。汇率可能是官方人为规定的(官方汇率),也可能是由外汇市场上的供求关系决定的(市场汇率)。无论汇率是如何决定的,它都可能背离货币的实际价值(货币的购买力)。例如,目前1美元能够兑换人民币6元多,因此我国用人民币核算的国内生产总值在换算成美元时,要除以超过6的一个数字。实际上,1美元在美国的购买力根本抵不上6元人民币在中国的购买力,这意味着用美元表示的我国国内生产总值是低估的。

(5) 国内生产总值没有涉及收入分配。一个有100个人,每年每人收入为5万美元的社会,GDP为500万美元,毫不奇怪,人均GDP是5万美元。一个有10个人赚到500万美元而90个人一无所有而受苦的社会GDP也是这样。很少有人在考虑这两种情况时认为它们是相同的。人均GDP告诉我们平均每个人的情况,但平均量的背后是个人财富增长的巨大不同。

2. 国内生产总值指标的修正

针对国内生产总值指标的缺陷,一些经济学家提出了一些新的指标,其中有代表性的有以下两点:

(1) 净经济福利指标(NEW)。它的具体计算办法是用国内生产总值加上闲暇的价值和地下经济的产值,再减去环境污染造成的损失。

从理论上看,净经济福利指标比国内生产总值更准确地反映出人们得到的福利。但是,目前它只是停留在设想阶段,因为其自身尚有一些无法解决的问题。例如,闲暇的价值和地下经济的产值是难以统计的,环境污染造成的损失也是难以准确估价的。因此,NEW指标的准确性尚受到人们的怀疑。

(2) 购买力平价(PPP)。购买力平价是用货币的购买力计算出来的货币比价或汇率,它能够在一定程度上纠正名义汇率(即直接用货币兑换比例表示的汇率)造成的国内生产总值国际比较中的扭曲。例如,世界银行在使用购买力平价重新估算中国的国内生产总值时,比用汇率估值高出很多。

三、实际国内生产总值与名义国内生产总值

国内生产总值是最终产品市场价值的总和,国内生产总值还要受价格水平的影响。同样,最终产品量按不同的价格会计算出不同的国内生产总值。按当年价格计算的国内生产总值称为名义国内生产总值。按不变价格计算的某一年的国内生产总值,称为实际国内生产总值。不变价格是指统计时确定的某一年(称为基年)的价格。

名义国内生产总值与实际国内生产总值之比,称为国内生产总值平减指数。在进行经济分析时,要注意区分名义国内生产总值与实际国内生产总值。例如,在研究经济增长率时,要依据实际国内生产总值,这是因为名义国内生产总值既反映了实际产量的变动,又反映了价格的变动,实际国内生产总值只反映产量的变动。只有根据实际国内生产总值,才能准确反映国内经济的实际增长情况。按名义国内生产总值计算的增长率,实际是由于价格水平变化引起的,只有按实际国内生产总值计算的增长率,才反映了产量的变动情况。

第三节　国民经济活动流程

案例导入

经济的收入流动循环模型

【案例内容】

两部门经济的收入模型中第一个部门是家庭,第二个部门是企业。家庭出卖劳动,到企业做工挣来的钱去购买企业生产的产品;企业生产出来产品,再卖给家庭,收回来的钱继续生产。一国经济要想平衡,它的条件是,家庭挣的钱全花了,企业生产的产品全卖了,这样宏观经济就能够正常运转了。但在现实中没有一个家庭会把挣来的钱全部花光,总是有点积蓄;作为企业来说,也不可能总是简单的再生产,它想扩大再生产就需要资本。家庭不花的钱存进银行,有了储蓄;企业扩大再生产找银行借钱,有了投资。宏观经济中出现了储蓄和投资,只要企业的投资等于家庭的储蓄,宏观经济也能正常运转。这时宏观经济平衡的一个重要条件是,储蓄等于投资。我们现在的储蓄等于投资吗?结论是储蓄大于投资。我国现在银行储蓄超过了11万亿元;为什么企业不用来投资?因为企业还有大量的商品卖不出去。在2002年国家经贸委的调查数据显示,我国86%的商品供过于求,企业找不到赚钱的投资项目。11万亿元银行储蓄说明了家庭挣来的钱没花出去,企业当然就有大量的商品没有卖出去,这样经济就不能正常地循环了。为了保证经济的正常循环,国家想了很多的办法刺激消费和投资。

【案例分析】

任何一个国家经济,都不能没有政府,否则社会将会陷入混乱状态。所以在上述模型中,应再加入一个政府部门。政府怎样才能生存呢,它也需要收入。收入的来源是税收。有了收入政府用它去维持政府的生存,支付公务员的工资、国防、公共教育、社会福利等。这时,宏观经济要想正常运行,它的平衡条件是,财政收入等于财政支出。对于政府来说财政收入等于财政支出叫财政平衡;财政收入大于财政支出叫财政盈余;财政收入小于财政支出叫财政赤字。现在我国政府为了保障经济的平衡,扩大财政支出,由此出现了财政赤字。现在没有一个国家经济可以封闭起来,既不出口,也不进口。所以在上述模型中又加入了一个国外部门。这时宏观经济平衡的条件是,出口等于进口。如果出口等于进口,就是国际收支平衡;如果出口大于进口,就会出现一个贸易顺差;如果出口小于进口,就会出现一个贸易逆差。我国现在是出口大于进口,出现了贸易顺差,美国是贸易逆差。在一般情况下各国追求的都是出口等于进口。

【案例来源】

互联网《西方经济学(宏观部分)》黄德林

一、两部门经济活动流程模型

两部门经济假定在社会经济中只有家庭和厂商两个部门。家庭又称居民户，是消费者与生产要素所有者；厂商也称企业，是生产者与生产要素使用者。两部门经济循环模型如图9－1所示。箭头表示收入流向，在上方生产要素市场上，家庭向厂商提供劳动力等生产要素，从厂商那里获得收入。在下方商品市场上，家庭购买商品与劳务消费支出构成厂商的销售收入。在中间金融市场中，家庭不用于消费的收入，即储蓄流入金融市场，厂商则从金融市场获得贷款，用于投资，如果投资和储蓄相等，循环模型中的收入流量既不增加也不减少，处于均衡状态。

模型中的社会总需求（总支出、总产出）用Y表示，由消费需求（C）和投资需求（I）构成，即$Y=C+I$。社会总供给（总收入、总成本）也用Y代表，是工资、地租、利息、利润的加总，可用于消费（C）和储蓄（S）两部分，即$Y=C+S$。均衡时，总需求等于总供给，$C+I=C+S$，即$I=S$。

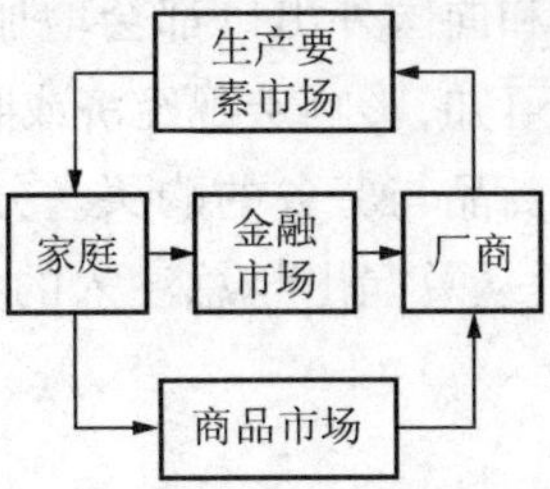

图9－1　两部门收入循环流动

二、三部门经济活动流程模型

社会经济中政府是一个不可缺少的经济主体，政府一方面向厂商与家庭征税，构成政府收入；另一方面购买厂商的商品与家庭的生产要素，构成政府支出。引入政府部门，便成为如图9－2所示的三部门经济循环模型。在模型的社会总需求项下增加一个政府需求（购买）G，则$Y=C+I+G$。社会总供给项下增加一个政府税收（T），则$Y=C+S+T$。均衡时，总需求等于总供给，$C+I+G=C+S+T$，即$I+G=S+T$，移项后$I-S=T-G$，$T-G$是政府财政收支差额，差额为正表示有财政盈余，差额为负表示存在财政赤字。

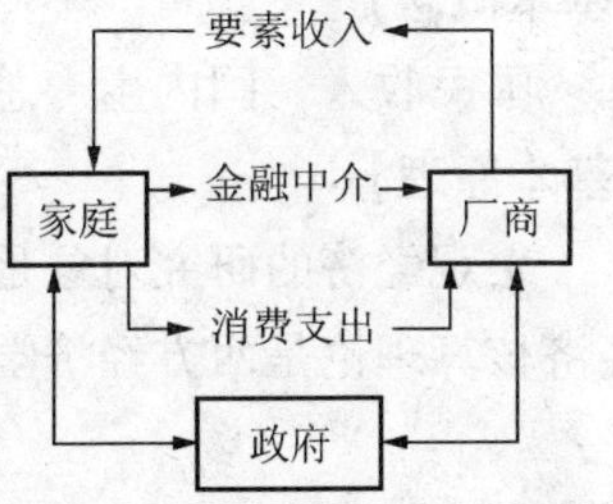

图9－2　三部门收入循环流动

三、四部门经济活动流程模型

现代社会经济都是开放经济，对外经济关系处于越来越重要的地位。把宏观经济置于世界市场中考察，在模型中引进国外部门，它包括本国以外的所有的国家和地区。图9－3表示四部门经济活动流程模型。模型中，国外部门购买厂商和家庭的商品与劳务，向政府缴纳关税，构成总需求中的出口（X），政府、厂商和家庭购买国外部门的商品与劳务，构成总供给中的进口（M）。于是，社会总需求$Y=C+I+G+X$，社会总供给$Y=C+S+T+M$。达到均衡时，总需求等于总供给，$C+I+G+X=C+S+T+M$，即$(S-I)+(T-G)=X-M$。用NX表示净出口（$X-M$）。

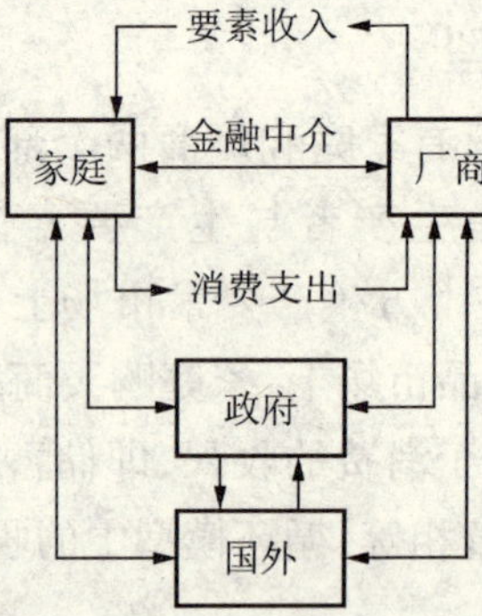

图 9-3　四部门收入循环流动

在上述三个宏观经济活动流程模型中，收入流量循环于环形管道，当存在家庭储蓄、政府税收和国外进口时，都会减少对本国商品与劳务的购买（需求或支出），这是环形管道中收入流量的漏出；而家庭消费、政府购买和向国外出口都会增加对本国商品与劳务的购买，这是对环形管道中收入流量的注入。由此可知，影响宏观经济或收入流量的因素有漏出和注入两类，其区分在于是增加还是减少对本国商品与劳务的购买。分析宏观经济运行态势，要从总需求与总供给的数量和结构入手，也就是从总漏出与总注入的关系着眼，只要二者相等，宏观经济或收入流量就会处于均衡状态。

知识归纳

【基本概念】

国民收入　国内生产总值　国民生产总值

【基本原理】

宏观经济的研究对象是一个国家的整体经济，宏观经济考察的是社会的经济总量。国民经济核算理论是西方经济学中测算经济总体情况的基本方法。

人物窗

约翰·梅纳德·凯恩斯（1883—1946），现代西方经济学最有影响的经济学家之一，他创立的宏观经济学与弗洛伊德所创的精神分析法和爱因斯坦发现的相对论一起并称为20世纪人类知识界的三大革命。

1936年其代表作《就业、利息和货币通论》的出版，引起巨大的轰动。凯恩斯提倡国家直接干预经济。他论证了国家直接干预经济的必要性，提出了比较具体的目标。以财政政策和货币政策为核心的思想后来成为整个宏观经济学的核心，甚至可以说后来的宏观经济学都是建立在凯恩斯的《就业、利息和货币通论》的基础之上的。他首次提出国家干预经济的主张，对整个宏观经济学的贡献是极大的。

思考与练习

1. 单选题

(1)下列(　　)应计入 GDP 中。

A. 面包厂购买的面粉

B. 购买 40 股股票

C. 家庭妇女购买的面粉

D. 购买政府债券

(2)在下列三种情况中不能作为最终产品的是(　　)。

A. 公司用于联系业务的小汽车

B. 工厂用于运送物品的小汽车

C. 旅游公司用于载客的小汽车

D. 以上都不是

(3)一国的国内生产总值大于国民生产总值,则该国公民从国外取得的收入(　　)外国公民从该国取得的收入。

A. 大于　　B. 小于

C. 等于　　D. 不能确定

(4)国民生产总值与国民生产净值之间的差别是(　　)。

A. 直接税　　B. 间接税

C. 折旧　　D. 公司未分配利润

(5)下面不属于国民收入部分的是(　　)。

A. 租金收入　　B. 福利支付

C. 工资　　D. 利息

(6)在一般情况下,国民收入核算体系中,数值最小的是(　　)。

A. 国民生产净值　　B. 个人收入

C. 个人可支配收入　　D. 国民收入

(7)下面不属于总需求的是(　　)。

A. 政府支出　　B. 税收

C. 净出口　　D. 投资

(8)在四部门经济中,GDP 是指(　　)的总和。

A. 消费、净投资、政府购买和净出口

B. 消费、总投资、政府购买和净出口

C. 消费、总投资、政府购买和总出口

D. 消费、净投资、政府购买和总出口

2. 简答题

下列项目是否计入 GDP 中,为什么?

(1)政府的转移支付;

(2)购买一辆用过的二手车;

(3)购买普通股票;

(4)购买新住宅。

第十章　国民收入决定理论

教学目标

- 熟练掌握需求、供给、均衡价格和弹性等基本概念；
- 了解均衡价格的形成机制，进一步分析需求和供给变动对均衡价格的影响；
- 应用基本原理解释相关问题。

第一节　简单的国民收入决定模型

案例导入

蜜蜂的寓言与凯恩斯建立以总需求为中心的宏观经济理论

【案例内容】

18 世纪初，一个名叫孟迪维尔的英国医生写了一首题为《蜜蜂的寓言》的讽喻诗。这首诗描述了一群蜜蜂的兴衰史。最初，蜜蜂们追求豪华的生活，浪费成性，结果整个蜂群兴旺发达。后来，它们在一个"哲学蜂"的劝说下崇尚节约，结果弄得社会衰落，终于被另一个蜂群所消灭。这首诗因为宣扬"浪费有功"，当时被英国中塞克斯郡大陪审团判定为败类作品。但在 200 多年后，这部作品却启发凯恩斯建立了以总需求为中心的宏观经济理论。在凯恩斯之前，经济学家相信"供给决定需求"。但 20 世纪 30 年代大危机时的供给之剩、失业严重使凯恩斯从供给转向需求，建立了以总需求为中心的宏观经济理论。凯恩斯认为，在短期中，总供给水平是既定的，因此，国民收入水平的大小取决于总需求。总需求增加，国民收入增加；总需求减少，国民收入减少。总需求不足正是引起供给过剩和失业的根本原因。这就是宏观经济学中简单的国民收入决定模型，或称凯恩斯国民收入决定模型。总需求包括消费、投资、政府购买支出和净出口（出口－进口）。因此，增加消费，哪怕是浪费性消费也可以刺激经济繁荣。这正是孟迪维尔《蜜蜂的寓言》的中心思想，不过凯恩斯是用现代经济学概念表述了这一思想。

【案例分析】

我们知道，居民的收入分为两部分，即消费与储蓄，消费增加则储蓄减少。这就又得出一个推论:减少储蓄可以使经济繁荣。但是,这与传统的“节约光荣”正好相反。于是就出现了一个悖论:节约是个人的美德,却使社会萧条;浪费是个人的恶行,却使社会繁荣。人们把这种似乎矛盾的结论称为“节约的悖论”。当然,这种悖论是一种假象。如果我们分开短期与长期,这个悖论就不存在了。在短期中,总供给能力是固定的(资源与技术不变)。因此,总需求大小决定了国民收入水平。从这种意义上说,当处于20世纪30年代那样的萧条或衰退时期时,刺激总需求的确是重要的。但在长期中,一个经济的总供给还取决于资源与技术,这就要增加储蓄了。凯恩斯认为“在长期中我们都要死”,而没有考虑长期问题,仅进行短期分析,所以,节约的悖论就变得“似非而是”了。

【案例来源】

互联网《西方经济学(宏观部分)》黄德林

一、总需求的构成

总需求是指在其他条件不变的情况下,在某一给定的价格水平上人们所愿意购买的产出总量,也即所有生产部门所愿意支出的总量,因此,总需求反映的是经济中不同经济实体的总支出。按照需求主体的不同,总需求可分为居民的需求、厂商的需求、政府的需求、国外部门的需求等。总需求可以看做这些方面需求的总和,这几部分组成如下:

1. 消费者购买

这是指本国居民用于物品和劳务上的开支,是一个国家总需求中最主要的部分。消费者购买主要取决于可支配收入,可支配收入是指个人收入减去税收后的部分。

2. 企业购买

这是指企业的投资支出,包括固定投资和存货投资两大类。决定投资的因素是产出水平、资本成本以及对未来的预期。

3. 政府购买

这是指政府在商品与服务上的开支,例如,政府购买坦克和筑路设备这样的商品以及对公立学校教师支付的服务费用。与消费者购买和企业购买不同,这一部分是直接由政府的支出政策所决定的。

4. 净出口

净出口等于出口值减去进口值。出口以 X 表示,进口以 M 表示,则净出口 $NX = X - M$ 。其中出口指的是外国对本国物品或劳务的购买,进口指的是本国对外国的物品或劳务的购买。当一个国家的出口大于进口时,净出口为正;当出口小于进口时,净出口为负。净出口代表了外国购买本国生产的最终物品或劳务的净支出。进口取决于国内的收入和产出、国内和国外的价格比率以及本国货币的汇率。出口由外国的收入和产出、相对价格和外汇汇率所决定。因此,净出口取决于国内以及国外的收入水平、相对价格和汇率。

按照需求对象划分,总需求还可分为对投资品的需求和对消费品的需求,或者对最终产品的需求和对中间产品的需求。因此,总需求又可看做对这些商品的需求总和。

二、总需求与均衡国民收入决定

总需求与总供给相等时的国民收入是均衡的国民收入。当不考虑总供给这一因素时，均衡的国民收入就是由总需求决定的。前面已经讲过，在开放的经济中，总需求由消费支出、投资支出、政府购买和净出口构成。这四种需求中的任何一种增加，都会引起总需求的增加，从而导致均衡的国民收入增加，反之则相反。例如，储蓄越多，说明消费越少，总需求就越小，国民收入就减少；同样，在投资和政府支出不变的前提下，税收越多，个人收入就越少，从而消费就减少，总需求就越小，国民收入也会减少。由此可以看出，储蓄和税收都是引起总需求减少的因素。我们可以用图 10－1 来说明这个问题。在图 10－1 中，横轴 OY 代表国民收入，纵轴 OAD 代表总需求，45°线表示总需求等于总供给。当总需求为 AD_0时，决定了均衡的国民收入为 Y_0；如果由于消费增加或者政府支出增加，则总需求移至 AD_1，这时的国民收入增加到 Y_1；相反，如果总需求减少，总需求曲线移至 AD_2，均衡国民收入就会减少至 Y_2。

由此可以看出，如果要增加国民收入，就要减少储蓄、政府税收与进口，增加投资支出、政府购买与出口。正因为增加消费可以促进国民收入增加，而增加储蓄则会使国民收入减少，凯恩斯对图 10－1 总需求对国民收入的决定作出了新的价值判断，提出了著名的“节约悖论”，即节约导致经济衰退，奢侈促进经济繁荣。

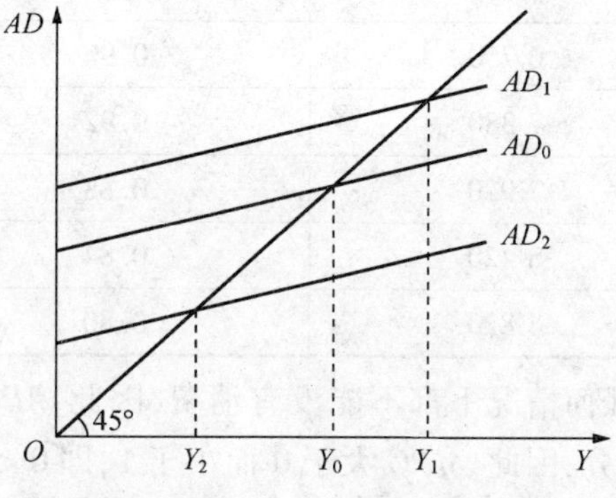

图 10－1 总需求对国民收入的决定

三、消费与均衡国民收入决定

消费和储蓄是个人可支配收入的两个方面，消费是指个人或家庭购买商品和劳务的支出，储蓄则是个人可支配收入中未用于消费的那部分收入。在简单的国民收入决定理论中，我们假定总需求中的其他部分不变，仅考虑总需求中消费的变动对总需求的影响。这样就要先了解消费函数以及相关的储蓄函数。

1. 消费函数与储蓄函数

(1)消费函数

消费函数是指消费支出与决定消费的各种因素之间的依存关系。影响消费的因素很多，如商品价格、消费者偏好、收入水平、预期收入、消费环境、家庭成员构成以及相关商品的价格等。但就宏观经济而言，居民户的消费数量主要由经济的总收入即国民收入水平所决定，所以，消费函数表示的是消费与收入之间的关系。一般来说，在其他条件不变的情况下，消费随收入的变动而同方向变动。消费函数的公式是：

$$C = f(Y)$$

式中，C 代表消费；Y 代表收入。

消费与收入的关系还可以用平均消费倾向与边际消费倾向来说明。

平均消费倾向（APC）是指消费在收入中所占比重。用公式表示为：

$$APC = \frac{C}{Y}$$

边际消费倾向（MPC）是指消费增量在收入增量中所占的比例。如果以 ΔC 表示消费增量，以 ΔY 表示收入增量，则边际消费倾向用公式表示为：

$$MPC = \frac{\Delta C}{\Delta Y}$$

边际消费倾向存在递减规律，如表 10-1 所示。

表 10-1　某家庭的消费函数　单位：元

收入（Y）	消费（C）	平均消费倾向（APC）	边际消费倾向（MPC）
5 000	5 200	1.04	
6 000	6 000	1.00	0.80
7 000	6 750	0.96	0.75
8 000	7 380	0.92	0.63
9 000	7 920	0.88	0.54
10 000	8 420	0.84	0.50
11 000	8 820	0.80	0.40

一般来说，由于人们在任何情况下都不能没有消费，因此，APC 是大于零的正数。由于消费增量只是收入增量的一部分，因此，MPC 大于 0 而小于 1，即 $0 < MPC < 1$。

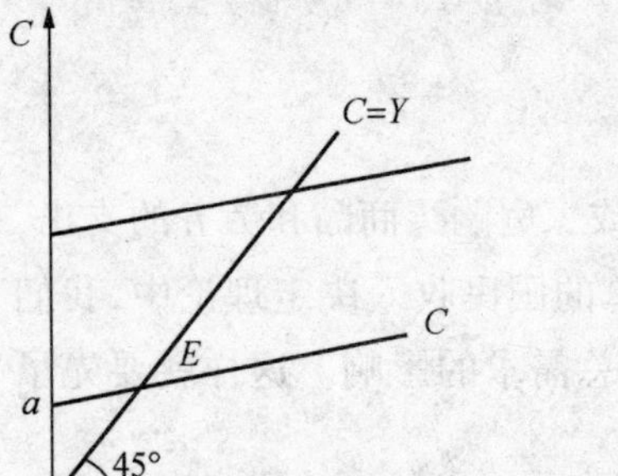

图 10-2　消费曲线

消费与收入之间的关系可以用线性消费曲线来说明，如图 10-2 所示，横轴 OY 代表收入，纵轴 OC 代表消费。图中 45°线是收支相抵线，直线上任意一点都表示 $C = Y$。消费曲线 aC 向右上方倾斜，表示随着收入的增加，消费也增加。aC 与 45°线相交于 E 点，E 点是收支相抵点。在 E 点左侧，消费大于收入，有负储蓄；在 E 点右侧，消费小于收入，有正储蓄。当收入等于零时，消费为 a，a 表示不依存于收入的消费，称为自发性消费，因此消费函数可以表示为：

$$C = a + bY$$

式中，a 为自发性消费；b 为边际消费倾向；bY 为引致消费，指随收入的变动而变化的那部分消费。

（2）储蓄函数

储蓄函数是储蓄与决定储蓄的各种因素之间的依存关系。影响储蓄的因素很多，如收入、

利率等。与消费函数一样,我们认为收入是储蓄的很重要的影响因素。一般地,储蓄与收入同方向变动。储蓄函数的公式是:

$$S = f(Y)$$

式中, S 代表储蓄; Y 代表收入。

储蓄与收入的关系可以用平均储蓄倾向与边际储蓄倾向来说明。

平均储蓄倾向(APS)是指储蓄在收入中所占的比例。用公式表示为:

$$APS = \frac{S}{Y}$$

边际储蓄倾向(MPS)是指储蓄增量在收入增量中所占的比例。用公式表示为:

$$MPS = \frac{\Delta S}{\Delta Y}$$

与边际消费倾向递减相对应,边际储蓄倾向是递增的。可以用储蓄曲线来说明储蓄与收入的关系。如图 10－3 所示,横轴 OY 代表收入,纵轴 OS 代表储蓄,储蓄曲线 S 向右上方倾斜,表示储蓄与收入同方向变动。S 与 OY 相交于 E 点,此时储蓄为零,E 点为收支相抵点。在 E 点左侧有负储蓄,在 E 点右侧有正储蓄。

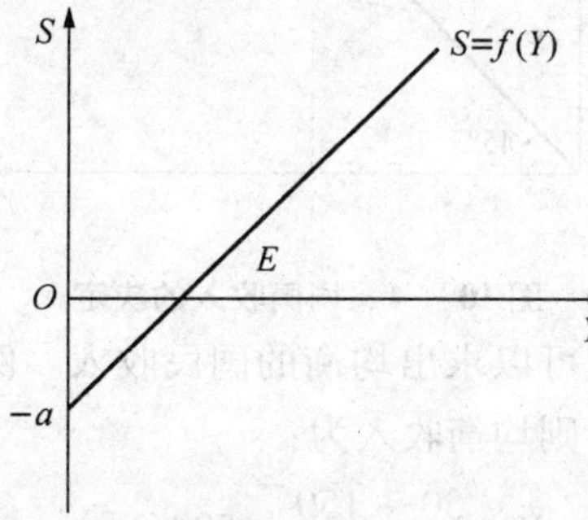

图 10－3　储蓄曲线

(3)消费函数和储蓄函数的关系

消费函数和储蓄函数存在相互联系、相互补充的关系。从上面的分析我们知道,消费与储蓄之和永远等于收入,即

$$Y = C + S$$

所以

$$S = Y - C$$

将消费函数 $C = a + bY$ 代入上式,得到储蓄函数方程式为:

$$S = -a + (1 - b)Y$$

消费函数与储蓄函数的互补关系也决定了消费倾向与储蓄倾向之间的对应关系:平均消费倾向与平均储蓄倾向之和为 1 ,即

$$APC + APS = 1$$

边际消费倾向与边际储蓄倾向之和为 1 ,即

$$MPC + MPS = 1$$

2. 均衡国民收入的决定

为简单起见，假定经济中没有政府也没有对外贸易。在只存在两部门的条件下，总支出由消费和投资构成，即 $Y=C+I$。为了分析的简化，这里假设投资是一个给定的量，又根据消费函数 $C=a+bY$，可以得出国民收入为：

$$Y=\frac{a+I}{1-b}$$

两部门的均衡收入决定可以由图 10－4 来说明。在图 10－4 中，横轴表示收入，纵轴表示消费和投资，45°线上的任何一点到纵轴和横轴的距离都相等，表明总支出等于总收入。根据消费函数可以得到消费曲线。假定投资是自主投资，则在消费曲线上垂直相加投资，就可以得到总支出曲线 $C+I$。总支出曲线与 45°线的交点为 E，表明总支出等于总收入，这点决定的收入水平 Y^* 即是均衡收入水平。

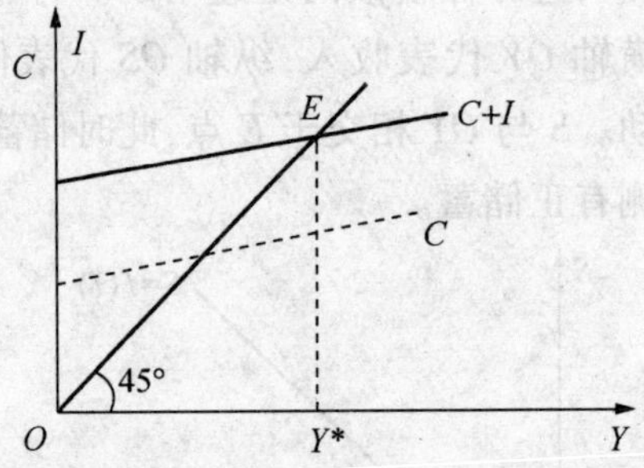

图 10－4　均衡收入的决定

可见，只要已知消费函数，就可以求出均衡的国民收入。例如，假定消费函数为 $C=50+0.6Y$，自发的计划投资为 150 元，则均衡收入为：

$$Y=\frac{50+150}{1-0.6}=500(\text{元})$$

表 10－2 显示了消费函数为 $C=50+0.6Y$ 及自发投资为 150 元时均衡收入的情况。

表 10－2　　均衡收入的决定　　单位：元

收入	消费	储蓄	投资
100	110	－10	150
200	170	30	150
300	230	70	150
400	290	110	150
500	350	150	150
600	410	190	150
700	470	230	150

表 10－2 的数据表明，当收入 $Y=500$ 元时，$C=350$ 元，$I=150$ 元，因此，$Y=C+I=500$ 元，说明 $Y=500$ 元是均衡的收入。如果收入小于 500 元，例如当收入为 400 元时，$C=290$ 元，加上投资 150 元，总支出为 440 元，超出了收入 400 元，这意味着企业销售出去的产量大于它

们生产出来的产量,存货出现意外的减少,这时扩大生产是有利可图的。于是企业会增雇工人,增加产量,使收入向均衡收入靠拢;相反,如果收入大于500元,比如收入为600元,说明企业生产出来的产量大于它们的销售量,存货出现意外的增加,于是,企业便会减少生产,使收入仍向500元靠拢。

第二节 *IS—LM* 模型

案例导入

刺激经济:消费还是投资

【案例内容】

短期总需求分析尽管有其不现实的假设条件(总供给不变等),但对我们认识宏观经济问题,实现经济稳定仍然是有意义的。应该承认,总需求在短期中对宏观经济状况的确有重要的影响。我国政府近年来一直重视增加内需,已说明需求成为经济稳定的一个重要因素。

但如何增加内需呢?我们知道,就内需而言,如果不考虑政府支出,重要的在于消费和投资。消费函数理论说明了消费的稳定性,这就告诉我们,要刺激消费是困难的。拉动内需的重点在于拉动投资。第一,我们要区分投资与消费的差别。例如,我们过去一直把居民购买住房作为消费就是一个误区。应该把居民购买住房作为一种投资,并用刺激投资的方法拉动这项投资。应该说,在我国人口多而居住条件仍然较差的情况下,在未来几十年中,住房仍是投资的热点,只要政策得当,住房可以增加内需,带动经济。第二,在我国经济中,私人经济已有了长足的发展,成为经济的半壁江山。投资中的企业固定投资应该是以私人企业投资为主。这就要为私人企业投资创造更为宽松的环境。现在几乎每个人都认识到了内需的重要性。学习宏观经济学可以为我们寻找增加内需的方法提供一个思路。

【案例分析】

构成总需求有消费、投资、政府支出和净出口,其中消费占的比重最大,但消费是非常稳定的,每一年的消费水平变化非常小;投资仅次于消费,但投资不稳定,经济萧条时投资增加,萧条时投资减少;政府行为是可以控制的,在经济繁荣时采取紧缩性的财政政策,经济萧条时采取扩张性的财政政策。一个国家一般追求的是国际收支平衡即出口等于进口。因此拉动内需的重点应放在投资上。但是国家应运用好调控政策预防投资过热和重复建设以及结构失衡。

【案例来源】

互联网《西方经济学(宏观部分)》黄德林

IS—LM 模型是由英国经济学家约翰·希克斯在1937年提出来的,用于阐述凯恩斯从需

求角度分析宏观经济运行的理论。由于货币市场中基本变量货币需求与利率有关，产品市场的基本变量投资也与利率有关，因而可以发展出一个分析框架讨论两个市场同时均衡的条件，其中 IS（I 指投资，S 指储蓄）曲线表示产品市场均衡条件，LM（L 指货币需求，M 指货币供给）曲线表示货币市场均衡条件。

一、产品市场的均衡：IS 曲线

1. IS 曲线的定义

IS 曲线是描述产品市场均衡时，即 $I=S$ 时，国民收入与利率之间存在着反向变动关系的曲线。或者说，IS 曲线是使产品市场达到均衡时利率和国民收入组合点的轨迹。

2. IS 曲线的推导

我们以两个部门为例，推导出 IS 曲线。在前面的分析中我们假定投资是外生的固定不变的常数，即假定 $I=I_0$，现在假定投资 I 是关于利率 r 的函数，即 $I=I(r)$。投资是关于利率的减函数，利率越高，投资越少；利率越低，投资越大。在这里我们假设投资函数为 $I=I_0-hr$，其中 I_0 为常数。已知消费函数为 $C=a+bY$，又 $Y=C+S$，则储蓄函数为 $S=Y-C=-a+(1-b)Y$。当产品市场达到均衡时有 $I=S$，根据这个条件可以得出，$I_0-hr=-a+(1-b)Y$，即

$$Y=\frac{I_0+a-hr}{1-b}=\frac{I_0+a}{1-b}-\frac{h}{1-b}r$$

由此可以看出当 $I=S$ 时国民收入 Y 与利率 r 的关系，即国民收入与利率呈反向变化。下面我们举个例子，假设投资函数为 $I=1\ 000-200r$，消费函数为 $C=500+0.5Y$，则储蓄函数为 $S=y-C=-500+0.5Y$。当产品市场达到均衡时，$I=S$，即 $Y=3\ 000-400r$。

当 $r=1$ 时，$Y=2\ 600$

当 $r=2$ 时，$Y=2\ 200$

当 $r=3$ 时，$Y=1\ 800$

当 $r=4$ 时，$Y=1\ 400$

当 $r=5$ 时，$Y=1\ 000$

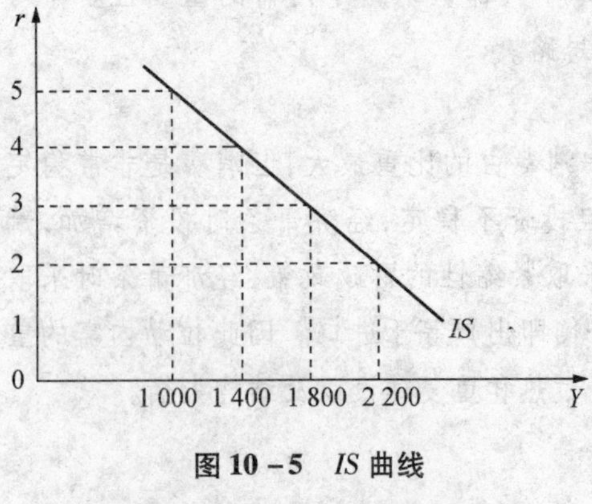

图 10－5 IS 曲线

在坐标系中以纵轴代表利率，横轴代表国民收入，则可以得到一条反映利率和收入之间相互关系的曲线。如图 10－5 所示，这条曲线上任何一点都代表一定的利率和收入的组合，在这样的组合下，投资和储蓄都是相等的，即 $I=S$，从而产品市场是均衡的，因此这条曲线称为 IS 曲线。

从上例可以看出，IS 曲线是从投资与利率的关系（投资函数）、储蓄与收入的关系（储蓄函数）以及储蓄和投资的关系（储蓄等于投资）中推导出来的。

3. IS 曲线的位置移动

导致 IS 曲线位置移动的因素主要有以下几个方面：

第一，投资需求的变化。在其他条件不变时，如果投资边际效率提高，或出现了技术革新，或投资者对投资前景预期乐观，在每一利率水平上投资量都会增加，从而使 *IS* 曲线向右上方移动；反之，*IS* 曲线将向左下方移动。

第二，储蓄或消费函数的变化。在其他条件不变时，人们的储蓄意愿提高了，储蓄曲线将向上平行移动，使每一储蓄水平所对应的国民收入下降，*IS* 曲线将向左下方移动。如果是消费意愿提高了，情况则相反。

第三，政府开支或税收的变化。如果其他条件不变，在政府采取扩张性财政政策，增加政府开支或减免税收时，与每一利率水平相对应的国民收入水平也会提高，*IS* 曲线将向右上方移动。如果政府实行紧缩性财政政策，就会使 *IS* 曲线向左下方移动。

二、货币市场的均衡：*LM* 曲线

货币市场的均衡取决于货币的需求和供给。*LM* 曲线表示货币需求等于货币供给时，国民收入和利率之间的函数关系。或者说，国民收入和利率应该怎样配合，才能保证货币需求量和货币供给量始终相等。

1. 货币的需求

货币的需求又称“流动性偏好”。所谓“流动性偏好”是指人们宁肯以牺牲利息收入而储存不生息的货币来保持财富的愿望或动机。我们都知道，人们如果以货币以外的其他形式来持有财富，会带来收益。例如，以债券形式持有，会有利息收入；以股票形式持有，会有股息或红利收入；以房产形式持有，会有租金收入；等等。那么为什么人们愿意持有货币呢？按照凯恩斯的观点，人们储存货币是出于三种动机：交易动机、谨慎动机和投机动机。

首先，交易动机是指人们为了应付日常支出的需要而持有一部分货币的动机。交易动机主要取决于收入，收入越高，交易数量越大，为应付日常支出所需要的货币量就越多。因此，出于交易动机所需的货币量是收入的函数。

其次，谨慎动机或预防性动机是指为了预防意外支出而持有一部分货币的动机，如个人或企业为应付事故、失业、疾病等意外事件而需要持有一定数量的货币。谨慎动机产生于人们对未来收入和支出的不确定性，这一部分所需的货币主要决定于人们对意外事件的看法，从整个社会来看，这部分货币量和收入密切相关。因此，出于谨慎动机所需的货币量大致也是收入的函数。因此，如果用 L_1 表示交易动机和谨慎动机所引起的全部货币需求量，用 Y 表示收入，这种货币需求和收入的函数关系可以表示为：

$$L_1 = L_1(Y)$$

或

$$L_1 = kY$$

式中，k 是出于上述两种动机所需货币量同实际收入的比例关系；Y 为具有不变购买力的实际收入。例如，若实际收入为 1 000 万元，交易动机和谨慎动机需要的货币量占收入的 20%，则 $L_1 = 1\,000$ 万元 $\times 0.2 = 200$ 万元。

最后，投机动机，是指人们为了抓住购买生利资产（例如债券）等有价证券的有利机会而持有一部分货币的动机。人们持有货币可以随时抓住有利的投机机会，但是会损失利息。当利率较低时，持有货币所损失的利息就较少，人们对货币的需求量就大，反之则相反。因此出

于投机动机对货币的需求量与利率呈反方向变动关系。

用 L_2 表示投机动机引起的货币需求量，用 r 表示利率，则 L_2 与 r 的关系用函数关系表示为：

$$L_2 = L_2(r)$$

每张债券的利息是固定不变的，假定一张债券一年可获得利息 10 元，若利率为 5%，则它的市场价值为 200 元，因为 200 元在利率 $r = 5\%$ 时放到银行也可以得到 10 元的利息。所以债券的市场价值等于债息与利率相除得到的商值。同理，若 $r = 4\%$，债券市场价值为 250 元；若 $r = 10\%$，则债券的市场价值为 100 元。可见，债券的市场价值和利率呈反方向变动关系。

凯恩斯指出，在任一时刻，人们心中存在着某种“标准”的利率（如年利率 5%）。假如现行利率为 6%，那么他会预期利率将趋于下降。此时，他将按照 166.7 元（10 元/0.06）的市价用货币买进这张债券，以便日后利率下降到 5%，债券价格上涨到 200 元时卖出债券，换回货币。反之，如果现行利率为 4%，一张债息为 10 元的债券的市价为 250 元，此时，由于他预期将来利率会升回到 5%，他将按 250 元的市价卖出债券，换回货币（这就构成了货币需求，即持有货币而不持有债券），以便日后利率上升，从而债券价格下降到 200 元时再买进债券。由此可以看出，出于投机动机的货币需求是利率的函数，两者反方向变化，利率越高，投机性货币需求越少；利率越低，投机性货币需求越多。当利率极高时，投机动机引起的货币需求量等于零。也就是说，人们认为此时利率不大可能再上升，或者说，债券的市场价格不大可能再下降，因而会将持有的货币量全部换成债券。反之，在利率极低，人们预期利率不可能再低下去了，也就是债券未来的价格只会下跌。此时，人们必然卖出债券以持有货币，由此，货币当局在公开市场活动中收购债券所增加的货币供应量，必然全部被公众作为货币保存在身边，所以凯恩斯称之为“流动性陷阱”。此时，投机性货币需求的利率弹性为无穷大，货币需求曲线在利率降低到 2% 时变成一条与横轴平行的直线，如图 10－6 所示。

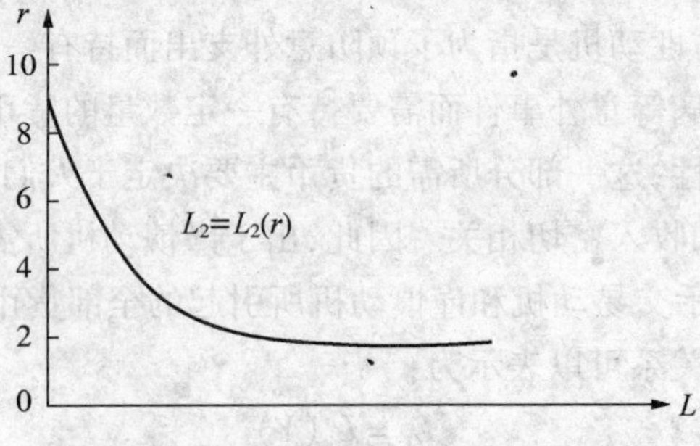

图 10－6　投机动机的货币需求

在货币市场上，对货币的总需求是三种动机形成的总需求量。把 L_1 和 L_2 加在一起，便可以得到全部的货币需求量，即

$$L = L_1(Y) + L_2(r)$$

货币的总需求与利率的关系如图 10－7 所示。

图 10－7(a) 中的垂线 L_1 表示为满足交易动机和谨慎动机的货币需求曲线，是关于收入的函数，与利率无关，所以垂直于横轴；L_2 表示满足投机动机的货币需求曲线，它起初向右下方倾

斜，表示货币的投机需求量随利率下降而增加，最后为水平状，表示“流动性偏好陷阱”。把 L_1 和 L_2 加总即货币的总需求量，如图 10－7(b)所示。

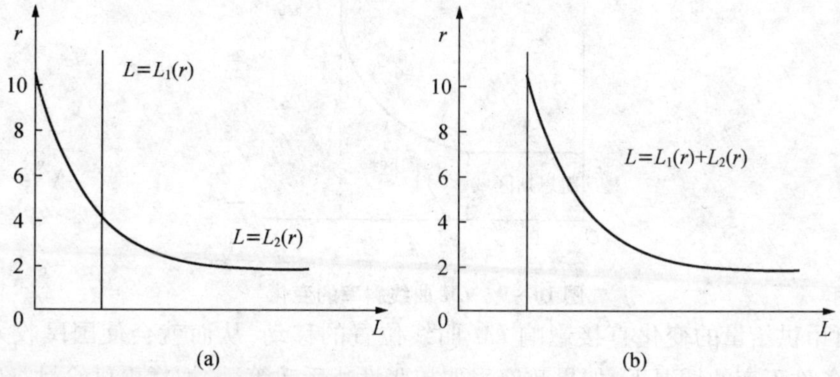

图 10－7　货币总需求与利率的关系

2. *LM* 曲线

货币的供给量由货币当局决定，是一个不变的常数。当货币市场达到均衡时，货币的需求和供给相等，即 $L=M$。

当国民收入 Y 增加时，L_1 增加，为了保持货币市场均衡，L_2 减少。因为 L_2 是关于利率的减函数，所以利率 r 上升。因此当 Y 增加时，利率 r 上升。反之，如果国民收入 Y 减少，L_1 减少，则 L_2 增加。L_2 是关于利率的减函数，则利率 r 减少。因此当 Y 减少时，利率 r 下降。综上所述，国民收入与利率同方向变动。我们把表示这种 Y 与 r 的函数关系的曲线称为 *LM* 曲线。*LM* 曲线是使货币需求等于货币供给的国民收入和利率的组合点的轨迹，*LM* 曲线如图 10－8 所示。

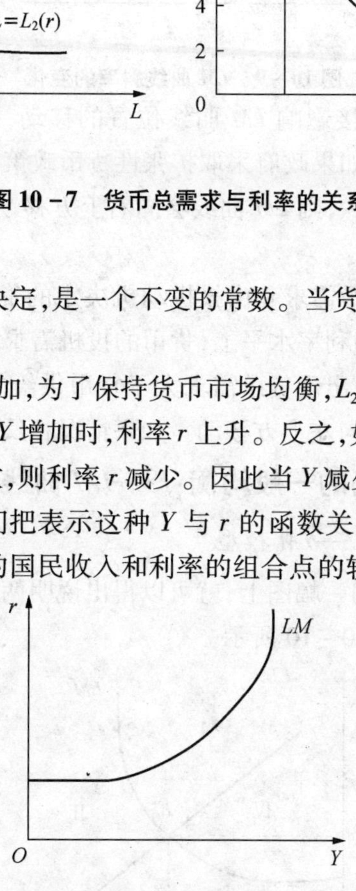

图 10－8　*LM* 曲线

LM 曲线向右上方倾斜，说明国民收入越多，为使得货币总需求恰好等于既定的货币供给的利息率越高，两者须同方向变化。

3. *LM* 曲线斜率的变化与位置移动

LM 曲线的斜率取决于利率变动时人们对货币需求作出反应的程度，即货币需求的利率弹性。西方经济学家认为一条完整的 *LM* 曲线包括三条斜率不同的线段，分别是与低利率相适应的水平凯恩斯区域、与高利率相适应的垂直古典区域和介于两者之间的向上倾斜的中间区域，如图 10－9 所示。

由于 *LM* 曲线是由货币的供给和需求共同形成的，所以 *LM* 曲线位置的移动也取决于货币供给与需求的变化。

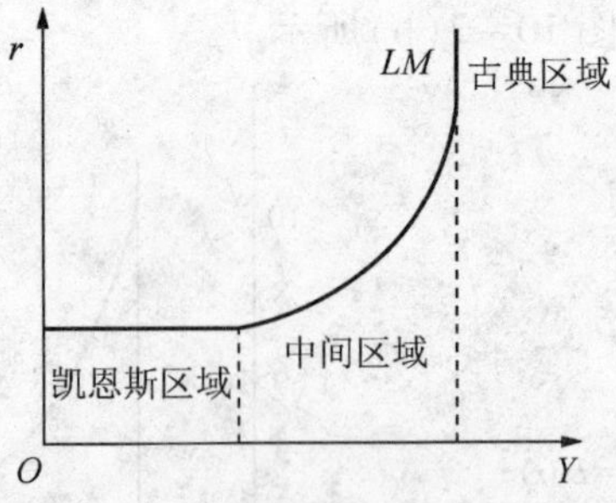

图 10－9　*LM* 曲线斜率的变化

首先，货币供给量的变化直接影响 *LM* 曲线位置的移动，从而就会使国民收入与利率变动。在其他条件不变的情况下，如果政府采取扩张性货币政策，增加货币供给量，*LM* 曲线会向右下方移动；如果货币供给量减少，则 *LM* 曲线会向右上方移动。这将导致国民收入和利率发生相应的变动。

其次，由交易动机决定的货币需求和由投机动机决定的货币需求发生变化，也会影响 *LM* 曲线位置的移动。如果在相同的利率水平上，货币的投机需求增加，或者在相同的国民收入水平上，货币的交易需求增加，就会出现货币需求大于货币供给的情况，这实际上就相当于货币供给量的下降，所以，*LM* 曲线会向左上方移动。如果情况相反，*LM* 曲线则向右下方移动。

三、产品市场与货币市场的一般均衡：*IS—LM* 曲线

1. 国民收入与利率的决定：*IS—LM* 模型

把 *IS* 曲线与 *LM* 曲线放在同一幅图上，就可以得出说明两个市场同时均衡时，国民收入与利率决定的 *IS—LM* 模型，如图 10－10 所示。

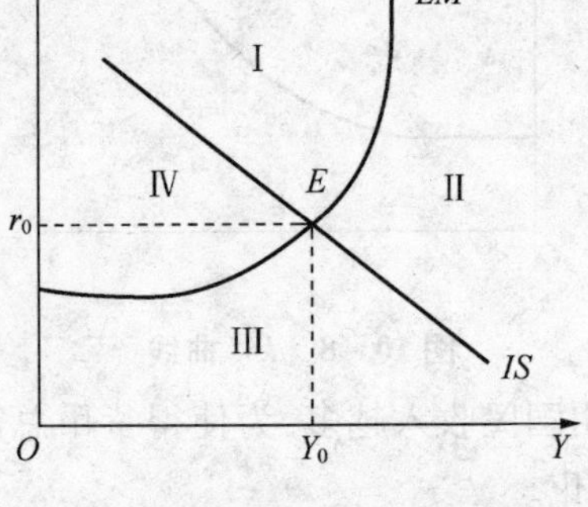

图 10－10　*IS—LM* 曲线

在图 10－10 中，*IS* 曲线上的每一点都表示产品市场均衡时收入与利率的组合，*LM* 曲线上的每一点都表示货币市场均衡时收入与利率的组合。*IS* 曲线与 *LM* 曲线相交于 *E* 点，*E* 点就表示产品市场与货币市场同时达到了均衡，这时决定了均衡的利率水平为 r_0，均衡的国民收入水平为 Y_0。

从图 10－10 中可以看到，*IS* 曲线和 *LM* 曲线把平面分成四个区域：Ⅰ、Ⅱ、Ⅲ、Ⅳ，在 *IS* 曲线的右方即区域Ⅰ、Ⅱ内，投资小于储蓄。在 *IS* 曲线的左方即区域Ⅲ、Ⅳ内，投资大于储蓄。

位于 LM 曲线右方的区域Ⅱ、Ⅲ内,货币需求大于货币供给,位于 LM 曲线左方的区域Ⅰ、Ⅳ内,货币需求小于货币供给。上述关系可以概括为表 10-3。

表 10-3　IS 曲线和 LM 曲线把平面分成四个区域

区域	产品市场	货币市场
Ⅰ	$I<S$ 有超额产品供给	$L<M$ 有超额货币供给
Ⅱ	$I>S$ 有超额产品需求	$L<M$ 有超额货币供给
Ⅲ	$I>S$ 有超额产品需求	$L>M$ 有超额货币需求
Ⅳ	$I<S$ 有超额产品供给	$L>M$ 有超额货币需求

各个区域中存在的各种不同组合的 IS 与 LM 非均衡状态会得到调整。IS 不均衡会导致收入变动:投资大于储蓄会导致收入上升,投资小于储蓄会导致收入下降。LM 不均衡会导致利率变动:货币需求大于货币供给会导致利率上升,货币需求小于货币供给会导致利率下降。从不均衡到均衡的调整过程是在市场自发力量的作用下完成的,这种调整最终都会趋向均衡利率和均衡收入。

2. 产品市场和货币市场均衡的变动

(1)IS 曲线的移动

投资的增加、政府扩张性财政政策的推行和消费意愿的普遍提高会导致 IS 曲线右移;相反的情况会导致 IS 曲线左移。在 LM 曲线不变的情况下,向右移动的 IS 曲线和 LM 曲线相交于 E_1,E_1表示一个较高收入和较高利率的均衡组合;向左移动的 IS 曲线和 LM 曲线相交于 E_2,E_2表示一个较低收入和较低利率的均衡组合,如图 10-11 所示。这里的分析可以用来说明财政政策对国民收入和利率的影响。

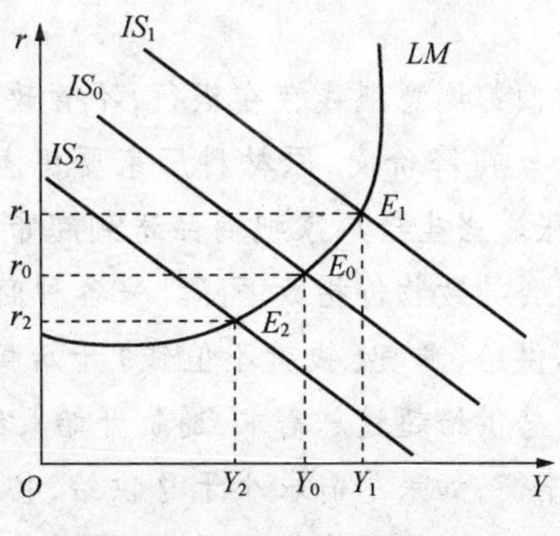

图 10-11　IS 曲线的移动

(2)LM 曲线的移动

货币供给增加,会使 LM 曲线向右移动;货币供给减少,会使 LM 曲线向左移动。在 IS 曲线不变的情况下,向右移动的 LM 曲线和 IS 曲线相交于 E_1,E_1表示一个较高收入和较低利率的均衡组合;向左移动的 LM 曲线和 IS 曲线相交于 E_2,E_2表示一个较低收入和较高利率的均衡组合,如图 10-12 所示。这里的分析可以用来说明货币政策对国民收入和利率的影响。

当然,我们也可以分析 IS 曲线和 LM 曲线同时移动对国民收入与利率的影响,从而说明财政政策与货币政策的共同作用与配合。总之，IS—LM 模型分析了储蓄、投资、货币需求与货币供给对国民收入和利率的影响。这一模型不仅概括了总需求分析，而且还可以用来分析财政政策和货币政策。因此，这一模型被称为宏观经济学的核心。

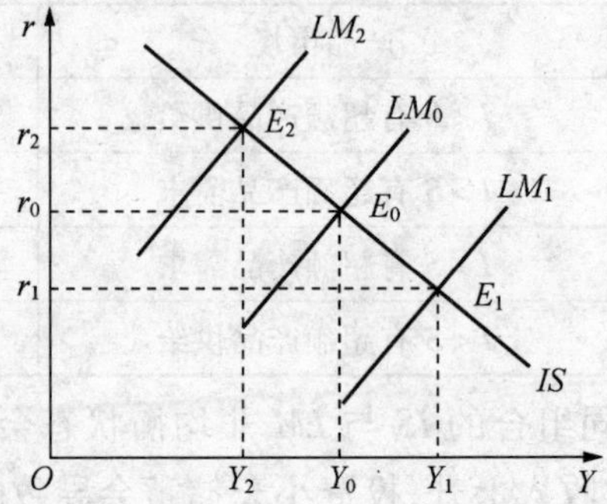

图 10－12　LM 曲线的移动

第三节　总需求——总供给模型

案例导入

一国经济的理想状态

【案例内容】

当总供给大于总需求时，人们都愿意把钱存在银行，不管政府怎样刺激，老百姓就是不花钱。企业要想卖出过剩的产品，就得降价卖，原材料厂家要想卖掉过剩的原材料也必须便宜卖，便宜人家都不买，就采取赊账。当生产厂家把商品送到超市时，超市也不马上结账。这种总供给大于总需求的结果，必然会导致物价指数下降。当各种商品价格上升时，我们就知道经济开始回暖了，总需求超过了总供给，通货（钱就不值钱）开始膨胀了；当物价指数向下时，你应该知道经济开始变冷了，这时总供给超过总需求，通货开始紧缩了。我们每个人都能观察到一个时期总需求与总供给是否平衡，如果总需求小于总供给，物价指数下降，钱值钱叫通货紧缩；总需求大于总供给，物价指数上升，钱不值钱叫通货膨胀；如果总需求与总供给相等，物价指数平稳，国家的宏观经济平衡。

【案例分析】

一国经济理想状态是总需求与总供给相等。但在现实的经济中总需求与总供给总是不平衡的，这正是政府对宏观经济调控的依据。政府对宏观经济的调控，就是在总需求和总供给上做文章。不是刺激总需求就是增加总供给。政府刺激总需求的办法是刺激消费，刺激投资，增加出口，这还是比较容易的；但增加总供给不那么容易做到。如果想增加一个钢厂，就必须考虑原材料铁厂、矿厂等能不能满足钢厂的需要，还要增加工人，再进行生产，它需要很长一段时间，需要有一个周期。

【案例来源】

互联网《西方经济学（宏观部分）》黄德林

在前面的总需求分析中，我们假设总供给可以随着总需求的增加而增加，且价格水平不变。但在现实经济中，总供给总是有限的，价格水平也是变动的。在总需求—总供给模型中，我们把总需求分析与总供给分析结合起来，说明总需求与总供给如何决定国民收入水平与价格水平。

一、总需求曲线

1. 总需求曲线的含义

影响总需求（*AD*）的因素很多，例如价格水平、收入、对未来的预期、财政政策与货币政策等。总需求主要受价格水平影响，因此，总需求曲线表示对各种产品的需求总量和对应的价格水平之间的关系。总需求曲线是一条斜率为负值、向右下方倾斜的曲线，如图 10－13 所示。总需求曲线的这种形状表明，在其他因素不变的条件下，价格水平越高，总需求越小；反之，价格水平越低，总需求就越大。

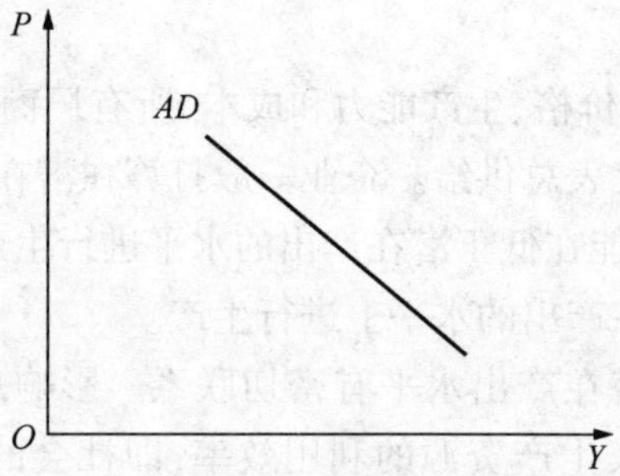

图 10－13　总需求曲线

2. 总需求曲线的移动

总需求曲线向右下方倾斜表明物价水平下降，增加了物品与劳务的需求总量。但是，许多其他因素也影响物价水平既定时的物品与劳务的需求量。当这些因素中的一种变动时，总需求曲线会发生移动。

（1）消费引起的移动

假设人们突然变得更为关注其退休后的生活而减少了他们的现期消费。由于在物价水平既定时，物品与劳务的需求量减少了，所以总需求曲线向左平行移动。相反，由于某种原因使人们更富有，并不太关心储蓄，从而引起消费支出增加，这就意味着在物价水平既定时物品与劳务的需求量增大了，因此，总需求曲线向右平行移动。

（2）投资引起的移动

企业在物价水平既定时由于某种原因而改变投资量会使总需求曲线发生移动。例如，某生产行业引进了效率更高的生产设备，而且许多企业决定投资于新的生产设备。由于在物价水平既定时物品与劳务的需求量增多了，总需求曲线将向右平行移动。相反，如果企业对未来经济状况持悲观态度，它们就会减少支出，这样就会使总需求曲线向左平行移动。

(3)政府购买引起的移动

政府购买是决策者移动需求曲线最直接的方法。例如，假设政府决定减少公共基础设施的建设，由于在既定物价水平下物品与劳务的需求减少了，总需求曲线将向左平行移动。相反，如果政府开始建设更多的公共基础设施，致使在物价水平为既定时物品与劳务的需求量增多，这样总需求曲线就向右平行移动。

(4)净出口引起的移动

在物价水平既定时改变净出口的事件也会使总需求曲线移动。例如，当其他国家经济衰退而减少了对本国物品的购买时，就减少了本国的净出口，使本国的总需求曲线向左平行移动。当其他国家的经济复苏增加了对本国物品的购买时，就增加了本国的净出口，使得本国的总需求曲线向右平行移动。有时，净出口也会由于汇率的变动而变动。例如，人民币升值使得中国物品相对于外国物品更为昂贵，这就减少了净出口，使得总需求曲线向左平行移动。相反，如果人民币贬值则使得总需求曲线向右平行移动。

二、总供给曲线

1. 总供给曲线的含义

总供给(*AS*)是指给定现行价格、生产能力和成本，所有厂商想要生产并出售的产品总量。为了讨论方便，我们以总产出代表总供给。企业一般打算在潜在产出水平上进行生产。但是，如果价格低、需求不足，企业可能在低于潜在产出的水平进行生产；而在价格高、需求旺盛的条件下，企业可能偶尔在高于潜在产出的水平上进行生产。

按照这个定义，总供给与潜在产出水平有密切联系。影响总供给的因素有生产资源(主要是劳动力和资本)的数量以及生产资源的利用效率，即社会的技术水平、劳动力的增加、资本的积累和新资源的发现及技术进步将推动潜在产出水平的提高。

总供给曲线表示所有厂商想要生产的产出总量和对应的价格水平之间的关系，如图 10－14 所示。

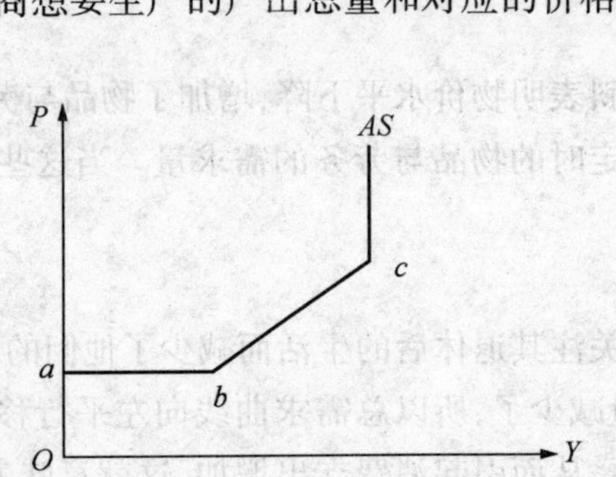

图 10－14　总供给曲线

从图 10－14 中所给出的总供给曲线可以看出，它大体上可以分为以下三个区间。

第一区间:a—b,这时总供给曲线大体上是一条水平线。其经济含义是,这时社会上还存在着一部分闲置资源,因此即使物价总水平保持相对稳定,总供给数量也会随总需求的增加而增加,即可以在不提高价格水平的情况下,增加总供给。这一模型是由凯恩斯提出来的,所以呈水平状的总供给曲线又称为"凯恩斯总供给曲线"。

第二区间:b—c,这时总供给曲线向右上方倾斜。其经济含义是,这时社会上已经不存在便宜的闲置资源,总供给的增加,主要依靠社会平均的单位资源利用效率的提高。但这时,总需求的增加如果没有相应的物价总水平的提高,供给者是不愿意继续增加总供给数量的。在这种情况下,物价总水平的变动与总供给规模的变动之间,呈明显的正相关关系。这种情况在短期中存在,所以向右上方倾斜的总供给曲线被称为"短期总供给曲线"。

第三区间:c 以上,这时总供给曲线基本上是一条垂直线。其经济含义是,这时的总供给已经趋近于潜在的总供给,继续动员社会闲置资源和提高社会平均的单位资源利用效率的余地已经很小。因此,无论价格水平如何上升,总供给也不会增加。这是因为资源已经得到了充分利用,即经济中实现了充分就业,总供给已无法增加。在长期中总是会实现充分就业的,因此,这种垂直的总供给曲线称为"长期总供给曲线"。

2. 总供给曲线的移动

经济中任何改变产品和劳务产出水平的因素变动都会引起总供给曲线的移动。由于产品和劳务的产量取决于劳动、资本、自然资源和技术知识,所以,这些因素的变化可以引起总供给曲线的移动。

(1)劳动引起的移动

设想一个国家由于移民大量增加,工人的数量增加,供给的物品和劳务的数量也增加了,这样就会使得总供给曲线向右移动。相反,如果许多工人离开这个国家到国外,则总供给曲线向左移动。

(2)资本引起的移动

经济中资本存量的增加提高了生产的效率,从而增加了物品与劳务的供给量,使得总供给曲线向右移动。相反,如果经济中资本存量的减少降低了生产率,从而减少了物品与劳务的供给量,这样就会使得总供给曲线向左移动。

(3)自然资源引起的移动

经济的生产取决于自然资源,包括土地、矿藏和天气。例如,新矿藏的发现使得总供给曲线向右移动;使农业减产的气候变化使得总供给曲线向左移动。

(4)技术知识引起的移动

技术知识的进步在很大程度上能够影响总供给水平。例如,计算机的发明和一些新技术的出现可以使我们用既定的劳动、资本和自然资源生产出更多的物品和劳务,进而使得总供给曲线向右移动。

三、总需求—总供给的均衡

总需求—总供给模型把总需求曲线与总供给曲线结合在一起,来说明国民收入与价格水平的决定,可以用图 10 – 15 来说明这一模型。

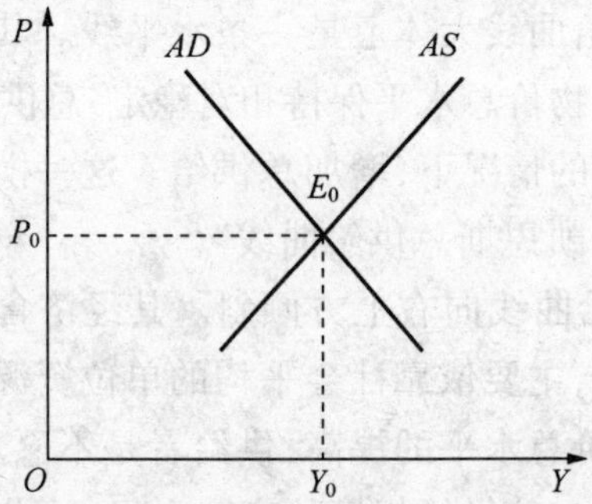

图 10－15　总需求—总供给模型

我们以总供给曲线中“短期总供给曲线”部分为例。在短期中，宏观经济的目标是充分就业和物价稳定，即不存在非自愿失业，同时，物价既不上升，也不下降。在图 10－15 中，当总需求曲线和总供给曲线相交于 E_0点时，产量处于充分就业的水平，价格为 P_0，而此时的价格既不会上升，也不会下降。即 E_0点表示宏观经济管理的短期目标，即充分就业和价格稳定。

当影响总需求和总供给的因素发生变化时，总需求和总供给曲线会发生移动，则物价水平和产量水平会发生相应的变化。

当总供给不变时，若影响总需求的因素发生变化使得总需求曲线发生移动，则均衡的物价水平和产出水平都会发生变化。例如，在总供给不变的情况下，当社会投资增加，使得总需求曲线向右平行移动，即由 AD_0移动到 AD_1，如图 10－16(a)所示。此时，均衡的物价水平由 P_0上升到 P_1，产出水平由 Y_0增加为 Y_1。同理，当总需求曲线向左平行移动时，均衡的物价水平下降，均衡的产出水平也下降。

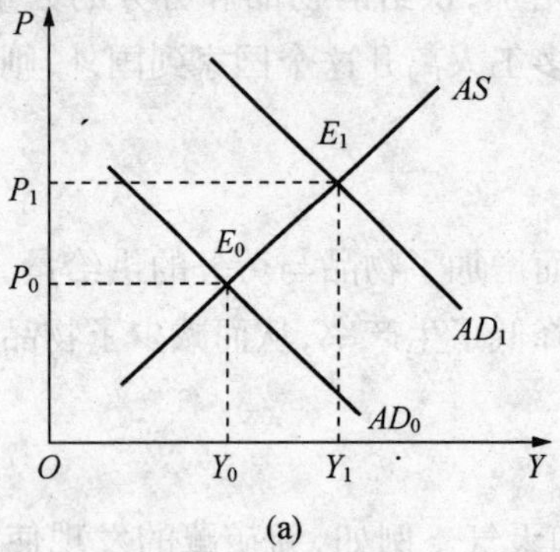

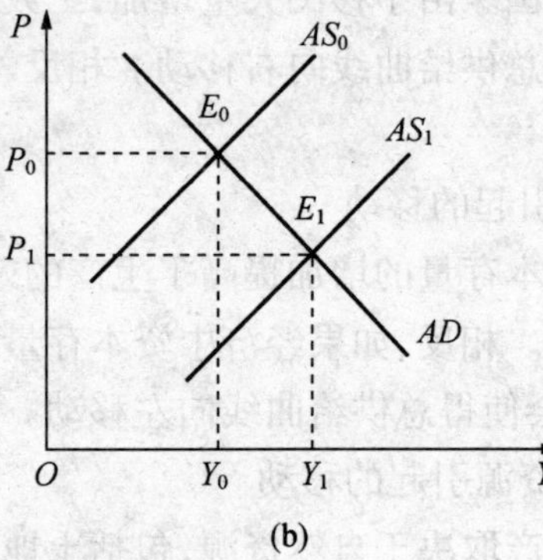

图 10－16　总需求和总供给曲线的移动

当总需求不变时，若影响总供给的因素发生变化使得总供给曲线发生移动，则均衡的物价水平和产出水平也会发生变化。例如，在总需求不变的情况下，当技术进步，使得总供给曲线向右移动，即由 AS_0移动到 AS_1，如图 10－16(b)所示。此时，均衡的物价水平由 P_0下降到 P_1，产出水平由 Y_0增加为 Y_1。同理，当总供给曲线向左移动时，均衡的物价水平上升，均衡的产出水平下降。

知识归纳

【基本概念】

总需求　总供给　消费函数　储蓄函数

【基本原理】

在凯恩斯的简单国民收入决定模型中，采取了短期分析方法，是假定在总供给不变的条件下，说明总需求如何决定均衡的国民收入水平及其变动。

人物窗

米尔顿·弗里德曼(1912—2006)，美国经济学家，以研究宏观经济学、微观经济学、经济史、统计学及主张自由放任资本主义而闻名。1976年获得诺贝尔经济学奖，以表扬他在消费分析、货币供应理论及历史和稳定政策复杂性等范畴的贡献。弗里德曼是《资本主义与自由》一书的作者，该书在1962年出版，提倡将政府的角色最小化以让自由市场运作，以此维持政治和社会自由。他的政治哲学强调自由市场经济的优点，并反对政府的干预。他的理论成了自由意志主义的主要经济根据之一。

思考与练习

1. 单选题

(1)消费函数的斜率取决于(　　)。

A. *APC*　　B. 与可支配收入无关的消费的总量

C. *MPC*　　D. 由于收入变化而引起的投资的总量

(2)如果 *MPC* 为常数，那么消费函数将是(　　)。

A. 一条不经过原点的直线

B. 一条相对于横轴向上凸的曲线

C. 一条经过原点与横轴成45°的直线

D. 以上都不对

(3)(　　)可以引起消费函数向上移动。

A. 现期可支配收入的增加　　B. 预期未来收入的增加

C. 利率上升　　D. 以上均不正确

(4)假定其他条件不变，厂商投资增加将引起(　　)。

A. 消费水平下降，国民收入增加　　B. 消费水平提高，国民收入增加

C. 消费水平不变，国民收入增加　　D. 储蓄水平下降，国民收入增加

(5)假设边际储蓄倾向为0.3,投资增加60亿元,可预期均衡的GDP增加(　　)亿元。

A. 20　　B. 120　　C. 180　　D. 200

(6)如果证券价格高于均衡价格,可得出(　　)。

A. 人们持有过多的用于投机需求的货币

B. 人们持有过少的用于投机需求的货币

C. 证券持有者将得到资本收益

D. 证券持有者将蒙受资本损失

(7)*IS* 曲线上的每一点都表示(　　)。

A. 产品市场上投资等于储蓄时收入与利率的组合

B. 使投资等于储蓄的均衡货币额

C. 货币市场的货币需求等于货币供给时均衡的货币额

D. 产品市场和货币市场都均衡时的收入与利率的组合

(8)货币供给的增加(　　)。

A. 使 *LM* 曲线左移　　B. 使 *LM* 曲线右移

C. 使 *IS* 曲线右移　　D. 使 *IS* 曲线左移

2. 简答题

(1)简述凯恩斯的货币需求理论。

(2)简述货币市场和产品市场同时均衡的过程。

(3)简要回答 *IS* 曲线的推导过程。

第十一章　失业与通货膨胀理论

教学目标

➢熟练掌握失业、通货膨胀、奥肯定律和菲利普斯曲线等基本概念；

➢了解失业和通货膨胀的形成机制，进一步分析失业和通货膨胀的相互影响；

➢应用基本原理解释与失业和通货膨胀相关的政策选择问题。

第一节　失业理论

案例导入

20 世纪三四十年代的经济波动

【案例内容】

20 世纪 30 年代初的经济灾难称为大萧条，是美国历史上最大的经济衰退。从 1929 年到 1933 年，美国实际 GDP 减少了 27%，失业从 3% 增加到 25%。同时，在这 5 年中，物价水平下降了 22%。在这一时期，许多其他国家也经历了类似的产量与物价下降。经济史学家一直在争论大萧条的原因，但大多数解释集中在总需求的大幅度减少上。而随后的 20 世纪 40 年代，美国经济又出现奇迹般的复苏和增长。这种反差令很多经济学家着迷。

【案例分析】

许多经济学家主要抱怨货币供给的减少：从 1929 年到 1933 年，美国货币供给减少了 28%。另一些经济学家提出了总需求崩溃的其他理由。例如，在这一时期股票价格下降了 90% 左右，减少了家庭财富，从而也减少了消费者支出。此外，银行的问题也阻止了一些企业获得它们想为投资项目进行的筹资，这就压抑了投资支出。当然，在大萧条时期，所有这些因素共同发生作用紧缩了总需求。

而第二个重大时期——20 世纪 40 年代初的经济繁荣是容易解释的。这次事件显而易见的原因是“二战”。随着美国在海外进行战争，联邦政府不得不把更多资源用于军事。从 1939 年到 1944 年，政府的物品与劳务购买几乎增加了 5 倍。总需求这种巨大扩张几乎使经济中物品与劳务的生产翻了一番，并使物价水平上升了 20%。失业从 1939 年的 17% 下降到 1944 年的1%，后者是美国历史上最低的失业水平。

【案例来源】

http://www.hzctsm.com.cn

一、失业及其相关概念

（一）劳动力与人口结构

通常可以根据需要而对人口结构进行多种类型、多层次的划分，比如，将社会总人口划分为劳动年龄人口和非劳动年龄人口，劳动年龄人口又可以进一步划分为劳动力人口和非劳动力人口。劳动力是由年龄在16周岁以上的正在工作，或不在工作但正在积极寻找工作，或被暂时辞退并等待重返工作岗位的人口组成。按照各国劳动就业统计的惯例，非劳动力人口一般包括军人、在校学生、家务劳动者、丧失劳动能力者、服刑犯人、不愿工作的人员或每周工作时间短于一定小时数的人员等。劳动年龄人口中减去以上几类人员余下的部分就称为劳动力人口。

劳动力人口占总劳动年龄人口的比率被定义为劳动力参与率，即劳动力参与率 =（劳动力人口/劳动年龄人口）×100%。该比率反映了一个经济中愿意就业者在适龄人口中所占的比例。劳动力人口由就业人口和失业人口两部分构成，即劳动力人口 = 就业人口 + 失业人口。

（二）失业与充分就业

1. 失业的含义

失业是指凡在一定年龄范围内，符合工作条件，有工作愿望并且愿意接受现行工资的人没有找到工作的情况。处于这种情况的人被称为失业者。

联合国国际劳工组织曾给失业下过一个经典定义：失业者是在一定年龄范围内，有工作能力，积极寻找工作，且能够立即工作的人。显然，失业者必须具备三个基本条件：一是没有工作；二是能够立即工作；三是在积极寻找工作。另外，如果一个人没有工作，但他并不愿意工作，或不愿意接受现行市场工资水平，或没有工作能力，就不能算做失业者。

2. 充分就业

充分就业的概念是英国经济学家J. M. 凯恩斯在《就业、利息和货币通论》一书中提出的，是指在某一工资水平之下，所有愿意接受工作的人，都获得了就业机会。充分就业并不等于全部就业或者完全就业，而是仍然存在一定的失业，但所有的失业均属于摩擦性的和季节性的，而且失业的间隔期很短。通常把失业率等于自然失业率时的就业水平称为充分就业。

3. 潜在GDP与GDP缺口

潜在GDP，是指一个国家在正常强度下，充分利用其生产资源能够生产出的GDP，或在既定的技术状况和人口规模条件下可以达到的且不导致加速通货膨胀的最高水平的GDP，现今一般认为它是与最低可持续失业率相应的产出水平的等价物，所以也叫“充分就业的GDP”，它反映一个经济的潜力。

GDP偏离其潜在值的百分比被称为GDP缺口，用于衡量一个地区在一段时间内的潜在

GDP 与实际 GDP 之间的差距，其计算公式为（实际 GDP－潜在 GDP）/潜在 GDP。所谓实际 GDP 是用从前某一年作为基期的价格计算出来的全部最终产品的市场价值，它反映一个国家在当前失业率水平下的产出水平。当上述比值为正数时，经济中存在通货膨胀缺口，意味着这段时间内有发生通货膨胀的预期；当数值为负数时，经济中存在通货紧缩缺口，即有可能发生通货紧缩。也就是说，GDP 缺口反映的是总供给与总需求之间的差距。

（三）失业的衡量

1. 失业率

衡量一个经济中失业状况的最基本指标是失业率。失业率是失业人数在劳动力总数中所占的百分比，即失业率＝（失业人口/劳动力人口）×100%，常被表示为 u。失业率标志着社会生产资源的浪费。因为土地的暂时闲置，矿产资源暂时不开采，其价值不会丧失，机器设备在较短的时期内闲置，其价值也不会有较大的降低，但人的劳动能力则不同。人的劳动能力一个时期不用，当下一时期再用时，前一时期的劳动能力已经因时间的流逝而永远消失了。另外，处于失业状态的人口一方面要消耗资源才能存活；另一方面处于失业状态的劳动者的劳动技能会因各种原因而发生贬值。因此，劳动力闲置意味着社会生产资源的严重浪费。

实际上，失业率的测算是比较复杂的，因为就业人口、失业人口和不在劳动力人口三者之间处于不断的变化之中，如图 11－1 所示。

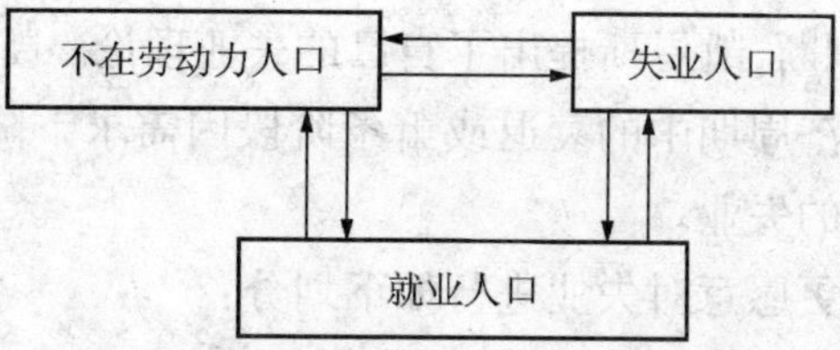

图 11－1　劳动年龄人口的动态联系

上图中，三个方框分别表示某一时点上就业人口、失业人口和不在劳动力人口的存量数值之间的联系，方框之间的箭头表示人口的流动。在某一时期内，失业人口中会有一些人找到工作，成为就业人口；也会有一定比率的就业者失去工作，进入失业队伍。一部分人会因长期找不到工作失去信心而退出劳动力市场成为不在劳动力人口，或有部分就业者主动离开工作岗位，进入不在劳动力人口，不在劳动力人口中也有部分人愿意工作但未找到工作，成为失业人口，或是直接找到工作而成为就业人口。因此，三类人口处于一种动态的联系之中，这就使统计失业率比较困难。以美国为例，失业率的数据是每月大约对 60 000 个家庭进行随机抽样调查并估算出来的。尽管官方对失业率的估计不一定能准确地反映失业的严重程度，但它仍为详尽的分析提供了基本数据。

2. 自然失业率

自然失业率是指充分就业下的失业率，即一个不会造成通货膨胀的失业率，或指在没有货币因素干扰的情况下，让劳动市场和商品市场的自发供求力量起作用时，总需求与总供给处于均衡状态下的失业率，常表示为 u_n。所谓没有货币因素干扰，指的是失业率的高低与通货膨胀的高低之间不存在替代关系。从整个经济看来，任何时候都会有一些正在寻找工作的人，而经济中也有相应的工作岗位供给。如果两者大体相当,经济学家就把在这种情况下的失业称为自然失业率,有时也称其为“充分就业状态下的失业率”。

二、失业的类型

对于失业,宏观经济学有着多种分类标准。例如,将失业分为自愿失业和非自愿失业,或根据对失业产生原因的不同解释,将失业分为古典失业和凯恩斯失业。古典失业基本上对应于自愿失业,而凯恩斯失业大体上对应于非自愿失业。

传统经济学的失业理论主要源于萨伊定律,即供给会创造自己的需求。市场机制能调节社会经济活动的各个方面自然有序运行,实现充分就业。因此,有供给就有需求,凡是想工作的人,只要愿意调整工资,都能找到工作。或者说,失业是个人的选择结果。即使存在失业,也是暂时性的,是摩擦性失业或结构性失业。因为劳动市场上工资具有充分的伸缩性,当存在失业时,工资水平会下降,使得劳动需求不断增加,失业现象能很快得以消除,从而大规模的社会失业不可能存在。但是,如果工资水平因为最低工资法和劳动市场的非完全竞争等原因而不能充分调整,失业就难以避免。或者说,古典失业理论认为,失业的持续存在,一定是因为工资的下降受到市场机制以外的障碍。但通常的观点认为,在20世纪30年代的大萧条中,市场机制正常发挥着功效,政府也没有大力干预经济,西方主要国家的失业率却大都高达25%的现象说明,古典失业理论失效了。

基于古典理论失效的判断,凯恩斯提出了自己的失业理论。凯恩斯失业,也称周期性失业或需求不足的失业,是指经济周期中的衰退或萧条阶段因需求下降引起的失业。凯恩斯主义认为,这种失业是非自愿性的失业。

一般来说,流行的观点更愿意对失业进行如下划分:

1. 摩擦性失业

摩擦性失业是在劳动力正常流动过程中所产生的失业,或在生产过程中由于难以避免的转业等造成的失业。这种失业是过渡性的、短期性和局部性的,即使在充分就业的经济中也会存在,如员工辞职后寻找新的工作岗位,工人在不同行业间的流动,以及生育期的妇女经过一段时间后重新进入劳动市场等。

摩擦性失业数量的大小取决于劳动力的流动性的高低、寻找工作所需的时间和成本、就业信息渠道是否畅通等因素。例如,通常人们不具有关于工作机会的完全信息,因而需要进行理想工作岗位的寻找。同时,也正因为不掌握完全的信息,很多人不愿意接受在搜寻中遇到的第一个工作,而是继续寻找,希望能找到工资更高、工作条件更好的工作机会。经济学认为,这种寻找工作的过程在时间上的持续本身就是失业的一个构成部分。当然,寻找工作的过程也是有代价的,除了寻找工作需要消耗的时间、金钱和精力,放弃本来可以接受的工作也带来了机会损失。因此,具有不同经济条件和工作期望的人,寻找工作所持续的时间是大不相同的。

2. 结构性失业

结构性失业主要是由于经济结构变化,产业兴衰转移等原因,造成劳动力供给与需求在职业、技能、行业和地区分布等方面的不协调。其特点是经济中既存在失业,又有工作职位的空缺,失业者要么因为缺乏适当的技能,要么因居住地点不当,从而难以填补现有的职位空缺。这种失业的主要成因是劳动力在各个部门之间的转移和流动需要支付较高的成本,如接受新的职业培训和再教育等。例如,新兴产业部门一般都对劳动者的技能有着新的要求,而从传统产业转移出来的劳动者如果不经过专门训练,就很难符合相应的要求,从而容易在产业结构的转变中成为失业者。而接受培训和再教育的过程,通常被认为是失业的持续。

显然,结构性失业规模的大小与劳动力在不同职位间转移的成本密切相关。转移成本越高,结构性失业问题就可能越严重。而转移成本的高低既取决于产业部门之间的差异程度,又取决于劳动者的初始人力资本(或知识技能水平)和培训体系的运行效率等因素。如果培训机制很完善,劳动者的初始人力资本存量很大,且与新职位的要求方向一致,而新旧职位之间的差异程度不是很大,经过相对短暂的培训之后,劳动者就可以进行工作。

3. 周期性失业

周期性失业也就是凯恩斯所说的非自愿失业,是指经济的衰退或萧条导致总需求下降而引起的失业。凯恩斯认为,失业的原因是有效需求不足,即总需求与总供给均衡时决定的均衡国民收入小于一个经济的潜在国民收入,形成所谓的紧缩性缺口。造成有效需求不足的原因是,边际消费倾向递减规律导致消费需求不足;资本边际效率递减规律导致投资需求不足;流动性偏好使利率下降有限,无法有效刺激投资,也会造成投资需求不足。而当有效需求不足时,产品市场上供大于求的现象就难以消除,从而劳动市场的价格机制就可能失灵,失业难以通过工资水平的下降得以消除。在凯恩斯看来,引起失业的根本原因是周期性的经济萧条,经济中的有效需求不足,从而由产品需求引致的劳动需求也就不足。因此,要消除失业,就必须刺激消费和投资,扩大有效需求。

三、失业的成因

不同学派的经济学家对于是什么原因造成失业,有着很不相同的解释。除了凯恩斯的有效需求不足造成失业,古典主义关于摩擦性失业和结构性失业的解释外,常见的观点有:

1. 最低工资法导致失业论

为了保护低收入的劳动者群体,很多国家都实行了最低工资法。其目的是为了帮助从事最廉价工作的劳动者群体,使其收入能够达到社会公平发展的基本标准。但是,最低工资制度的后果是政府干预市场机制正常发挥调节作用,往往使得劳动市场无法达到供求平衡的市场初期水平。可以用图 11-2 来说明最低工资法对劳动市场均衡的影响。

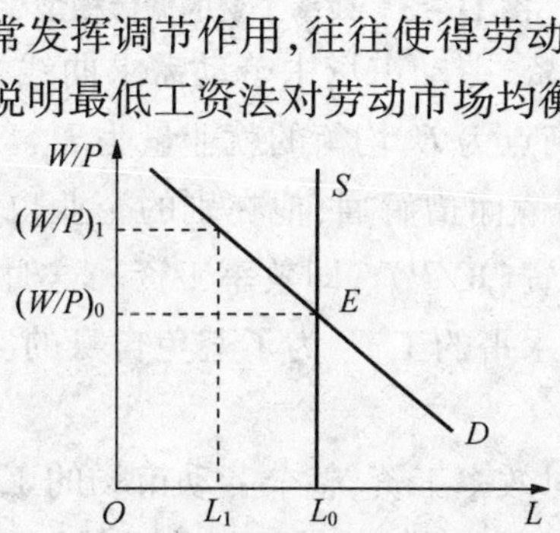

图 11-2 最低工资法的效果分析

上图中,D 为劳动的需求曲线,S 为劳动的供给曲线,劳动供给曲线垂直表示社会的劳动总供给量不变。如果没有最低工资法，市场的实际工资水平为$(W/P)_0$，劳动市场的均衡点为E，此时，劳动市场需求恰好等于供给，均衡的就业量为充分就业的劳动供给量L_0。但是，如果政府规定了实际工资水平不能低于$(W/P)_1$，在法律的约束下，企业只愿雇用数量为L_1的工人，而在这一工资条件下，愿意就业的劳动者数量仍然是劳动的供给大于需求，于是，L_1L_0这段便是最低工资法带来的非自愿失业人口。

2. 效率工资导致失业论

效率工资是指企业支付给工人比市场保留工资高得多的工资，以促使工人努力工作的一种激励与薪酬制度。效率工资论认为，追求利润的企业存在很强的激励按生产率来选择工人，但在雇用之前，工人的生产率是难以观测的。为此，企业可以把工人的年龄、性别、学历以及工作经验等作为雇用的依据，但仅有这些是不够的。这里涉及逆向选择问题，即企业往往把工人愿意接受的工资作为选择的依据，因为该工资水平从侧面表明他不能在其他地方得到更高的工资，否则他就会讨价还价或受雇于其他企业。因此，工资为企业传递了重要的信息，即生产效率和工资水平之间存在着正相关的关系，或者说，企业支付高工资，才更可能招聘到高能力和努力工作的工人。同时，企业不可能完全监督其雇员的努力程度，工人必须在一定程度上自我决定是否努力工作。工人可以选择努力工作，也可以选择偷懒，并有被抓解雇的风险。这就引起了工人的道德风险。企业可以通过高工资来提高工人偷懒的成本，从而减少道德风险，提高工人的努力程度。但是，企业普遍支付高工资会使劳动市场的供给大于劳动需求，从而导致失业。效率工资导致失业可由图11－3所代表的偷懒模型加以说明。

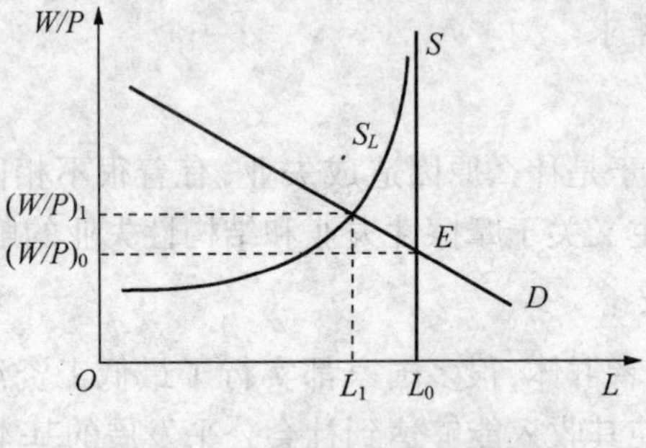

图11－3　效率工资的偷懒模型

上图中，如果不存在效率工资，劳动市场中劳动需求曲线D和垂直劳动供给曲线S决定的实际工资水平为$(W/P)_0$，均衡点为E，均衡的就业量为L_0。但是，在这一工资水平下，工人会选择偷懒，因为即使被发现偷懒而遭解雇，他在别的企业也能享受到同样的工资水平。因此，企业会支付给工人较高的工资$(W/P)_1$，即效率工资。这时，如果工人因偷懒而被解雇，他只能在另一家企业得到$(W/P)_0$水平的工资，为了避免自身的实际工资水平下降，工人会在提供效率工资的企业努力工作。

如果所有企业都对工人支付效率工资，整个劳动市场的工资水平将高于市场初期时的工资水平$(W/P)_0$。这时，就会有一部分劳动者失去工作后就无法再找到工作。失业的存在加剧了劳动者被解雇的痛苦，在可能失业的威胁下，工人的偷懒行为就受到约束。因此，失业人口与效率工资之间存在着一定的联系，这可以由图11－3中S_L曲线表示。随着失业人口的增加，劳动者感受到可能失业的威胁逐渐增大,就业得到的满足程度就越来越高,为了减少偷懒所需支付的效率工资也逐渐减少。S_L曲线从均衡工资水平逐渐向右上方倾向,但不会与 S 曲线相交,因为在任一工资水平下,总是存在着失业人口。显然,劳动需求曲线 D 与非充分就业的劳动供给曲线 S_L的交点决定了效率工资为$(W/P)_1$,劳动就业量为 L_1,而 L_1L_0就是效率工资导致的失业人口。

3. 货币失业论

该理论的一种观点认为,失业的原因在于流通中的货币量不足,因此消除失业的办法只能是增加供给量。而另一种观点的代表人物冯·哈耶克则认为,国家垄断了货币发行权之后,在很多情况下会滥发货币。同时又因为剥夺了私人经济自行创造交换媒介(货币)的可能性,私人经济活动难以避免国家货币发行政策的限制,从而市场机制发挥不了应有的作用,其必然后果之一就是引起失业。

4. 有关失业的其他解释

关于失业的解释还有很多解释,例如,A. 阿尔奇安等人认为,失业主要是由于信息等原因造成,而张五常则认为失业是因为劳动供求双方难以达成一致的意见,从而交易困难,这其中有信息的原因,如由于经济波动导致求职者对自身劳动的定价与劳动需求者对同一劳动的出价产生偏差,也有政策和立法等约束了劳动合同的选择范围,如最低工资法,使得劳动市场交易双方的交易可选择范围缩小等原因。此外,还有技术失业论,认为技术进步会减少社会对劳动的需求减少,从而导致失业等。当然,这种观点备受指责,因为按逻辑推导,要治理失业,最有力的对策就是阻止技术进步。

总之,关于失业的各种理论解释都存在巨大争议,当前还没有一种公认的失业解释,甚至有经济学家认为,我们连什么是失业都不清楚,或者说,理论界缺乏对失业定义的共识。

四、失业的影响

1. 奥肯定律

20 世纪 60 年代,作为肯尼迪政府经济顾问的经济学家阿瑟·奥肯通过分析美国的相关数据,提出了在经济波动中失业变动和产出变动之间存在着一定的经验关系,即奥肯定律。其内容是,相对于潜在 GDP,经济活动的实际 GDP 每下降 2%,实际失业率就会比自然失业率上升 1%。这种关系可以用公式表示为:

$$\frac{y - y_f}{y_f} = -a(u - u^*)$$

式中,y 为实际产出;y_f为潜在产出或潜在 GDP;u 为实际失业率;u^* 为自然失业率;a 为大于零的参数。

奥肯定律显示,可以通过失业率的变动来推测 GDP 的变动,或者相反;实际 GDP 必须保持不低于潜在 GDP 的增长速度,才能防止失业率的上升。另外,需要说明的是,奥肯定律中变量之间的数量变化的对应关系会随着社会经济条件的不同而不同。

2. 失业对经济的影响

当今世界,失业和通货膨胀是许多国家关注的重大政治事件。政府追求高就业有很多方面的原因,诸如高就业意味着高产出和高收入,进而为社会秩序的稳定提供坚实基础。另外,对个人而言,工作本身就很有价值。

高失业率会给社会经济带来重大损失,根据保罗·萨缪尔森等人的测算,20世纪30年代经济大萧条时期,美国社会的平均失业率为18.2%,按1996年的价格换算,GDP损失为44 000亿美元,占同一时期GDP的38.5%。同样,20世纪70年代和80年代的经济停滞也使美国经济损失了1万多亿美元。

3. 失业对社会的影响

失业不仅会给社会带来重大的经济损失,而且会给人们带来沉重的心理负担,这种负担带来的影响甚至可能超过失业带来的直接经济损失。对许多人而言,非自愿失业会对他们造成非常严重的创伤。美国公共健康机构的研究表明,失业不但会带来劳动技能的退化,更会导致身体和心理健康的退化,失业人群有着更高的犯心脏病、酗酒和自杀的概率。相关权威专家估计,在美国社会中,如果失业率每年上升1%,并持续6年,就会导致大约3.7万人非正常死亡。

失业对社会的影响还有许多鲜明的案例,例如,20世纪90年代初,俄罗斯以"休克疗法"的方式实行社会经济改革,到1995年,实际产出持续而急剧地下降,20%以上的工人失业,人们的健康状况灾难性地恶化。其中,俄罗斯男性的估计寿命从1990年的64岁下降到57岁。除了大规模的战争时期,世界上没有一个工业化国家经历过对应人口健康状况如此急剧的下降。

五、失业的治理对策

大致上可以将失业治理政策分为两大类:主动性的失业治理政策和被动性的失业治理政策。

1. 主动性失业治理政策

主动性失业治理政策是在劳动供给方面做文章,使劳动供给在数量、结构和质量上符合市场对劳动的需求。

从数量上看,失业治理的首要任务是如何控制劳动供给的规模。可供采用的具体政策如延长劳动者受教育的时间等。这一方面可以推迟青年人进入劳动市场的时间,直接起到暂时缓解失业的作用,为经济管理工作争取时间;另一方面还可能提升劳动者的素质和能力,进而降低未来结构性失业的发生率。

从结构上看,不同劳动者面临的失业风险是不同的,社会中总有一些人特别容易受到失业的伤害,如刚进入劳动市场的青年人、低技能劳动者以及有着长期失业经历的人等。为了降低这部分人的失业率,一方面可以通过降低这部分人的最低工资水平来实现;另一方面就是加强职业培训。在现代经济中,各种职业对于专业技能的要求不断提高,而职业培训既对失业者转变就业岗位有着重要意义,也能够提升就业者的素质和能力。

从质量上看,一方面教育和职业培训提升劳动者的素质;另一方面当劳动者处在长期失业状态中,随着时间的推移,其人力资本不断折旧或损耗贬值,可能会失去再工作所需要的知识技能和信心,这时,对失业者进行再教育和培训就显得尤为重要。

另外,主动性失业治理政策还包括,提供就业信息以降低劳动者搜寻工作岗位的成本和缩短搜寻时间,实施加速劳动力自由流动的政策,以及采取增强工资变动的灵活性的政策等。

2. 被动性失业治理政策

被动性失业治理政策的基本理念是,在市场经济条件下,不可能彻底消除失业现象,甚至要减少失业人数也很困难。因为失业水平是由社会经济活动水平决定的,市场已经使得劳动供给和劳动需求达到了一致,而失业又会造成社会成员之间收入的巨大差异,所以政府应该建立起一套完善的失业保障体系,对失业者进行救济,使其能维持基本的生活水准,以达到社会公平的目的。当然,失业保障和救济也可能产生负面效应,当其达到一定程度后,就可能产生所谓的"福利病",使得劳动成本不断上升,降低部分社会成员的劳动积极性等。而被动性失业治理政策就是在失业救济和保障的正面效应和负面效应之间权衡选择。

在经济管理活动中,主动性失业治理政策和被动性失业治理政策是相互补充和混合的,因为每种政策措施都有局限性,需要对方作为补充。如主动性失业治理政策虽然可能改善失业状况,但不可能解决所有的失业问题,对于那些失业者,仍然应当为其提供保障和救济。而如果没有主动性治理政策的调节和约束,被动性失业治理政策可能会使得失业人数不断攀升,最后使得被动性治理政策难以为继。

第二节 通货膨胀理论

案例导入

第一次世界大战后德国的超速通货膨胀

【案例内容】

第一次世界大战之后,德国经历了一次历史上最引人注目的超速通货膨胀。在战争结束时,同盟国要求德国支付巨额赔款。这种支付引起德国财政赤字,德国最终通过大量发行货币来为赔款筹资。

从1922年1月到1924年12月德国的货币和物价都以惊人的比率上升。例如,每份报纸的价格从1921年1月的0.3马克上升到1922年5月的1马克、1922年10月的8马克、1923年2月的100马克直到1923年9月的1 000马克。在1923年秋季,价格实际上飞起来了:一份报纸价格10月1日为2 000马克、10月15日为12万马克、10月29日为100万马克、11月9日为500万马克,直到11月17日为7 000万马克。1923年12月,货币供给和物价突然稳定下来。正如财政引起德国的超速通货膨胀一样,财政改革也结束了超速通货膨胀。在1923年年底,政府雇员的人数裁减了1/3,而且,赔款支付暂时中止并最终减少了。同时,新的中央银行德意志银行取代了旧的中央银行德国国家银行。政府要求德意志银行停止通过发行货币为其筹资。

这是历史上最惊人的通货膨胀事件。而类似的情况在20世纪40年代的中国也发生过。

【案例分析】

通货膨胀的主要成因就是“货币总量”相对“物品总量”不断增大的现象,粗略地说,就是货币“过多”的现象。而大家都知道,只有政府才有权印刷钞票,所以,通货膨胀的成因,就是政府发行了过量的钞票。这是通货膨胀最主要的成因。通货膨胀简单地说,就是经济中物价总水平发生大幅度的持续性的上升。又是什么原因引起了通货膨胀呢?在大多数严重或持续的通货膨胀情况下,根源都是相同的——货币量的增长。当一个政府发行了大量本国货币时,货币的价值就下降了。政府有各种各样的理由多印钞票,比如,在一些税制不健全的国家,政府为了负担开支,就要通过增印钞票来暗中征税;另外,政府为了增加教育、基础建设或国防的开支,或为了援助灾民,也会增印钞票。

由于高通货膨胀会给社会带来各种各样的影响福利的成本与代价,所以世界各国都把保持低通货膨胀作为经济政策的一个目标。

【案例来源】

斯蒂格利茨.《经济学》小品和案例.北京:中国人民大学出版社,1998.11

一、通货膨胀概述

(一)通货膨胀的定义

通货膨胀是一个被广泛使用的经济范畴,对通货膨胀的研究已有很长的历史。然而,理论界对于什么是通货膨胀,至今仍没有取得一致的意见,有关通货膨胀的定义较多。其中具有代表性的定义大致有以下四种:

1.视物价上涨为通货膨胀

这是最为流行的定义,被称为实用主义的通货膨胀定义。如美国经济学家大卫·莱德尔和迈克·帕金认为:“通货膨胀是一个价格持续上升的过程,或相应地,是一个货币持续贬值的过程。”萨缪尔森认为:“通货膨胀的意思是,物品和生产要素的价格普遍上升——面包、汽车、理发的价格上升;工资、租金等也上升。”2001年诺贝尔经济学奖获得者斯蒂格利茨认为:“所有价格普遍地向上攀升就是经济学家所说的通货膨胀。”

2.以货币供给过度增长定义通货膨胀

米尔顿·弗里德曼认为:“通货膨胀总是而且在任何地方都是一种货币现象……它仅能由货币量的增长来产生。”哈耶克也认为:“通货膨胀一词的原义和真义是指货币数量的过度增长,这种增长会合乎规律地导致物价的上涨。”

货币数量理论认为,中央银行的货币供给行为最终决定着经济中的通货膨胀率。如果中央银行能够保持货币供给的稳定,则物价水平就会稳定;如果增加货币发行量,则物价就会上涨。

3.从纸币与金属货币之间的关系来定义通货膨胀

这种观点主要流行于社会主义国家,其理论基础是马克思的货币说。代表性观点有:通货膨胀是指流通中纸币过多而超过商品流转的需要，纸币贬值而低于货币商品（黄金）的价值，其结果是物价上涨；通货膨胀是指货币发行量超过商品流通中所需的金属货币量。

4. 从货币供给量与货币客观需要量来定义通货膨胀

很多经济学者都有这方面的论述，如“通货膨胀是一种概括过度需求的情况，在这一状况下，太多的货币追逐太少的商品”等。

综观上述各种通货膨胀的定义，可以看出它们大致上是从两个方面来考察：从通货膨胀的现象出发进行描述，或从通货膨胀的诱因出发定义通货膨胀。虽然尚未取得一致的认识，但在某些方面还是存在共识的。与通货膨胀相对应的是通货紧缩（Deflation），它是指商品和服务的货币价格水平持续、显著下降的现象。

通货膨胀的定义通常强调以下几点内容：

(1)把商品和服务的价格作为考察对象，以便与股票、债券等金融资产的价格相区别。

(2)强调普遍性的物价水平波动，而不是局部地区性的或某类商品价格的波动。

(3)强调物价水平的持续且显著地上涨，以说明物价连续不断地上涨，而且上涨的幅度较为明显。

(4)强调是以货币衡量的价格上涨，而不是商品之间的比价变化。

（二）通货膨胀的衡量

在理论上，衡量通货膨胀的核心指标是通货膨胀率。通货膨胀率被定义为价格水平变化的速度，一般用以下公式来衡量：

$$\pi = \frac{P_t - P_{t-1}}{P_{t-1}} \times 100$$

式中，π 代表 t 年的通货膨胀率，P_t 为 t 年的价格总水平，P_{t-1} 为 $t-1$ 年价格总水平。

在应用上，通常用价格指数来衡量通货膨胀。价格指数是不同商品价格的加权平均，其中每种商品价格的权重反映该商品的经济重要性。常用的价格指数有消费者价格指数、生产者价格指数和 GDP 紧缩指数。

1. 消费者价格指数（CPI）

消费者价格指数被广泛地应用于衡量通货膨胀，它衡量的是典型化的城市消费者所购买的一组固定物品的价格平均上涨情况。

2. 生产者价格指数（PPI）

生产者价格指数是一个衡量投资品，如钢材、水泥等的批发价格指数。设计它是为了衡量一级销售点的价格，由于它涵盖了 3 400 多种产品而被广泛采用。

CPI 和 PPI 可以用下面的公式计算：

$$\text{CPI(PPI)} = \frac{\sum p_t^i q_0^i}{\sum p_0^i q_0^i} \times 100$$

式中，p_0^i 和 q_0^i 分别为基年第 i 种商品的价格和数量；p_t^i 为第 i 种商品在 t 年的价格。用这种方法计算的价格指数被称为基年—权重价格指数或拉氏（Laspeyres）价格指数。

3. GDP 紧缩指数

GDP 紧缩指数是某一给定年份中名义 GDP 和实际 GDP 的比值。因此,它可被看做一个综合的价格指数。因为 GDP 紧缩指数包括的商品和劳务范围最为广泛,能够较为准确地反映最终产品和劳务的一般价格水平,所以许多经济学家将其视为衡量通货膨胀的最好尺度。GDP 紧缩指数可表示为:

$$\text{GDP 紧缩指数} = \frac{\sum p_t^i q_t^i}{\sum p_0^i q_t^i} \times 100$$

式中,p_0^i 是基年第 i 种商品的价格,p_t^i 和 q_t^i 分别为第 t 年第 i 种商品的价格和数量。这种指数被称为现期一权重价格指数或帕舍(Passche)价格指数。这种指数也存在很多缺点,如编制时间周期较长等,导致它难以作为政策决策的依据。

(三)通货膨胀的类型

如同通货膨胀有着多种定义一样,对于其类型划分也有多种不同标准:

1. 按价格水平上升的速度划分

温和的通货膨胀,是指每年物价上涨的比率稳定在 10% 以内的通货膨胀。物价水平上升速度较为缓慢,短期内不易觉察,但持续时间较长,而且,有些经济学家甚至认为温和的通货膨胀对经济增长有着积极的刺激作用。

奔腾的通货膨胀,是指年通货膨胀率介于 10% ~100% 之间的通货膨胀。此时,容易导致公众形成价格水平还会继续上涨的预期,采取各种措施来保护自己,进而使得货币流通速度迅速提高,货币购买力迅速下降。

超级的通货膨胀或恶性的通货膨胀,是指年通货膨胀率在 100% 以上的通货膨胀。发生这种通货膨胀时,物价持续上涨,人们都会尽快地将货币脱手,从而导致货币流通速度急剧增加,最后会导致本国货币丧失信任,货币的功能消失,各种正常的经济联系遭到破坏,价格体系完全崩溃,甚至会出现社会动乱。

2. 按通货膨胀的成因划分

需求拉上的通货膨胀,是指在社会消费支出和投资支出急剧增长的情况下,当资源已经接近充分利用,商品和劳务供给的增加能力受到限制,使得太多的货币追逐太少的商品而引起的物价水平持续上涨的现象。

成本推动的通货膨胀,是指因为存在强大的对市场价格有操纵能力的压力团体,如工会和垄断大公司等,当它们要求更高的分配比例(工资、利润),会导致生产成本上升,从而引起物价持续上涨的现象。具体表现为工资推进型的通货膨胀和利润推进型的通货膨胀等。

结构型通货膨胀,是指由于经济结构方面的因素使得经济中部分结构不能很好地适应需求结构的变化而导致物价持续上涨。这类通货膨胀主要发生在发展中国家,它不是由货币总需求增加或成本上升引起的。

3. 按经济的市场化程度或通货膨胀的变化形式划分

公开型通货膨胀,是指物价水平明显而直接地上涨,通货膨胀完全通过物价水平上涨的形式反映出来的通货膨胀。它通常发生在市场机制健全的国家,且政府对物价上涨不进行任何干预。

抑制型通货膨胀,也称为隐蔽的通货膨胀,是指物价水平没有上涨,货币工资也没有下降,但居民的实际消费水平却有着某种程度下降的情形。通常是政府为了保持物价平稳而对其进行管制、冻结,或对某些商品进行相应补贴,以及限制消费等。此时,虽然物价表面上变化不大,但实际上商品供应紧张,黑市活跃。其实质是,在政府的管制下通货膨胀转化为其他形式。

4. 按公众对通货膨胀的预期划分

完全预期的通货膨胀,是指因为物价在较长的时期内平稳变化,公众可以依据以往的经验正确地预期物件上涨率的通货膨胀。

不完全预期的通货膨胀,是指物价上涨的速度和变化规律超出人们的预料,从而难以依据过去的经验对未来的通货膨胀率作出正确的预期通货膨胀。

二、通货膨胀的原因

同许多经济现象一样,通货膨胀产生的原因也不是单一的,而是复杂多样的。经济学家对通货膨胀的原因提出了多种解释。

1. 作为货币现象的通货膨胀

货币数量论在解释通货膨胀方面的基本思想是,通货膨胀是一种货币现象,是经济中的货币数量过多造成的。

该学说认为,货币流通量与进入流通领域的商品和劳务的价格总额之间,存在等量关系。这种观点可以概括为美国经济学家费雪的交易方程式:$MV = PT$。其中,M 代表货币供应量,V 代表货币流通速度,T 代表一定时期内商品和劳务的交易总量,而 P 则代表平均物价水平。

费雪认为,短期内 V 是一个较为稳定的因素,它取决于银行等信用机构的组织结构、运行效率,工业集中程度和人们的货币支出习惯等制度性因素。这些制度性在短期内难以发生大的变化。式中的 T 也被认为比较稳定,它取决于社会资源和技术条件。也就是说,在短期内可以将 V 和 T 视为常数,或 $\frac{V}{T}$ 为常数,从而费雪交易方程可以表示为 $P = \frac{V}{T}M$。因此,物价水平 P 就随着货币供应量 M 的变化而变化。这是货币数量论的一种基本形式,它将商品价格的变动看做由于货币供应量的变动造成的。

2. 需求拉上的通货膨胀

这一观点认为,通货膨胀是由于总需求的增长速度超出了经济潜在生产能力而形成的。总需求的过度增长可能来自消费、投资和政府支出等各个方面或它们的综合。而总需求的过度增长往往伴随着货币数量的增长,因而总是表现为“过多的货币追逐过少的产品”。需求拉上的通货膨胀可以用图 11－4 来说明。

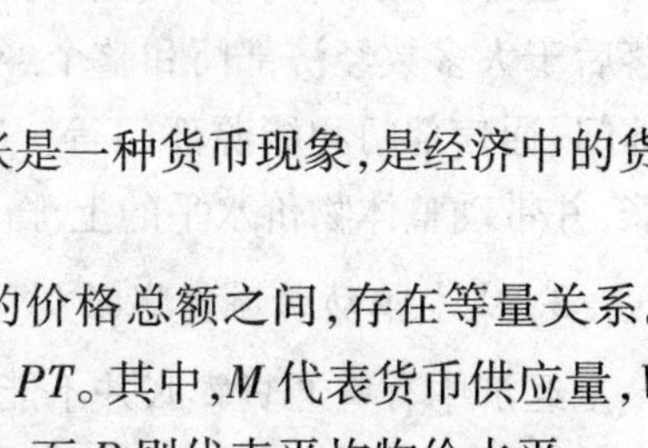

图 11－4　需求拉上型的通货膨胀

设总需求的增长使 AD_0 线移动至 AD_1 线,价格水平由 P_0

升至 P_1。但超出充分就业产出 Y_0 的 Y_1 不可能长久持续，当 SAS_0 线移动至 SAS_1 线时（表示短期总供给减少），价格水平又升至 P_2。

即使在未达到充分就业产出水平时，如果总需求的扩张速度超过了产出即短期总供给的增长速度，同样会引起通货膨胀。如图 11－5 所示。AD_0 线大幅升至 AD_1 线时，价格水平从 P_0 升至 P_1。

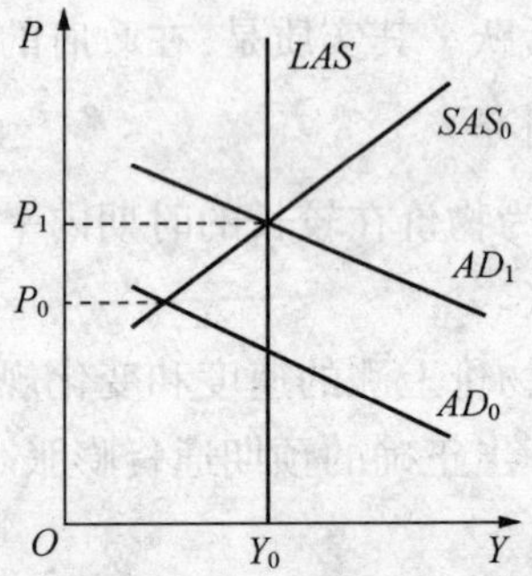

图 11－5　低于充分就业时的通货膨胀

也许，“瓶颈”部门的存在是这类通货膨胀产生的一个重要原因。“瓶颈”部门是指其发展落后于大多数经济部门和整个经济发展，但又与经济的总体发展有着密切联系的部门，如交通部门、通信部门和能源部门等。“瓶颈”部门提供的产品和服务满足不了需要而发生价格上涨，并带动整体物价水平的上涨。

3. 成本推动的通货膨胀

经济中有些通货膨胀并不能用需求过度来解释，例如，在通货膨胀的同时经济中存在生产能力大量闲置的情况。如果总需求足够大的话，生产能力就难以大量闲置。对于这类通货膨胀，经济学家倾向于从供给方面加以解释，形成所谓的成本推动型的通货膨胀理论。

成本推动的通货膨胀是指在没有超额需求的情况下，由于供给方面成本的提高所引起的通货膨胀，也称为供给冲击的通货膨胀。其中所涉及的成本与工资、原材料、能源等因素相关。例如，强大的工会优势会导致工资的过快增长，在 1982 年，美国的失业率接近 10%，工资却上涨了 5%。工资的增长会引起企业生产成本的增加，从而导致价格水平的上升，催生成本推动型的通货膨胀，这种情况可用图 11－6 来说明。

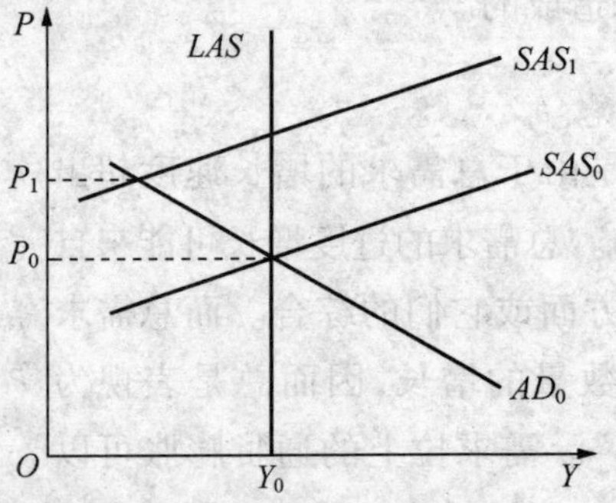

图 11－6　成本推动型通货膨胀

由于工资等的上升，企业生产成本增加，企业供给相应减少，因此，SAS_0线移动至SAS_1线，价格水平P_0升至P_1。同时，工资增加与价格上升通常存在相互推动的关系。因为工资增加引起生活费用上涨，工会通常要求进一步提高工资水平。于是价格又会进一步上升。这种关系被称为工资—物价上升螺旋。

一般来说，需求拉上型的通货膨胀与成本推动型的通货膨胀难以截然分开，通常它们都是相互联系、相互推动的，从而形成所谓的混合型通货膨胀，这可用图 11－7 来说明。

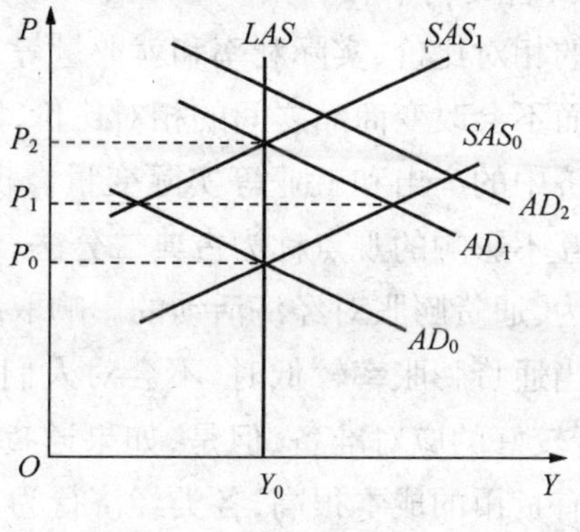

图 11－7 混合型通货膨胀

一方面，总需求增加使AD_0线移动至AD_1，价格由P_0升至P_1，价格的上升导致工会要求增加工资，从而使企业的生产成本上升，短期总供给减少，SAS_0线移动至SAS_1线；另一方面，工资增加提高了人们的名义购买力，使总需求增加，从而促使AD_1线进一步移动至AD_2线，如此循环往复。当然，这种螺旋式的上升不可能永久持续，因为资源、实际收入、需求和政府政策等约束迟早会使得总需求下降，价格与工资的上升会受到阻碍。

4. 结构型的通货膨胀

结构型的通货膨胀是指由于社会经济结构的特点所引起的通货膨胀。通常，社会中总是会因为各种原因而存在着经济结构的分化。一些经济部门的生产率提高很快，而另一些部门的生产率提高很慢；或一些行业迅速发展，收入和利润快速增长，而一些行业逐渐衰落，收入和利润增长缓慢，甚至出现负增长。但是，在工资水平和产品价格上，相对落后的部门或行业却要求向相对先进的部门或行业看齐，进行攀比。相对而言，这种工资和产品价格的看齐、攀比是在缺乏相应生产效率的基础上进行提高。如果这种工资和产品价格的上涨在各部门、各行业蔓延开来，就会形成所谓的部门差异性的结构型通货膨胀。

结构型通货膨胀还有其他多种表现形式。如需求转移型通货膨胀，即在总需求不变的情况下，部分需求转移到其他生产部门，但劳动力和生产要素却不能及时转移，会导致需求增加的部门的工资和产品价格上涨，而需求减少的部门的产品价格却未必相应下降，由此形成通货膨胀；二元经济结构型通货膨胀，即在发展中国家中，传统农业部门存在生产结构僵化、资本短缺、需求结构迅速变化、人口自由流动受阻和货币化程度低等问题，要促进经济发展，通常需要推行赤字预算，多发行货币，从而会带来物价全面上涨；输入型通货膨胀，即对于开放小国，经济总存在开放部门和非开放部门，当外部经济发生通货膨胀，小国开放部门的价格迅速上涨，进而又会带动非开放部门的价格和工资上涨，从而形成小国全面的通货膨胀。

三、通货膨胀的影响与治理

（一）通货膨胀的影响

对于通货膨胀对经济活动会带来怎样的影响，不同流派的经济学家的看法有着很大的差异。古典经济学家认为，名义变量对实际变量没有影响。名义变量是指由货币计量的一些经济变量，如价格水平、名义工资、名义利率和名义 GDP 等，实际变量是指经济中那些不依赖货币而存在的变量，如商品之间的相对比价、实际利率和就业量等。由于货币供给数量的增加之后导致普遍的价格水平上升，而不会改变商品之间的相对比价，因而不会改变厂商和家庭的经济活动决策，也就不会改变经济中的产出和就业等实际变量。现在通常把这种将名义变量与实际变量截然分开，认为它们互不影响的观点称为古典二分法。

然而，现代经济学普遍认为，通货膨胀对经济活动的影响取决于通货膨胀本身的类型。

对于预期到的通货膨胀，当通货膨胀率较低时，不会对人们的经济决策产生太大的影响，因为人们通常可以在事前进行较好的应对准备，但是，如果通货膨胀率很高，人们知道货币会以非常快的速度贬值，从而持有货币的成本很高，各类经济行为主体就会倾向于尽可能快地将货币收入转化为商品或将销售收入以工资等形式支付给工人及其他要素拥有者。情况严重的时候，工厂可能会一天发放好几次工资，而工人们领到工资后，会立即跑步冲向商店，以求赶在货币贬值之前将其转换为商品。当然，预期到的通货膨胀即使不是很严重，也会对经济产生一定的危害，例如，通货膨胀会导致税收的扭曲，加重社会公众的税收负担，还会使得资源配置发生扭曲，部分资源可能由价格上涨较慢的部门流向价格上涨较快的部门。

对于未曾预期到的通货膨胀，现代经济学有着更为丰富的分析，或者说，通常所说的通货膨胀的影响，其重点在于非预期的通货膨胀的经济效应。这些影响包括以下几种形态：

1. 收入分配效应

在通货膨胀中，由于货币贬值，名义收入或货币收入的增加并不意味着实际收入的增加，有时甚至是实际收入的下降。因为社会各阶层的收入来源不相同，在物价水平上涨时，有些人的名义收入上升很快，而有些人的名义收入则上升较慢，甚至保持不变，导致各自的实际收入有着不同的变化，从而使得通货膨胀有着调节收入分配的功效，这就是通货膨胀的收入分配效应。例如，在劳资关系中，如果企业的产品与通货膨胀保持相同比率的上升，而工资因为受劳动合同的限制而调整较慢，就会使得通货膨胀有利于企业雇主，而不利于劳动供给者，即工人。因为工人的货币工资收入的实际购买力在通货膨胀中会有所下降。再如，在债务合同中，如果合同规定的是以固定利率偿还债务，那么债权人的利益会受到较大的损害，而债务人能够获得较大的利益，其实质是通货膨胀使得本来属于债权人的财富，现在却归属于债务人了。同时，在通货膨胀中，政府也能获得税收增长的好处。

2. 资产结构调整效应

一个家庭的财富或资产通常有着多种构成，但可以大体划分为两部分，即实物资产和金融资产。前者如房屋、汽车和家电等，后者包括股票、债券和货币债权等形式。在通货膨胀的环境下，实物资产的货币价值大体上会随着通货膨胀率的变动而相应变化。但金融资产的情况就比较复杂，例如，在其中占较大份额的股票，虽然在通货膨胀之中，其货币价值会呈上升的趋势，但影响股价的因素极多，因此，股票并不是通胀环境下稳妥的资产保值形式，而债券通常是固定率的，通货膨胀环境下，它带来的定额利息收入所对应的实际财富量会相应下降。总之，通货膨胀环境下，人们所持有资产的结构与其财富总量的保值和增值有着紧密的联系，因此，处在通货膨胀中的人们会对其资产结构进行积极的调整，以优化其财富总量。

3. 产出效应

产出效应是指通货膨胀对整个经济生产的实际影响。如果不考虑恶性通货膨胀的话，通货膨胀与经济产出之间的关系就不是那么清楚了，理论界存在三种相互争议的观点，即促进论、促退论和中性论。

(1)促进论认为，通货膨胀具有正的产出效应。因为经济通常处于有效需求不足，实际经济增长率低于潜在经济增长率状态，所以政府可以采取增加预算、扩张投资支出和提高货币供给增长率等手段来刺激有效需求，达到促进经济增长的目的。此外，在通货膨胀下，当物价上涨率高于工资增长率，企业可以获得更多的利润，产量和就业会增加。当然，这种观点也认为，通货膨胀促进产出增长需要一定的支撑条件，如经济中存在限制的资源，通货膨胀没有被预期到，以及通货膨胀较为温和等。

(2)促退论认为，通货膨胀会通过下述途径损害经济的成长。首先，通货膨胀会降低借款成本，诱发过度的资金需求，从而迫使金融机构加强信贷配额管理，这会在一定程度上削弱金融体系的运行效率；其次，长时期的通货膨胀会增加生产性投资的风险和经营成本，从而使得资金有流向非生产性部门的积极性，导致生产性投资减少；再其次，持续的通货膨胀会激化公众舆论，进而导致政府采取全面的价格管制，后者会极大地削弱市场运行效率。

(3)中性论赞同古典二分法，认为通货膨胀对产出和经济成长的影响是中性的。由于公众的学习和预期，在一定时期内他们就会对物价上涨作出合理的行为调整，因此，通货膨胀的各种效应得以相互抵消。

除了产生各种经济影响之外，通货膨胀也会对社会的政治、文化和心理等方面带来影响。严重的通货膨胀会危害和污染社会心理，生活在通货膨胀中的公众总是处于恐惧之中，担心受到损失，总感到自己的收入增长太慢，甚至对社会和政府产生不满情绪。同时，通货膨胀中的公众还容易产生一种分裂式的心理错觉，认为因通货膨胀而多获得的各种收入是理所当然的，而因物价水平上涨导致的支出增加是不公平的，是社会对自己的掠夺。通货膨胀严重时，人们缺乏有效的手段来对未来进行妥善的规划，个人通常会选择迅速消费当前的收入。更严重的时候，通货膨胀会使得政府垮台，引发社会的动荡和混乱。正因为如此，当今世界各国大都十分重视对通货膨胀的治理。

(二)通货膨胀的治理

一般来说，通货膨胀会对经济造成不利影响，政府应该对通货膨胀进行治理。从西方国家的政策操作看，治理通货膨胀的对策种类很多，主要包括紧缩性的需求管理政策、收入政策、指数化政策、增加供给的政策以及货币制度改革等。

1. 紧缩性的需求管理政策

如果通货膨胀是由于总需求超额增长所致,那么政府就需要运用紧缩性的政策工具来降低总需求。具体的政策措施包括:

紧缩性财政政策。根据凯恩斯主义的观点,从总需求的构成看,增加税收和减少政府支出都能够压缩社会总需求,从而消除通货膨胀缺口,阻止物价水平的上涨,如提高个人所得税的税率,可以减少居民的可支配收入,进而减少消费需求;提高企业所得税税率,可以减少投资需求等。

紧缩性货币政策。如果通货膨胀表现为货币供给量增长过快,货币购买力下降,那么政府应该实施紧缩性货币政策。具体操作是中央银行通过公开市场业务抛出债券以货币回笼、提高对商业银行的贴现率以及提高法定准备金率等措施来减少市场中的货币供给量,以抑制通货膨胀。

在实践中,紧缩性的需求管理政策有不同的选择:既可以采取渐进主义方式,即通过逐渐制造衰退,以较小的失业和较长的通货膨胀持续时间来平抑通货膨胀,也可以采取激进主义的方式,即通过大规模地制造衰退,以较高的失业和较短的时间来治理通货膨胀。选择的关键在于政府如何权衡和选择治理通货膨胀的代价或牺牲率。牺牲率是指通货膨胀率每下降 1 个百分点所丧失产出的百分比。

2. 收入政策

对于成本推进的通货膨胀,政府主要采取收入政策进行治理。收入政策是政府借助工资价格管制、收入指导线和相应的税收刺激计划等形式对货币收入和物价采取强制性或非强制性的管理政策。

工资价格管制通常是政府颁布法令,在一定时期内控制或禁止工资和物价的上涨。

收入指导线是政府根据相应的经济条件,规定工资和物价上涨的限度,将其限制在劳动生产率平均增长的幅度之内,并对于违反规定的情况进行税收或法律等形式的惩罚。

此外,政府还可以采取鼓励企业与工会签订工资—物价协议,以及进行道德劝说等手段来治理通货膨胀。

3. 收入指数化政策

为了消除通货膨胀引起的收入分配格局的变化使一些人受损,而另外一些人受益,政府可以采取指数化政策来应对乃至消除这种不利影响。指数化政策是指按通货膨胀率来调整有关名义变量,以使其实际值保持不变。具体操作中包括:

利率指数化。根据通货膨胀率来调整名义利率,以保持实际利率不变。费雪效应说明,名义利率等于实际利率加通货膨胀率。如果在签订债务合同时规定以固定的名义利率作为借入资金的补偿代价,就会形成不利于债权人而有利于债务人的结果,而且,时期越长,通货膨胀越严重,这种结果就越严重。因此,需要对名义利率进行指数化调整,以消除通货膨胀对经济带来的不利影响。

工资指数化。是按通货膨胀率来调整名义工资,以保持实际工资水平不变。在发生通货膨胀时，如果工人的名义工资不变，实际工资水平就会下降，因此，通常需要在工资合同中确定相关条款，要求企业等按通货膨胀率自动调整货币工资标准。而对于退休金、养老金、失业补助等社会保险和社会福利支出等也需要实施类似的指数化调整，以使人们的生活水平不至于因通货膨胀而下降。工资指数化可以通过相对滞后的调整来削减通货膨胀的不利影响，促进工资合同的长期化，有利于稳定劳资关系，但这种调整常是局部性的，而且还可能导致工资—物价呈螺旋式上升，从而加剧通货膨胀。因此，对工资指数化要持谨慎态度。

税收指数化。是按通货膨胀率来调整纳税的起征点和税率等级。通货膨胀时期，如果市场机制健全，各种生产要素的实际收入能够得以良好的调整，从而使得要素的名义收入保持与通货膨胀率相一致的上涨。此时，如果税制结构保持不变，将会使得纳税群体基数扩大，公众适用的税率层级变高，从而加重社会公众的税收负担。因此，需要对税制结构进行调整。

4. 增加供给的政策

凯恩斯主义总是从遏制总需求的角度来寻找治理通货膨胀的对策，但供给学派认为，总需求的减少会同时减少对劳动和其他生产要素的需求，根据萨伊定律，供给会创造自身的需求，治理通货膨胀的关键在于用扩大供给的办法来刺激经济增长。经济增长了，失业问题自然会得到解决，产品的供给多了，物价也就能得到有效的平抑。其主要政策措施有：

减税。是指降低边际税率。降低边际税率不仅可以提高人们的工作积极性，增加劳动供给，还能够提高储蓄和投资的积极性，增加社会资本存量。这样既可以降低失业，又可以增加产量，从而能够缓解乃至消除由于供给小于需求所造成的通货膨胀。这一理论和下述减少政府对经济的管制等政策，被应用于美国里根政府的经济改革，从而促成了美国20世纪80年代的经济繁荣。

减少管制。政府精简管理经济活动的规章制度，给企业等微观经济主体松绑，让企业在市场规律的指导下更自由地展开经济活动，以提高经济活动的效率，扩大产出。供给学派认为，政府应该放松对垄断的管制，允许甚至鼓励企业进入原来不准随意进入的行业，如公共事业、铁路运输、通信等，竞争会产生相应经济产出扩大、价格下降等效果。

此外，供给学派还强调政府应该积极制定并不断完善能够提高和增强生产能力的经济政策，如有助于鼓励技术进步、鼓励资本形成和增加劳动供给等的政策。

总之，治理通货膨胀的政策措施十分丰富。通常，不同学派的经济学家因为持有不同的经济理论，对同一通货膨胀现象会有着不同的分析，进而开出不同的治理药方。或者说，需要对不同成因的通货膨胀施以不同的治理政策组合。最后，如果通货膨胀严重到使得现有货币体系崩溃的程度，那么，通常需要进行货币制度的改革，如降低货币单位，按一定的比例，以低面值的新货币兑换高面值的原有货币。

第三节　失业与通货膨胀的关系

案例导入

菲利普斯曲线在美国的运用

【案例内容】

20世纪70年代，滞胀一直困扰着美国。1979年夏，通货膨胀率高达14%，失业率高达6%，经济增长率不到1.5%。在这种形势下，沃尔克被卡特任命为美联储主席。沃尔克上台后把自己的中心任务定为反通货膨胀。他把贴现率提高到12%，货币量减少，但到1980年2月通货膨胀率仍高达14.9%。与此同时，失业率高达10%。沃尔克顶住各方面压力，继续实施这种紧缩政策，终于在1984年使通货膨胀率降至4%，开始了20世纪80年代的繁荣。

沃尔克反通货膨胀的最终胜利是以高失业为代价的。经济学家把通货膨胀率减少了1%的过程中，每年国内生产总值减少的百分比称为牺牲率。国内生产总值减少必然引起失业加剧。这充分说明通货膨胀与失业之间在短期内存在交替关系，实现低通货膨胀在一定时期内以高失业为代价。

经济学家把牺牲率确定为5%，即通货膨胀每年降1%，每年的国内生产总值减少5%，沃尔克把1980年10%的通货膨胀率降低至1984年的4%，按此推理，每年减少的国内生产总值应为30%。实际上，国内生产总值的降低并没有这么严重。其原因在于沃尔克坚定不移的反通货膨胀决心使人们对通货膨胀的预期降低，从而菲利普斯曲线向下移动。这样，反通货膨胀的代价就小了。但代价仍然是有的，美国这一时期经历了自20世纪30年代以来最严重的衰退，失业率达到10%。反通货膨胀付出的代价证明了短期菲利普斯曲线的存在，也说明维持物价稳定的重要性。

【案例分析】

传统经济学认为，经济增长会导致工资提高，工资提高会引起物价上涨，从而引起通货膨胀率上升。著名的菲利普斯曲线是一条向右下方倾斜的曲线，它显示了失业率和通货膨胀率之间存在的反相关关系，即如果失业率较低，通货膨胀率就会较高；如果通货膨胀率较低，失业率就会较高。因此，一个国家要保持较低的通货膨胀率，就必须接受较低的经济增长率。要保持较高的经济增长速度，就必须付出高通货膨胀的代价。因此了解菲利普斯曲线对观察和发现许多经济事件的发生原因和发展趋势是至关重要的。特别是决策者在运用各种政策工具时，会经常需要考虑并利用到这种交替关系。因为在短期决策中政府可以通过改变财政支出量、税收量和货币的发行量来影响经济发展中的通货膨胀与失业量的结合时期。

【案例来源】

李晓西.《宏观经济学案例》.北京:中国人民大学出版社,2006.3

失业与通货膨胀是经济中的两个主要问题,那么,这两者之间有什么关系呢?这是许多经济学家所关心的问题,不同学派的经济学家对这一问题作出了不同的回答。

一、凯恩斯的观点:失业与通货膨胀不会并存

凯恩斯认为,在未实现充分就业时,即存在资源闲置的情况下,总需求的增加只会使国民收入增加,而不会引起价格水平上升。也就是说,在未实现充分就业的情况下,不会发生通货膨胀。在实现充分就业,即资源得到充分利用之后,总需求的增加无法使国民收入增加,而只会引起价格上升。也就是说,在发生通货膨胀时,一定已经实现了充分就业,如图 11－8 所示。

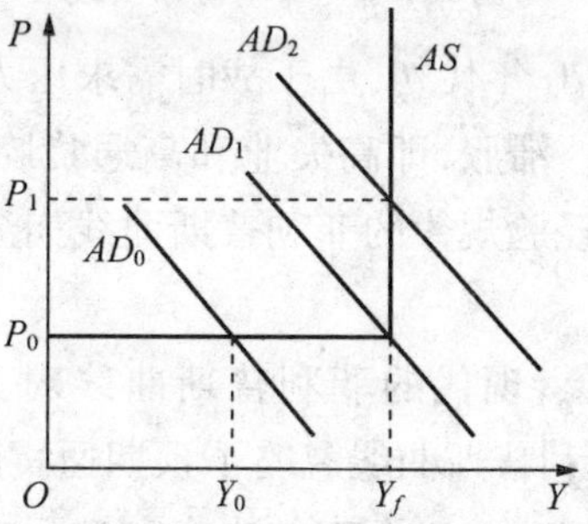

图 11－8 凯恩斯关于失业与通胀的关系

当总需求增加,即总需求曲线从 AD_0 移到 AD_1 时,由于还没有实现充分就业,所以国民收入从 Y_0 增加到 Y_f,而价格水平仍然是 P_0,没有变动。当总需求继续增加,即总需求曲线从 AD_1 移动到 AD_2 时,由于已经实现了充分就业,所以国民收入仍然是充分就业时的国民收入水平,而价格水平由 P_0 上升到了 P_1,即由于总需求过度而产生了通货膨胀。

凯恩斯对失业与通货膨胀关系的这种论述,适用于 20 世纪 30 年代大萧条时期的情况,但并不符合“二战”后各国的实际情况,后来的经济学家试图作出新的解释。

二、菲利普斯曲线

1958 年,伦敦经济学院的经济学家菲利普斯(A. W. Philips)对英国 1861—1957 年失业率与货币工资变化率之间的关系进行了统计研究。菲利普斯发现,这两者之间似乎存在着一种稳定的联系,呈现出非线性的反向变化关系。如图 11－9 所示,在大约 5.5% 的失业水平上,货币工资的变化率为零,而在大约 2.5% 的失业水平上,货币工资的变化率为 2.0%。从中可以看出随着失业率的下降工资变化率上升,这条反映失业率与工资变化率之间关系的曲线就被称为菲利普斯曲线(Philips Curve)。

由于价格与工资是密切相关的,价格变化是工资变化的函数,可以把上述菲利普斯曲线中的工资变化转换成价格变化。这一步是由萨缪尔森和索洛在 1960 年完成的。采用经过修改的价格变化(通货膨胀)和失业之间的关系。萨缪尔森和索洛用大萧条之后 25 年间美国的数据重复了菲利普斯的经验研究工作,他们得到了类似于菲利普斯发现的稳定的负斜率曲线。

虽然菲利普斯曲线只是一种经验性发现,但是它提供了把通货膨胀和失业关联起来的宏观政策选择模式,成为凯恩斯宏观经济模型的重要组成部分。

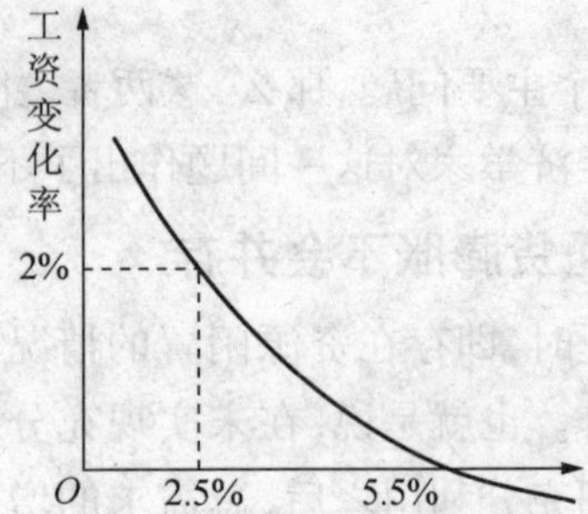

图 11 -9　菲利普斯曲线

然而,到 20 世纪 60 年代末 70 年代初,由于战时需求压力、石油输出国组织提价风潮等因素的作用,通货膨胀失去了控制。滞胀,即高失业和高通货膨胀并存的现象出现了,现实状况不再支持菲利普斯的论断,作为经验规律的菲利普斯曲线崩溃了,几乎摧毁了凯恩斯主义宏观经济学的整个理论体系。

为了解释新的宏观经济现象,现代的菲利普斯曲线对其原始的形式作了重要的修正。M. 弗里德曼等人指出,传统的菲利普斯曲线忽略了预期通货膨胀对工资率决定的影响。工人感兴趣的是实际工资而不是名义工资,工资率的决定和实际支付不是同时进行的,这段时间内的预期通货膨胀水平会影响预期的实际工资。当预期到价格上升时,工人将要求对预期通货膨胀给予补偿。对企业来说,如果所有的商品价格都上涨,那么它会预期能将其产品卖到更高的价格,因此也就能支付更高的名义工资。事实上,当工资和价格以相同速率上升时,企业和工人的状况并无任何变化。因此,他们建议用预期的通货膨胀来扩展基本的菲利普斯模型,这就是附加预期的菲利普斯曲线。

对传统的菲利普斯曲线的另一个重要修正应归功于石油输出国组织。石油输出国组织于 20 世纪 70 年代大幅度提高油价,促使经济学家开始对供给冲击给予足够的重视,并将之加入到现代的菲利普斯曲线中去。

综上所述,修正后的菲利普斯曲线反映了这些变量之间的关系:通货膨胀率 π(物价变化的百分率),预期通货膨胀率 π^e,周期性失业(实际失业率 μ 与自然失业率 μ_n 的差额)和供给冲击 ε,以下式表达相互关系:

$$\pi = \pi^e - \beta(\mu - \mu_n) + \varepsilon$$

即　　　通货膨胀率 = 预期通货膨胀率 $-\beta\times$ 周期性失业 + 供给冲击

其中 β 是一个大于零的参数。周期性失业前的负号(-),表明失业与通货膨胀之间是此消彼长的关系。

根据预期通货膨胀率是否变动,可以把菲利普斯曲线分为短期菲利普斯曲线与长期菲利普斯曲线。

1. 短期菲利普斯曲线

通货膨胀率和失业率是宏观经济政策制定者关心的两个主要变量。由于宏观政策难以对通货膨胀预期和供给冲击作出即时的调控，政策制定者通常运用财政和货币政策来影响总需求，从而改变产出、就业和通货膨胀水平。扩大总需求，能够降低失业率并使通货膨胀上升；而抑制总需求，能降低通货膨胀，但必须以失业率上升为代价。

短期菲利普斯曲线显示，当不存在有利的供给冲击和无法改变人们预期时，为了降低通货膨胀率，经济必然会经历衰退和失业率的上升。

图 11－10 的短期菲利普斯曲线 SPC，描述了通货膨胀与失业之间的此消彼长的关系，在曲线上每一点都代表了可供政策制定者选择的一个通货膨胀率和失业率的组合，政策制定者可以通过改变总需求来实现通货膨胀与失业的各种组合。譬如，为了降低失业率就要扩大总需求，以通货膨胀为代价，通过在这条通货膨胀与失业率关系曲线上组合点的移动，政策制定者可以选择自己的目标。例如，当周期性失业为零时，经济处于自然失业率水平上，通货膨胀率就由预期值和供给冲击引起，等于 $\pi^e+\varepsilon$。SPC 曲线斜率的绝对值为 β，它表明失业率每降低 1%，通货膨胀上升 β%。

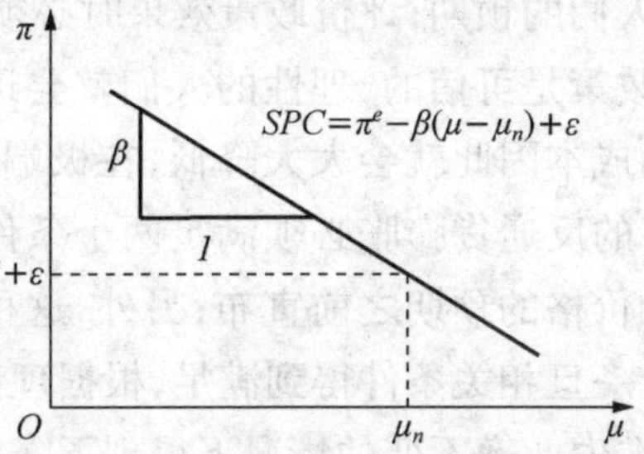

图 11－10 短期菲利普斯曲线

根据短期菲利普斯曲线，当不存在有利的供给冲击和无法改变人们预期时，为了降低通货膨胀率，经济必然会经历衰退和失业率的上升。也就是 $\pi^e+\varepsilon$ 不变，那么，政府决定是否实行降低通货膨胀的政策，这时他们必须考虑降低通货膨胀必然引起失业率的上升，失业率的上升又会导致产出下降，因此就要权衡产出下降的水平与降低通货膨胀的收益和成本。经济学家通常用牺牲率来衡量，它是反通货膨胀时期，产量的总损失与由于反通货膨胀而赢得的通货膨胀的降低二者的比例关系。换句话说，就是每降低 1% 的通货膨胀率必须降低的实际 GDP 的百分数。经验研究表明，降低 1% 的通货膨胀率牺牲的 GDP 约为 5%，牺牲率为 5%。利用奥肯定律可以得到牺牲率的另一种表达形式，根据奥肯定律，失业率每上升 1% 对应 GDP 下降 2%。因此降低 1% 的通货膨胀率，就必须提高 2.5% 的周期性失业。根据这一关系，可以估计反通货膨胀政策对失业的影响。比如说，如果使通货膨胀率降低 2 个百分点，GDP 就必须降低 10%，最终也就要求周期性失业上升 5%。

短期菲利普斯曲线受人们对通货膨胀预期的影响，当预期通货膨胀率上升时，曲线向上移动，如图 11－11 所示。当预期通货膨胀率由 π_1 上升到 π_2 时，SPC 曲线由 SPC_1 平行上移到 SPC_2，这时对应每一个失业率水平，都有一个更高的通货膨胀率。

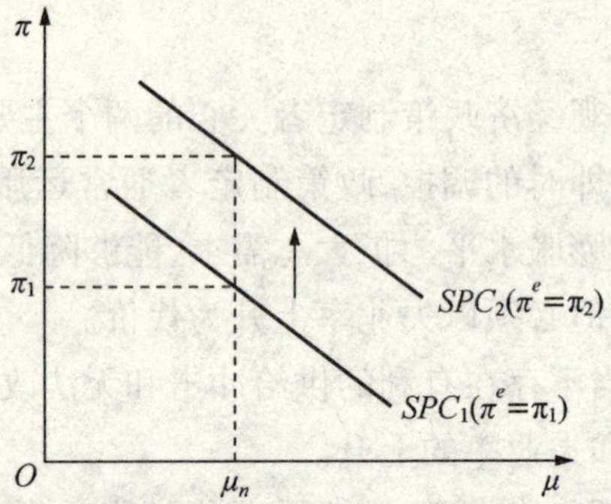

图 11－11　预期通货膨胀率的上升

到目前为止，我们讨论的预期都属于适应性预期。另一种主导的理论假说是理性预期，它是和卢卡斯和萨金特(T. Sargent)的名字联系在一起的。理性预期假说认为，人们会根据经济环境的变化来不断调整自己的经济行为，人们总是积极地收集各种信息，包括关于当前政策的各类信息，加以分析并预测未来。当然，人们在对信息的处理反应过程中也会犯错误，但人们很容易发现并纠正，因此在其预期的形成过程中不会犯系统性错误。根据理性预期假说，政府财政、货币政策的变化会改变人们的预期，评价政策效果时必须考虑预期的作用。当政府宣布要降低通货膨胀时，如果这一政策是可信的，理性的人们就会迅速调整他们的预期，使预期通货膨胀率降低。反通货膨胀的成本因此就会大大降低，在极端的情况下，甚至成本为零，也就是不引起任何衰退。这种无害的反通货膨胀必须满足两个条件：一是降低通货膨胀的计划必须在工人和企业形成对工资和价格的预期之前宣布；另外，这种计划必须是可信的，否则工人和企业不会调整他们的预期。一旦相关条件得到满足，根据理性预期假说，短期菲利普斯曲线会向下移动，通货膨胀率就能在失业率不变的情况下得到下降。因此，宏观经济政策的可信性是反通货膨胀成本高低的关键。

2. 长期菲利普斯曲线

在每条短期菲利普斯曲线上，预期通货膨胀率都是固定的，预期通货膨胀的变化会造成短期菲利普斯曲线的移动。从图 11－11 中可以观察到，在$\mu = \mu_n$点的左边，即$\mu < \mu_n$，失业率低于自然失业率的水平。根据$\pi = \pi^e - \beta(\mu - \mu_n) + \varepsilon$，可以得出实际的通货膨胀率要高于预期的通货膨胀率，即$\pi > \pi^e$；而在$\mu = \mu_n$点的右边，即$\mu > \mu_n$，失业率高于自然失业率，这时，实际的通货膨胀率低于预期的通货膨胀率；由此可以看出，只有在$\mu = \mu_n$点处，预期通货膨胀率与实际膨胀率相等，在其他点实际通货膨胀率与预期通货膨胀率都不相等。但在长期，企业和工人都会不断调整自己的预期，最终使预期通货膨胀率变得与实际通货膨胀率相等。这时，我们就能得到长期的菲利普斯曲线。长期菲利普斯曲线描述了实际通货膨胀率与预期通货膨胀率相等时通货膨胀与失业之间的关系。

当预期通货膨胀等于实际通货膨胀时($\pi = \pi^e$)，长期菲利普斯曲线 *LPC* 是位于$\mu = \mu_n$处的一条垂直线，它由短期菲利普斯曲线上实际和预期通货膨胀率相等的各点连线组成(如图 11－12 所示)。它表明在长期失业率保持在自然失业率水平，产出水平不受通货膨胀(物价变动)的影响，这实际上又一次体现了古典二分法。在长期的菲利普斯曲线上，短期内通货膨胀与失业之间的此消彼长的关系不再成立。

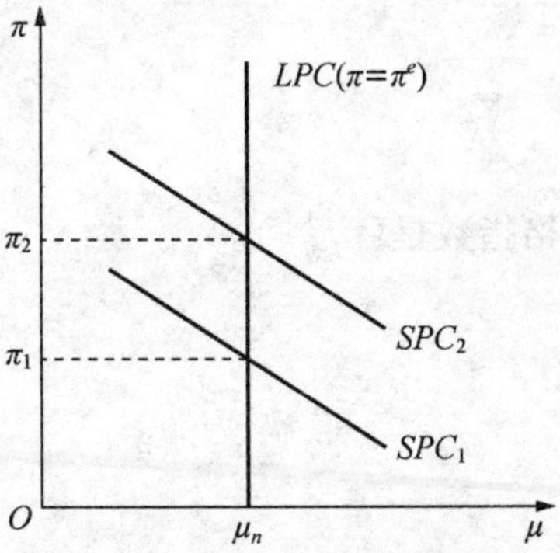

图 11－12 长期菲利普斯曲线

知识归纳

【基本概念】

失业 通货膨胀 消费者物价指数 GDP 缩减指数

【基本原理】

失业和通货膨胀是宏观经济中存在的主要问题。失业的原因和类型以及治理的措施;通货膨胀的含义、类型以及存在的理论,通货膨胀带来的影响和治理措施。

人物窗

阿瑟·M·奥肯(Arthur M. Okun,1928—1980),美国经济学家,美国新泽西州泽西城人。1956 年获哥伦比亚大学经济学博士学位,后任教于耶鲁大学,讲授经济学。1961 年,担任总统经济顾问委员会成员。1964 年,奥肯被聘为约翰逊总统经济顾问委员会成员,而且在 1968 年又被任命为该委员会主席。奥肯倾向于凯恩斯主义,长期以来致力于宏观经济理论及经济预测的研究,并且从事于政策的制定及分析。奥肯的著作甚多,但大多是研究报告,在美国经济学界有相当的影响。他在理论上的主要贡献是分析了平等与效率的替换关系,提出了估算“可能产出额”的“奥肯定律”。

思考与练习

1. 单选题

(1)衡量价格水平最全面的价格指数是(　　)。

A. CPI

B. PPI

C. GDP 紧缩指数

D. 商品零售价格指数

(2)如果债权人预计第二年通货膨胀率为6%,这时他愿意接受的贷款利率为(　　)。

A. 4%

B. 5%

C. 6%

D. 6%以上

(3)下述各种情况中,不会导致"滞胀"的是(　　)。

A. 需求拉动型通胀

B. 工资推动型通胀

C. 供给冲击

D. 通货膨胀预期

(4)由于劳动者自身素质较差而导致的失业是(　　)。

A. 摩擦性失业

B. 结构性失业

C. 周期性失业

D. 自愿失业

(5)当经济中存在失业时,应该采取的财政政策工具是(　　)。

A. 增加政府支出

B. 提高个人所得税率

C. 提高公司所得税率

D. 增加货币发行量

2. 多选题

(1)通货膨胀的成因包括(　　)。

A. 教育滞后于经济结构转变

B. 货币发行量过度

C. 工会势力强大

D. 垄断企业势力强大

(2)可能造成失业的成因包括(　　)。

A. 最低工资法

B. 高效率工资水平

C. 经济衰退

D. 劳动者素质差

3. 简答题

(1)奥肯定律的内容是什么？失业的影响有哪些？

(2)试说明通货膨胀对不同社会阶层的影响。

(3)试比较 CPI、PPI 与 GDP 紧缩指数的不同之处。

(4)试用短期、长期菲利普斯曲线说明失业和通货膨胀之间的关系。

第十二章 经济周期理论

教学目标

➢熟练掌握经济周期及其相关的基本概念；

➢了解经济周期形成机制的不同解释及其理论基础，进一步分析重要经济变量变化对经济周期的影响；

➢应用基本原理解释相关问题。

第一节 经济周期的基本知识

案例导入

世界经济周期史与中国改革开放后的经济周期

【案例内容】

经济周期是商品经济所必然经历的现象，又称经济危机。但按照经济周期的一般定义，经济危机只是经济周期中的一个阶段，是上一个经济周期结束和下一个经济周期开始的转折阶段，正是在这种意义上，人们通常以一个经济危机来代表一个经济周期。如果从1788年英国发生第一次生产过剩的危机算起，经济危机已有200多年的历史。从整个世界范围看，自1857年发生第一次世界性经济危机开始，到第一次世界大战前，共发生11次世界性经济危机，分别是1857年、1866年、1873年、1882年、1890年、1900年、1907年、1913年、1920年、1929—1933年和1937年。每一个经济周期的平均长度为8年或10年。第二次世界大战以后，美国共发生9次经济危机，具体时间是1948—1949年、1953—1954年、1957—1958年、1960—1961年、1969—1970年、1974—1975年、1980年、1981—1982年和1990—1992年。战后美国的经济周期时间较短，每一个经济周期的平均时间约为5年。

中国自改革开放以来，共经历了三个经济周期。第一个周期：1982—1986年，持续5年。波峰是1984年，经济增长率为15.2%；波谷是1982年，经济增长率为8.5%。上下振幅为6.7%。第二个周期：1987—1990年，持续4年。波峰是1987年，经济增长率为11.6%；波谷是1990年，增长率为3.8%。上下振幅为7.8%。第三个周期：1991—1998年，持续8年。波峰是1992年,增长率为14.2%;波谷是1998年,增长率为7.8%。上下振幅为6.4%。

【案例分析】

经济周期是指经济活动沿着经济发展的总体趋势所经历的有规律的扩张和收缩。西方经济学家根据一个经济周期持续的时间长短将周期划分为长周期、中周期和短周期三种类型。鉴于众说纷纭的经济周期理论,熊彼特对此进行了概括和总结。他认为,长、中、短三种周期是相互联系、同时并存的。每一个长周期包括六个中周期,每一个中周期包括三个短周期。他以各个时间的重大创新为标志,把100多年来的资本主义经济发展过程划分了三个长周期。一般来说,大多数西方经济学家所研究的经济周期是平均每8—10年发生一次的中周期,即朱格拉周期,如本例中所列举的世界性经济周期以及中国改革开放以来的经济周期大部分都是中周期。这主要是因为这种周期反映了经济活动过程中的主要特征。长周期的时间跨度太长,预测的误差可能较大,因而其实际意义要弱一些;而短周期又不具有很强的代表性。

尽管如此,本案例中的历次经济周期在时间长度上仍各不相同。这是因为,现实中的每个具体经济周期产生的原因都各不相同,另外,社会制度、经济发展阶段和经济环境等方面存在的差异以及其他一些随机性的因素,使得实际的经济波动更为复杂,每次周期循环的长度也就具有很大的差异性。

【案例来源】

斯蒂格利茨.《经济学》小品和案例.北京:中国人民大学出版社,1998.11

一、经济周期的含义与类型

(一)经济周期的含义

经济周期(Business Cycle)亦称经济循环或商业循环,是指经济处于生产和再生产过程中周期性地出现经济扩张与经济紧缩交替更迭,循环往复的一种现象。

对于经济周期的定义,早期经济学家是建立在实际GDP变动的基础之上,这一定义被称为古典的经济周期定义。现代经济学家将经济周期的定义归结为以经济增长率的变化为基础,即经济周期是经济增长率的上升和下降交替出现的过程。因而,衰退不一定表现为经济总量绝对量的下降,而是表现在经济总量增长率的下降,所以,在现代经济中通常存在着增长性的衰退。

经济周期的经典定义由阿瑟·博恩斯(Arthur Burns)和卫斯里·米契尔(Wesley Clair Mitchell)做出,他们认为"商业周期是一种基于一国总体经济活动的波动:一个周期包括许多经济活动的同时扩张,然后同时衰退、收缩和复苏,复苏是下一轮周期扩张阶段的前奏,这一变化次序是重复发生的,但不是阶段性的,从时间上说经济周期从1年到10年或者12年不等,并无法划分成具有同样特征、同样波幅的若干个短周期"。该定义被美国研究经济周期的权威机构国民经济研究所(NBER)作为确定经济周期顶峰与谷底的标准。图12-1表达了经济周期的经典描述。

在图12-1中,潜在GDP水平具有正斜率,代表经济的长期增长趋势线,这是因为经济在总体上总是保持着或多或少的增长。

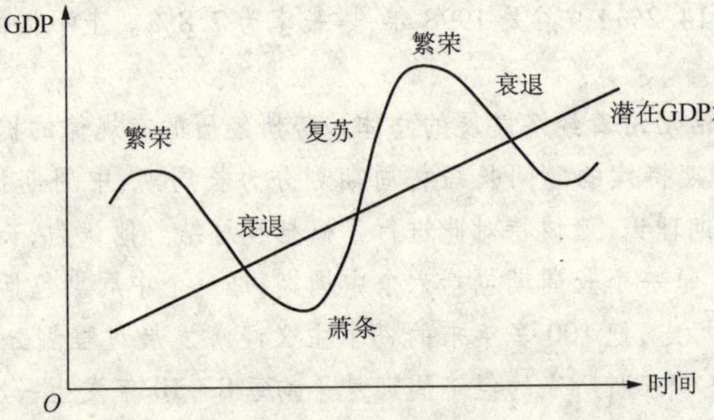

图 12－1　经济周期的模式

（二）经济周期的四个阶段

对于经济周期过程中阶段的划分，不同经济学家基于不同的出发点有着不同的划分方法，没有完全的统一标准。但绝大多数西方经济学家倾向于将经济周期划分为四个阶段：繁荣（Boom）、衰退（Recession）、萧条（Depression）和复苏（Recovery）。其中，经济周期性波动的转折点是波峰（Peak）和谷底（Trough）。

经济活动由扩张到衰退，进而萧条后复苏的循环，是围绕着一种向上的趋势路径而暂时性上下波动的，如图 12－1 所表示的经济波动，横坐标代表时间（如年份等），纵坐标代表总体经济活动状况（包括国民收入、就业、价格等经济活动主要指标），斜线代表正常的经济活动水平，是经济的长期增长趋势。由于经济在总体上保持着或多或少的增长，因而经济的长期增长趋势线的斜率是大于零的。从图 12－1 中可以看出，凡经济活动波动线高于长期增长趋势线的，表示该时期的经济活动水平高于经济的长期平均增长值；反之，凡经济活动波动线低于长期增长趋势线的，则表示经济活动水平低于经济的长期平均增长值。随着时间的推移，整个经济活动水平由高到低，再由低到高，循环往复，呈现阶段性变化。下面是对四个阶段的详细分析。

1. 繁荣

繁荣是经济周期的波峰。在繁荣时期，现有生产设备已经被充分利用，劳动力，尤其是技术熟练型的劳动力显得缺乏，主要原材料也开始供应不足。因此，经济中实现产量增加的困难逐渐变大。这时，只有增加投资，扩大生产能力才能增加产量。但投资而形成新增生产能力需要时间，而且利息率也会被抬高。总体来看，生产的增加满足不了需求的增长，物价不断上涨，生产要素需求的急剧增长会导致生产成本上升，不过，由于商品价格也同时上涨，企业生产仍然可以获得较为丰厚的利润。由于经济前景被普遍看好，社会投资量可能超过现有投资需求。

2. 衰退

衰退时经济周期的波峰已经过去，经济开始向下滑坡。以美国的相关情况为例，当国内生产总值连续两个季度下降，经济就被认为进入了衰退时期。

经济处于较温和的收缩时期，此时经济活动水平下降，消费需求与生产能力发生偏离。一方面，由于消费的增长放慢，甚至停止，使产品滞销，价格下降，进而使企业的利润大幅度减少，企业的投资也随之减少，产量增加的势头受到抑制；另一方面，由于投资量减少，产量下降，失业率上升，导致社会收入水平和有效需求的进一步下降，最终使经济跌落到萧条阶段。

3. 萧条

萧条是经济活动处于经济周期性波动的谷底附近区域，这一时期的特点主要表现为，劳动失业率高，社会公众消费水平进一步下降，企业的生产能力有着更大的闲置，存货大量积压，能够获取的利润普遍很低，甚至出现大量的亏损。此时，企业对经济前景缺乏信心，不愿冒险进行新增投资。

4. 复苏

当衰退达到经济周期的最低点时，经济便开始复苏。促使复苏的原因很多，如企业的机器设备经过长期的磨损而需要更换，存货减少需要补充，企业的订单开始增加等。企业生产和销售增加，利润也随之增加。同时，由于需求的增加，萧条时期的闲置生产能力和被解雇的劳动力又被吸纳进入生产体系，就业、收入和消费支出都得以从最低水平开始恢复。社会各界开始从萧条时期的悲观情绪中走出来，逐渐变得乐观，使得经济可能进入又一次繁荣。

在一个经济周期的四个阶段中，存在着一个顶峰和一个低谷，顶峰点是经济由繁荣到萧条的转折点，低谷点是经济由萧条走向繁荣的转折点。在经济周期的四个阶段中，繁荣与萧条是经济周期的两个主要阶段，衰退是由繁荣到萧条的过渡阶段，复苏是由萧条走向繁荣的过渡阶段。无论何为起点，只要经历了这四个阶段，便算完成了一个经济周期。

（三）经济周期的一般特征

对经济周期而言，尽管不存在两个完全相同的经济周期，但它们都有着一些重要的一般特征，使得人们可以对它们进行系统性的研究。

第一，经济活动中的变量可分为顺周期性、逆周期性和无周期性三类。所谓顺周期变量是指那些在经济扩张时上升、在经济收缩时下降的变量；逆周期变量是指那些在经济衰退时上升、在扩张时下降的变量；而无周期变量则是指那些与经济周期无关的经济变量。

第二，经济周期不是固定的经济活动波动，而是一系列独立的冲击因素随机对经济进行冲击的结果。经济周期持续的时间有长有短，差异很大。

第三，经济周期是总体经济活动的波动。它不是发生在一个或几个部门，而是同时发生在几乎所有的经济部门，因而不是局部的波动，而是整个经济的波动。

第四，经济周期在经济运行中是周而复始反复出现的，尽管每一个周期持续的时间、波动的幅度等不尽相同，但它们都具有共同的规律，要经历相似的发展阶段：扩张（繁荣）、收缩（衰退）、萧条和复苏。所有周期都相互联系，前一次的结束便是下一次的开始。

（四）经济周期的类型

由于掌握资料、分析角度和理论基础的不同，不同的经济学家就经济周期类型的划分和判定做出了不同的研究工作，得出了不同的研究结果，一般可以将经济周期分为以下几种。

1. 基钦周期（Kitchin Cycle）

基钦周期长度平均约 40 个月，也称短周期，由美国经济学家基钦（J. Kitchin）于 1923 年提出。基钦在研究了 1890—1922 年美国与英国的物价、银行清算、利率等资料后提出：经济周期实际包括主要周期和次要周期两种,主要周期仅仅是两个或三个次要周期的总和,而次要周期是均为40个月的经济周期。

美国经济学家A.汉森,根据统计资料计算出美国在1807—1937年共有37个这样的周期,其平均长度为42.12个月。

2.朱格拉周期(Juglar Cycle)

朱格拉周期长度平均为8~10年,由法国经济学家朱格拉(C. Juglar)于1860年提出。朱格拉认为经济周期由繁荣、危机、清算三个阶段组成,该三个阶段在经济中有顺序地反复地出现。他分析了统计资料中的物价水平,大多数经济部门的生产等指标,确定经济周期性波动的长度为9~10年。此后,熊彼特把这种周期称为中周期。美国经济学家A.汉森将这种周期称为“主要经济周期”,并根据资料计算出美国在1795—1937年共有17个这样的周期,其平均长度为8.35年。

3.库兹涅茨周期(Kuznets Cycle)

库兹涅茨周期由美国经济学家库兹涅茨于1930年提出。该周期主要是依据建筑业的兴衰这一周期性波动现象来划分的,所以也称“建筑业周期”。库兹涅茨在研究建筑业人口变动、资本形成、收入、国民生产总值及其他因素后,提出经济活动中存在着为期15~20年的长周期。

4.康德拉季耶夫周期(Kondratieff Cycle)

康德拉季耶夫周期长度平均约为50年,也称长周期。苏联经济学家尼克拉·D·康德拉季耶夫于1925年提出了著名的“长波理论”。他分析了法国、英国、美国、德国等国家100多年大量的批发价水平、利率、工资、对外贸易量,煤炭、生铁的产量和消费量的变动情况,得出一个结论:经济中存在着平均长约50年的长期波动。

熊彼特将该划分与其“创新理论”相结合,认为每个长周期包括6个中周期,每一个中周期包括3个短周期,其中短周期约为40个月,中周期为9~10年,长周期为49~60年,并以各个时期的主要技术发明、新资源的利用等作为主要标志,进一步将100多年以来西方经济发展分为三个“长波”过程:第一个长波是1780—1842年,该周期为“产业革命时期”;第二个长波是1842—1897年,该周期为“蒸汽和钢铁时期”;第三个长波是1897年至20世纪20年代末,该周期为“电气、化学和汽车时期”。

二、对经济周期概念的进一步认识

对经济周期的定义,应该把握以下两点:

首先,经济周期是市场经济不可避免的经济现象。经济周期并不是在任何社会条件下都存在的,只有当社会生产力发展到以社会化生产为基础的市场经济阶段,市场成为配置资源的基础时,才会出现。这是由于,一方面,追求利润的最大化是每一个企业生产和经营的目标,这必然迫使企业生产存在着无限扩大的趋势,致使市场的发展落后于生产的发展;另一方面由于市场经济体制下,市场配置资源有其自发性和滞后性的弊端,容易产生盲目性和无政府状态,资源的优化配置难以一次到位,因此,市场经济无法合理解决个别企业投资、生产的有组织性与整个社会投资、生产盲目性之间的矛盾。这样，生产过剩的经济危机的产生也就不可避免了。可见，生产过剩的经济危机并不是资本主义制度特有的，而是市场经济运行的必然产物。

其次，经济周期是经济活动总体性、全局性的波动。产出、通货膨胀、利率和就业的波动构成了经济周期，经济周期是所有市场经济指标集体的指向。只有当经济运行趋势扩大到整个经济体系，影响到宏观经济，我们才能据以判定和分析经济的走向，因而经济周期是以各种经济活动共同作用、共同走向为基础的，是总体性、全局性的波动。

第二节　经济周期理论历史回顾

案例导入

美国新经济的出现与退潮

【案例内容】

20 世纪 90 年代以来，美国经济出现了“二战”后罕见的持续性的高速度增长。从 1991 年 4 月开始复苏，在信息技术部门的带领下，美国经济持续增长了 120 多个月，远远超出战后美国经济平均连续增长 50 个月的期限，成为战后美国第三个最长的经济增长期，经济增长幅度达到了 4%，而失业率却从 6% 降到了 4%，通胀率也在不断下降。如果食品和能源不计在内的话，美国 1999 年的消费品通胀率只有 1.9%，增幅为 34 年来的最小值。这种经济现象就被人们表述为“新经济”。美国《商业周刊》1996 年年底的一篇文章认为，美国目前这种“新经济”，其主要动力是信息技术革命和经济全球化浪潮。但到 2001 年 10 月以后，这种增长的趋势却逐渐放慢，最终使美国经济陷入衰退的困境。

【案例分析】

从工业化到现在，世界经济呈现出具有规律性的周期变动已经历了 5 个长周期，即“早期机械化”技术革命、“蒸汽动力和铁路”技术革命、“电子和重型工程”技术革命、“福特制和大生产”技术革命和“信息、通信和生命工程”技术革命的世界经济周期。

美国新经济退潮的原因与技术创新的生命周期和主导产品的生命周期相关。技术创新有一个初创、发展、成熟和停滞的生命周期，技术的主导产品也有一个试制、成长和饱和的生命周期。技术初创和产品试制阶段一般总是从少数企业开始的，它们再扩大投资，将新技术应用于生产，试制新产品。在第五个长周期中的短周期运行规律已经发生了重大的变化，其中最突出的就是短周期的扩张比过去拉长，从 1991 年 3 月到 2000 年 12 月扩张期达到 117 个月。但是，在今后一段时间内，IT 产业不能出现更高级别的技术创新，意味着以 IT 产业为主导产业的第五个长周期开始从创新中高级阶段进入成本竞争阶段。其间，IT 产业及其产品从需求来讲有可能迅速地向全球扩散，并导致全球供给的增加和过剩。正是以 IT 产业为主导的新经济发展的这种质变，使得美国经济基本面发生了变化，从长周期的繁荣阶段转向长周期的衰退阶段。

【案例来源】

李晓西.《宏观经济学案例》. 北京：中国人民大学出版社，2006. 3

一、古典时期的经济周期理论

1. 古典经济学家对经济周期的认识

由于古典经济学家所处的经济社会发展阶段所限，经济学观点深受原始资本主义阶段和自由资本主义阶段的客观条件的影响，他们对经济周期的认识不同程度上代表了他们所处时代的经济特征和时代要求。古典经济学家对经济周期的看法主要有两种：一种是局部动荡论；一种是无动荡论。

局部动荡论的代表人物是李嘉图，他认为“产品总是要用产品或劳务购买的，货币只是实现交换的媒介。某一种商品可能生产过多，在市场上过剩的程度可以使其不能偿还所用资本，但就全部商品来说，这种情形是不可能有的”。因而李嘉图认为商品过剩仅仅存在于少数商品，而不可能是一般的普遍的商品过剩，因而整体性、全局性的经济周期是不存在的。

无动荡论则由萨伊提出，他认为“供给创造自身需求”，从而否认资本主义经济中存在经济动荡，也否认经济社会中经济周期的存在。

2. 马克思主义的经济周期理论

马克思主义的经济周期理论将资本主义经济周期归结为资本主义经济制度的作用。根据马克思的理论，经济周期中的危机状态只有在资本主义制度下才会产生，本质上是生产相对过剩将经济从繁荣和常态阶段推入危机阶段。资本主义经济周期的根源在于生产的社会化和生产资料的资本主义私人占有之间的矛盾，即资本主义的基本矛盾。这个矛盾随着资本主义生产方式占据统治地位而充分展开，当这一矛盾达到尖锐激化程度时，就会爆发经济危机。资本主义基本矛盾引起经济危机具体表现为两个矛盾的激化：一是个别企业内部生产的有组织性和整个社会生产的无政府状态之间的矛盾；二是资本主义生产无限扩大趋势同劳动人民有支付能力需求相对缩小的矛盾。

马克思认为经济危机是资本主义生产方式所特有的，并且正确揭示了资本主义制度下经济危机的实质及其根源。同时，马克思还提出了经济危机周期性的物质基础是固定资本更新的观点。他指出“这种由若干相互联系的周转组成的包括若干年的周期，为周期性的危机造成了物质基础……虽然资本投下的时期是极不相同和极不一致的，但危机总是大规模新投资的起点。因此，就整个社会考察，危机又或多或少地是下一个周期的新的物质基础”。这一理论为消除经济危机提供了有效思路。马克思的经济危机理论是我们分析经济周期问题的根本点和出发点，这对我们清楚认识经济周期中危机阶段的实质，把握它的根源和分析它的成因具有很好的指导意义。

二、新古典经济学时期的经济周期理论

20 世纪 30 ~ 40 年代以前，经济学家对经济周期的成因和运行规律做了较多的研究工作，

就造成经济周期的原因来看，大体上可以分为外生经济周期论和内生经济周期论。

（一）外生经济周期理论

外生经济周期理论主要包括熊彼特的创新理论、太阳黑子理论和政治周期理论。

1. 熊彼特的创新理论

熊彼特在其1939年出版的《经济周期:资本主义过程的理论、历史与统计分析》中，提出了用“创新”来解释资本主义经济周期的理论。“创新”的含义是指企业家对生产要素的新组合，即把一种从来没有过的生产要素和生产条件的“新组合”引入生产体系，形成新的生产能力。“创新”包括五个方面的内容:引进一种新产品，或提供一种产品的新质量;采用一种新的技术，新的生产方法;开辟一个新市场;获得一种原材料的新来源;实行一种新的企业组织形式。熊彼特认为“创新”是一个经济范畴，而非技术范畴，“创新”只能由企业家来完成，因为发明不等于创新，所以发明者不等于创新者。而只有少数企业家由于具有敏锐的洞察力，能预见到潜在的市场和潜在的利益，并有胆略、有能力，敢于冒风险把一种新发明最先引入经济组织中去获取利润，他们才是“创新者”。

熊彼特将“创新”看成推动社会前进的动力，并用创新理论来说明经济周期性波动的根源。他认为:“创新”是经济周期波动的根源所在，只有实现了“创新”和“新组合”，才能打破经济的低层次均衡，而跃进到较高层次的均衡水平，使经济获得向前发展的动力。所以经济周期性波动是经常发生的正常现象，在一个动态的社会里，经济周期波动的现象是无法避免的。

熊彼特论述经济周期时，用经济周期“纯模式”来解释经济为何在“繁荣”与“衰退”两个阶段的定期换位中发展。他认为:一方面，“创新”既给创新者带来了盈利的机会，同时也为其他企业开辟了发展的道路，一旦创新出现，必然会有其他企业进行模仿，使整个行业形成一个“创新”浪潮，从而使这一行业获得普遍发展。一个行业的发展又会推动其他行业的发展，以致推动整个经济的发展。这是因为一个行业的“创新”浪潮形成，必然会引起投资活动的大量增加，造成对银行信用和生产资料需求的扩大，引起经济活动的普遍高涨。经济必然走向繁荣。但是，另一方面，一旦“创新”已扩展到较多的企业后，由“创新”带来的盈利机会就会逐渐减少，甚至消失，这样企业对银行信用和生产资料的需求就会随之减少，假如此时没有另一项“创新”出现，必然会引起经济紧缩，形成衰退。

熊彼特在进一步分析“创新”对经济运行的影响时，认为在“创新”的“第一次浪潮”和“第二次浪潮”的共同作用下，经济形成繁荣、衰退、萧条、复苏四个阶段周而复始的周期运动。他认为经济的运行过程不是简单的“纯模式”，而是以繁荣、衰退、萧条、复苏四个阶段循环往复，“创新”的两次浪潮，引起经济的周期性波动。所谓“第一次浪潮”是指创新企业直接引起所在行业的“创新”浪潮，从而带动经济走向繁荣。所谓“第二次浪潮”是指由“创新”的“第一次浪潮”而引起间接的经济高涨。当“第一次浪潮”引起银行信用与生产资料的需求扩大以后，就会促使生产生产资料的经济部门扩大生产规模，促进对消费品需求的增加，导致普遍的物价上涨，整个经济会出现普遍的“繁荣”局面，形成创新活动的“第二次浪潮”。当然“第二次浪潮”所形成的繁荣局面并不像“第一次浪潮”那样与“创新”直接有关，它是由于“第一次浪潮”引起的经济活动的普遍高涨，随着物价的上涨，很快形成投机活动的盛行，造成投资过度，经济在某种程度上会出现虚假的繁荣，一旦这种虚假繁荣消退，经济就会立即陷入衰退。衰退之后经济并不能像“第一次浪潮”那样依靠又一个“创新”来加以自行调整，使经济重新走向新的高潮。所以势必在衰退之后出现萧条，只有当新一轮“创新”的“第一次浪潮”再次出现以后，在它的带动下，经济才有可能从萧条走向复苏和繁荣。所以，形成经济周期的根本原因在于“创新”。

由于各行业的技术条件不同、性质不同，同一行业各个具体的创新内容亦有所不同。所以熊彼特认为“创新”对经济周期的影响也有所不同：有的影响大些，有的影响小些；有的经过这四个阶段的时间长些，有的可能只需要很短的时间就能经过这四个阶段。因此，经济周期的长短是有所不同的。他根据经济经过四个阶段时间的长短不同，将经济周期分为长、中、短三类。并认为三种周期同时并存，相互交织。长周期中包含着短周期，短周期的繁荣与衰退的程度依赖于所处长周期的阶段。如果处在长周期的上升阶段，则短周期繁荣的程度要强些，而衰退程度则相对弱些。

2. 杰文斯的太阳黑子理论

太阳黑子理论是由英国经济学家 H. 杰文斯提出的，他从分析气候变化与农业生产的关系，以及农业生产与经济周期的关系的角度出发，论述了造成经济周期的根本原因在于太阳黑子的周期性出现。他认为太阳黑子周期性地出现会造成恶劣气候，使农业收成不好，从而影响以农业产品为原料的工业。而农产品的价格波动要影响实际工资水平，影响不以农业产品为原料的工业，影响农民的购买力以及投资，进而影响到整个经济活动。当气候正常、农业丰收时，农产品的丰富造成农产品的价格下跌，致使以农产品为原料及不以农产品为原料工业的利润增加，工人的实际工资水平提高，农民的购买力也增加，使得工业品价格上涨，促进投资，引起经济繁荣。反之，太阳黑子出现使农业歉收，就会导致经济进入萧条阶段。太阳黑子的出现是有规律的，每 10 年左右出现一次，所以经济危机也大约 10 年爆发一次。经济出现周期性波动的原因是太阳黑子周期性出现。

3. 卡莱茨基的政治周期理论

早在 1939 年熊彼特在对经济周期的研究中就发现了政治因素对经济周期的影响，卡莱茨基（Michal Kalecki）则于 1943 年提出了系统的政治周期理论。该理论的前提假设有：凯恩斯的国民收入决定理论为政策制定者提供了刺激经济的工具；选民喜欢高经济增长、低失业以及低通货膨胀的时期；政治家喜欢连任。根据以上理论假设，可以得出政治性周期的具体运行规律：大选前，总统为了连任，采取宽松的经济政策来刺激经济增长；大选结束后，宽松的政策使通货膨胀成为人们关注的问题，因而不得不采取紧缩的经济政策，使经济走向衰退。

（二）内生经济周期理论

内生经济周期理论主要包括纯货币理论、心理理论、投资过度论、消费不足论和有效需求不足论。

1. 纯货币理论

纯货币理论主要是由英国经济学家 R. 霍特里（R. Hantrey）提出，并用货币信用体系的不稳定来说明经济波动的原因。该理论认为经济周期纯粹是一种货币现象，货币流通、货币量以及货币流通速度的波动直接决定了名义国民收入的波动，其他因素只会引起局部波动，而货币因素才会引起整个经济的周期性波动。也就是说，经济的周期性波动完全是由银行体系交替地扩大和收缩信用所造成的。

在西方国家，流通工具主要是银行信用，当银行体系降低利率、扩大信用时，就会引起生产的扩张，并导致收入的增加，刺激需求的增加。经济活动的累积性扩张，使经济进入繁荣阶段，而现代的信用制度是建立在准备金制度上的，由于货币的乘数作用，这种信用的扩张就会过度，形成虚假的购买力。而在金本位制下，银行体系的信用扩张是有限的，当银行体系被迫紧缩货币信用而提高利率时，生产也随之收缩，收入减少，需求减弱，形成过剩。同样由于货币的乘数作用，银行信用的收缩也会过度，经济活动的累积性收缩使经济进入萧条阶段。在萧条时期，资金又逐渐回到银行，银行可以通过贴现等方式再扩大信用，从而使经济又进入复苏阶段，经济又开始下一个周期。

这种理论将经济周期产生的原因完全归于现代货币的信用制度，认为只要改革货币信用制度，就能消除经济周期。

2. 心理理论

该理论认为经济周期波动主要取决于投资，而投资的大小主要取决于业主对未来的预期，而预期是一种心理现象，心理现象又具有不确定性。因此，经济波动的最终原因取决于人们对未来的预期。当预期乐观时，增加投资，经济步入复苏、繁荣；当预期悲观时，减少投资，经济则陷入衰退与萧条。当任何一种原因刺激了投资活动，引起经济高涨后，人们会对未来产生乐观的预期，而这种乐观的预期总是超过合理的程度，从而引起投资高涨，形成繁荣。当这种过度投资被察觉之后，又会变成不合理的过度悲观，由此引起过分紧缩投资，导致萧条。

3. 投资过度论

投资过度理论从投资的角度分析造成经济波动的主要原因，认为资本品的生产过度导致生产比例的失调，即生产资本品（含耐用消费品）部门的发展超过了生产消费品部门的发展。而在周期的繁荣阶段，资本品生产增长的速度大于消费品生产增长的速度。在同期的萧条阶段，资本品生产下降的速度也大于消费品生产下降的速度。资本品生产的过度发展促使经济进入繁荣阶段，而资本品生产的过剩以及两个生产部门的比例失调，则使经济进入萧条阶段。资本品投资的波动造成了整个经济的波动。

对于引起投入过多原因的不同解释，投资过度理论又可分为货币投资过度理论、非货币投资过度理论和加速原理理论三个派别。

(1)货币投资过度理论

货币投资过度理论是由奥地利经济学家哈耶克、英国经济学家 L. 罗宾斯等人提出的。该理论认为是货币引起了投资过度，银行体系信用的扩大会引起投资的增加，这种增加首先体现在对资本品需求的增加以及资本品价格的上升，从而进一步刺激投资的增加和银行信用的扩张，导致一部分用于生产消费品的资源转向于资本品的生产，导致市场消费品缺乏，迫使消费者增加储蓄。由于投资的增加使得人们的收入也随之增加，收入增加之后，对消费品的需求就会增加，这样势必会促使消费品生产的增加，以恢复到与资本品正常的比例，这样就引起消费品价格的上升，一部分生产资本品的资源又转向生产消费品。另外，资本品生产的过度发展要依赖于投资的进一步增加，一旦银行体系被迫停止扩张信用时，在繁荣时期利用银行信用正在进行的投资就不得不中止，已经生产出来的资本品就会滞销，价格下跌，危机就会爆发。这种经济周期理论认为经济的周期性波动的根源在于银行信用的扩张与收缩，但并不是纯货币现象，在繁荣时期表现为投资过度，而在萧条时期则又投资不足。资本品与消费品生产部门的结构失衡是导致经济周期的根本原因。

(2)非货币投资过度理论

非货币投资过度理论是由德国经济学家 A. 施皮特霍夫(A. Spiethoff)和瑞典经济学家 K. 卡塞尔(K. Cassel)提出的。他们认为经济进入繁荣阶段是因为技术的发明刺激投资的增加，引起银行信用的扩张，促使投资进一步增加，从而产生对资本需求的增加，导致资本品价格上升，生产增加。但由于生产增加引起收入增加，消费品需求也随之增加，这样便会产生储蓄不足，使得银行信用无法无限制地扩大，银行信用的紧缩使投资受到抑制，资本品生产出现过剩，经济转入萧条阶段。只有出现又一种新技术或其他外生因素刺激时，经济才会进入下一个周期。该理论将经济周期产生的原因归结为投资过度，并且认为引起投资过度的主要因素是新发明、新发现、新市场的开辟等外生因素，而货币因素则是次要的、从属的。

关于加速原理理论，将在后面章节中单独介绍。

4. 消费不足论

消费不足与储蓄过度理论认为经济危机和萧条的产生，是由消费不足或储蓄过度引起的，主要有消费不足危机论、储蓄过度危机论、分配引起储蓄过度等理论。

(1)消费不足危机论

消费不足危机论，是法国经济学家西斯蒙弟(Simonde De Sismondi)最先用劳动阶层的贫困化引起消费需求不足来说明经济危机必然性的理论。他认为社会生产的唯一目的是为了满足人们的消费需求，而在资本主义经济社会里，生产是由不劳动的人的需要来决定的，而不是由生产者自身需要决定的。这就导致了生产与消费之间的距离，引起了生产无限扩张的可能性。同时，由于大规模的机器生产，使劳动者的收入减少，他们的消费能力也随之减弱。随着生产的发展而增加的社会财富，主要集中在不劳动者和非生产者手中。他们的消费能力虽然在增加，但其增加的量还不及劳动者由于收入减少而下降的量。消费和生产的矛盾转化为广大劳动者的日益贫困化与机器大生产产生的财富巨大增长之间的矛盾，这一矛盾成为经济危机产生的必然根源。他主张恢复行会式工业组织和宗法式的农业的政策主张。

(2)储蓄过度危机论

储蓄过度危机论是由马尔萨斯于 1820 年在他的《政治经济学原理》一书中提出的。他认为有效需求即有支付能力的需求受到抑制，从而产生生产过剩，导致经济危机产生。马尔萨斯认为，假如利润收入全部用于个人消费，只能有简单再生产。所以节俭、储蓄和资本积累是完全必要的。假定储蓄一定全部转化为投资，而投资的结果是生产出更多的消费品；产品的销售完全取决于个人消费。那么，如果储蓄太少将不利于资本的积累和生产的发展。但反过来储蓄过多的话,一方面直接减少消费;另一方面又间接导致更多消费品的供给。因此要使生产与个人的有效需求保持平衡,储蓄不能过多,也不能太少。他认为只要增加不劳动者和非生产劳动者的消费,就可以避免源于储蓄过度而导致消费需求不足的生产过剩危机。

(3)分配引起的消费不足的危机论

分配引起的消费不足危机论是由英国经济学霍布森(J. A. Hobson)在19世纪30年代提出的。他认为国民收入不会全部用于个人消费,有一部分会储蓄起来,形成新资本。如果国民收入中消费所占的比例过大,就会降低生产发展的速度。反之,如果国民收入中消费所占的比例太小,就会产生生产过剩的危机。也就是说生产过剩是由于社会对消费品的需求比不上生产的增长而产生的。而消费不足的原因,一是由于人们的消费习惯是稳定的,不易产生突然的大量增长;二是由于分配不当,被雇用者所占的份额太少,而雇用阶级和占有阶级所占的份额太多,形成了储蓄过度。霍布森认为社会产品扣除维持费用(最低工资、折旧、土地保养费)后分配给各生产要素所有者的收入,可分为生产性剩余和非生产性剩余。所谓生产性剩余,也称为发展费用,是用来扩大产业系统的规模和提高生产要素效率所必需的费用。生产性剩余包括以下两个方面:吸引人们提供新资本所需支付的利息;扩充和改良产业系统而吸引更好的、有才能的劳动力所支付的最低累进效率工资。而非生产性剩余则包括:地主利用土地的稀少性所获得的超过土地维持费以上的差额;资本家利用劳动力市场供大于求而压低工资,或者人为造成垄断而获得超额利润。若非生产性剩余的所有者把这些利润储蓄起来,转化为新资本,会引致产业系统的资本大量增加,生产增长的速度超过了对消费者供给成品所需要的速度,因而引起周期性的生产过剩。他认为只要改善分配方法,就能消除生产过剩危机。

美国经济学家福斯特(W. J. Foster)和卡靖斯(W. Catchings)提出过类似的理论。他们认为:推动生产的最终因素是消费者手中有足够的货币购买市场上的消费品,使得企业家不仅能收回垫支的成本,还能赚取一定的利润。假如货币流量(作为人们的收入所支付的货币量与流通速度的乘积)既定不变,企业把全部利润分配给股东,而消费者又将其全部收入用于消费,则企业以成本和股利形式支付给消费者的货币可以在出售消费品时全部收回,假如以同样的规模反复进行生产,不会出现生产过剩。换一种情况,假如企业只将一部分利润分配给股东,其余的未分配利润转化为新投资,或者消费者将一部分收入用于储蓄和投资。这些新增的投资量转化为待售的消费品后,增加了消费品的供给量,但消费者手中的货币量没有增加。新增消费品的销售,一方面要以成本形式支付给消费者货币;另一方面还需要支付给企业家赚取利润所需的货币,而这些货币在所假定的货币流通中并不存在,这样市场疲软,物价下跌,利润减少,以致货币流量减少,生产缩减,失业增加,消费品生产过剩的危机便出现了。因此,他们认为只要增加货币的流通量,便能防止生产过剩。

三、现代经济周期理论的形成

20世纪30年代以后,凯恩斯的《就业、利息与货币通论》一书的出版标志着现代宏观经济学成为一门独立的学科。凯恩斯的经济理论被后来的学者概括为经济周期理论,他的经济理论为后来的经济周期理论奠定了坚实的基础,更为重要的是,即便是持反对意见的经济学家也大都从凯恩斯的理论中汲取营养。在凯恩斯之后,哈罗德、卡尔多、希克斯、汉森和萨缪尔森等人提出了各具特色的经济周期理论。下面主要以乘数—加速数模型为代表来介绍现代经济周期理论的正式起源。

乘数—加速数理论认为，经济周期是由投资（引致投资）和收入因素共同作用决定的，它认为投资增加通过乘数作用，会带来数倍于投资增量的国民收入；反过来，国民收入的增长通过加速数促进投资以更快的速度增长；而投资的增长又使国民收入增加，如此循环往复，社会经济就处于经济周期的扩张期，从某种意义上说，乘数—加速数理论是对凯恩斯投资理论的修正与发展。

1. 加速数和加速原理

在宏观经济学中，产出水平的变动和投资支出数量之间的关系被称为加速原理。设 K 代表资本存量，Y 代表产量水平，α 代表资本—产出比，则有 $K = \alpha Y$。由于 K 是存量，Y 是产量，所以一般情况下有 $\alpha > 1$。

引入时期概念，对 $t-1$、t 时期有（假设 α 在一定时间范围内保持不变比率）：

$$K_{t-1} = \alpha Y_{t-1}$$

$$K_t - K_{t-1} = \alpha(Y_t - Y_{t-1})$$

$$I_t = \alpha(Y_t - Y_{t-1})$$

I_t 是第 t 时期的净投资。

由于总投资是由净投资与重置投资（或更新投资）构成，如果将重置投资视为折旧，则有 t 时期总投资 $= \alpha(Y_t - Y_{t-1}) + t$ 时期的折旧。

这里 α 通常称之为加速数，由于 $\alpha > 1$，资本存量所需增量常常大于产出增量。假设由于新发明的出现，使投资的数量增加；投资数量的增加会通过乘数作用使收入增加；当收入增加时，整个社会的消费量增加。通过加速数的作用，销售量的增加会促进投资以更快的速度增长。

投资的增长又使国民收入增长，从而使销售再次上升，如此循环往复，国民收入不断增大，整个社会便处于经济周期的扩张阶段。

然而，社会资源是有限的，收入的增长迟早会达到资源所能允许的顶峰。一旦经济达到经济周期的顶峰，收入便不再增长，从而销售量也不再增长。

根据加速原理，销售量增长的停止意味着投资量下降至零。由于投资下降，收入减少，从而销售量也因之而减少。

又根据加速原理，销售量减少使得投资进一步减少，而投资的下降又使国民收入进一步下降。如此循环往复，国民收入持续下降，整个社会便处于经济周期的衰退阶段。

2. 萨缪尔森经济周期理论

萨缪尔森经济周期模型是将加速数和乘数理论结合在一起的国民收入均衡模型，它基于的收入函数是，现期收入等于政府支出、现期消费、现期投资之和，即

$$Y_t = G_t + C_t + I_t$$

式中，Y_t 代表现期国民收入；G_t 代表现期政府支出；C_t 代表现期投资；I_t 代表现期消费。

假定现期消费是上期收入 Y_{t-1} 的函数，现期投资是本期消费增量（$C_t - C_{t-1}$）的函数，则消费函数和投资函数分别为：

消费函数：$$C_t = bY_{t-1}$$

投资函数：　　$I_t = \alpha(C_t - C_{t-1})$

萨缪尔森经济周期模型的基本方程可以表示为：

$$Y_t = G_t + C_t + I_t \tag{12.1}$$

$$C_t = bY_{t-1}, 0 < b < 1 \tag{12.2}$$

$$I_t = \alpha(C_t - C_{t-1}), \alpha > 0 \tag{12.3}$$

将式(12.2)代入式(12.1)得：

$$I_t = \alpha b(Y_{t-1} - Y_{t-2}) \tag{12.4}$$

设政府支出为常数：　　$G_t = G$　　(12.5)

将式(12.2)、式(12.4)、式(12.5)代入式(12.1)整理得：

$$Y_t = bY_{t-1} + \alpha b(Y_{t-1} - Y_{t-2}) + G$$

上式就是乘数—加速数原理的萨缪尔森数量模型，说明 t 期的国民收入是由乘数 b、加速数 α、前期国民收入 Y_{t-1} 与再前一期国民收入 Y_{t-2} 以及 t 期的政府支出 G 决定的。

假如前两期的国民收入 Y_{t-1} 与 Y_{t-2} 以及 t 期的政府支出既定，则 t 期的国民收入取决于乘数和加速数的大小。乘数和加速数的相互作用又决定了国民收入大小及其波动的情况。如果乘数和加速数既定，则 t 期的国民收入的大小取决于前两期国民收入的大小。现以表 12－1 来说明乘数和加速数的相互作用。表 12－1 中假定：边际消费倾向 $b = 0.4$，加速数 $\alpha = 2$，并假定第一年以前的政府支出为零。

表 12－1　　乘数—加速数模型　　单位：亿美元

1	2	3	4	5	
时期	政府支出	上期国民收入引致的现期消费	引致的现期投资	现期国民收入	阶段
t	G_t	$C_t = bY_{t-1}$	$I_t = \alpha(C_t - C_{t-1})$	$Y_t = G_t + C_t + I_t$	
1	1	0	0	1	高潮阶段
2	1	0.4	0.8	2.2	
3	1	0.88	0.96	2.84	
4	1	1.136	0.512	2.648	
5	1	1.0592	－0.1536	1.9056	低潮阶段
6	1	0.76224	－0.59392	1.16832	
7	1	0.467328	－0.589824	0.877504	
8	1	0.3510016	－0.2326528	1.1183488	高涨阶段
9	1	0.44733952	0.19267584	1.64001536	
10	1	0.656006144	0.417333248	2.073339392	
11	1	0.829335756	0.346659225	2.175994982	
12	1	0.870397992	0.082124473	1.952522465	
13	1	0.781008986	－0.178778011	1.602230974	

从表 12－1 中可以看出，即使乘数和加速数固定不变，国民收入也会发生上下波动，并且这种波动是呈现循环的规律。表中第 3 年国民收入达到最大值为 2.84 亿美元，而在第 7 年，国民收入又降低到最低值为 0.877504 亿美元，在第 11 年又转为最高值为 2.175994982 亿美元，呈现循环状态，表现了国民收入一种有规律的周期性波动的过程，说明了在乘数和加速数的相互作用下，经济产生了周期性的波动。

萨缪尔森的经济周期模型同时又说明了乘数和加速数的大小对经济周期类型的影响。表 12－2 是用 α 与 b 各种不同的假定值，计算出政府在各时期连续支出 1 美元将引起的国民收入的变动序列。

表 12－2　　不同乘数值与加速数值对政府支出产生的影响

时期	$b=0.5$ $\alpha=0$	$b=0.5$ $\alpha=2$	$b=0.6$ $\alpha=2$	$b=0.8$ $\alpha=4$
1	1.0	1.0	1.0	1.0
2	1.5	2.5	2.8	5.0
3	1.75	3.75	4.84	17.8
4	1.875	4.125	6.352	56.2
5	1.9375	3.4375	6.6256	169.84
6	1.9688	2.0313	5.3037	500.52
7	1.9844	0.9141	2.5959	1459.592
8	1.9922	－0.1172	－0.6918	4027.704
9	1.9961	0.2148	－0.3603	12241.1216

上述数据是依据模型公式 $Y_t = bY_{t-1} + \alpha b(Y_{t-1} - Y_{t-2}) + G$ 计算的，表中第二、三、四和五列代表着国民经济的四种类型。例如，第一种类型是只有乘数的作用而没有加速数的作用，根据乘数原理，各期国民收入按一个递减比率上升，不呈现上下波动，最终处于新的均衡水平。第二种类型相对于第一种类型，边际消费倾向不变，但加速数增加至 2，乘数和加速数的相互作用使得国民收入上升到一定程度后又开始下降，而下降到一定程度又开始回升，呈现上下波动态势，且波动的幅度越来越小，直到最后周期消失。表中第四列代表着国民经济的第三种类型，在乘数和加速数的共同作用下，国民收入也呈现上下波动态势，但波动幅度逐渐扩大，呈现一种“爆炸波”。表中第五列表示，国民收入按一个递增的比率无限扩张下去，收入急剧增加。也就是说，一些外生变量可以通过经济体系内生因素相互作用的运行机制，对经济体系产生巨大的冲击，只要潜在的生产资源能够提供的各种产品和劳务正好是社会所需要的，并且总是有所需要的货币流通量，那么，政府只要对较小的外生变量进行调控，通过这些变量对经济体的冲击，就可以实现国民收入的飞速增长。

考察萨缪尔森的经济周期模型，可以得出以下结论：

第一，萨缪尔森的乘数—加速数模型说明了经济周期的波动的根源在于经济体本身的因素。经济周期是经济体本身内在的一种机制的结果，它的波动是由经济的内生变量引起的，外生变量则是通过其内在机制来影响经济的。这种机制的自发调节作用,形成了经济波动,因此,经济的周期性波动是正常的,而且是有规律的。

第二,在只有乘数作用,没有加速数作用的情况下,政府的支出只会导致国民收入按一定的倍数增加,而不会产生波动情况。只有在乘数和加速数的相互作用下,才会使经济产生波动情况。

第三,国民收入波动的幅度取决于边际消费倾向和加速数的数值。如果边际消费倾向和加速数数值较小,则国民收入波动的幅度也较小,并会逐渐趋向于一个稳定的水平。如表12－2中第三列中国民收入的变化情况所示,第二个高涨阶段的国民收入要低于第一个高涨阶段的国民收入。相反地,如果边际消费倾向和加速数的数值较大,则国民收入波动的幅度也较大,并且越来越大,假如边际消费倾向增大到0.8,加速数增加到4,则国民收入会呈现高速积累的增长形式。

第三节　现代经济周期理论

案例导入

国有投资与中国经济的波动

【案例内容】

1988年是中国经济增长的转折年,在这之前,中国经济保持着两位数的高增长和较低的通货膨胀率,从1988年开始,情况发生了变化。由于需求过旺,价格改革预期加强,当年通货膨胀第一次达到两位数,国家开始采取紧缩政策,国有投资率先回落,其增长速度低于非国有部门;到1989年,非国有投资出现改革以来第一次回落,回落速度超过国有部门,表明非国有部门对市场反应更为敏感,预期不好就会直接减少投资。1991年下半年,国家重新启动经济,国有投资率先启动,非国有投资存在着滞后反应;到1992年,国有投资仍在大幅增长,增长率比非国有部门高10个百分点。由于市场预期的拉动,1993年非国有投资大幅增长,增长率高达72%。同年7月,国家通过减少国有投资开始宏观紧缩,国有投资增速明显回落,但经济景气还未结束,非国有投资依然较为旺盛。随着国有投资的一步步收缩,引致了非国有部门的收缩,当经济景气预期结束时,非国有投资比国有投资的下降还快,到1997年非国有投资的增长已低于国有投资。

从上述两次经济波动看,经济增长率达到9%以后,非国有投资的增长开始超过国有投资;当经济增长率低于9%,非国有投资的增长就要低于国有投资。9%的GDP增长率似乎成为了经济景气的判断值。这恰恰与改革开放以来中国经济的自然增长率相符合。据世界银行计算,1979～1995年,中国潜在的经济增长率为9.1%,其中46%来自资源的重新配置,是制度改革的结果(世界银行,1998)。从增长指标看,9%是目前中国经济景气循环的界限,但从深层次看,经济增长率达到9%以上都有巨大的制度变革发生。20世纪80年代的改革实现了两位数的高增长,1989年以后,体制收缩,经济增长率降至9%以下。

在两次经济景气循环中,国有投资起着经济启动和收缩的先导作用。当国有投资确实启动了经济景气时,非国有投资才会跟进;当国有投资收缩结束了景气时,非国有投资才会快速退出。国有投资是国家宏观政策的操作和控制杠杆,非国有投资基本上是随市场景气循环的变动而进退的。1998年国家再次启动国有投资,但到目前为止还没有成功地刺激起经济景气,或者说,在制度上还没有创造出非国有部门预期的发展空间,非国有投资的跟进是困难的。

【案例分析】

造成宏观经济周期性波动的内在原因和传导机制是什么?西方经济学家对此有不同的解释。从本例的分析中可以看出,改革开放以来特别是20世纪80年代中后期以来,中国的投资变动与经济景气循环密切相关,投资与经济增长的变化基本一致。1988年国家实施紧缩性宏观经济政策,国有投资从1989年开始回落,非国有投资根据其对市场的预期作出相应的反应,即直接减少投资(由16.98%锐减到-15.84%),由此导致GDP实际增长率由1988年的11.3%降至1990年的3.8%。1991年,政府决定刺激经济增长,国有投资迅速回升,非国有投资虽有一定的滞后反应,但在确信市场状况开始好转时也大幅增加,1993年增长率达到72.76%。国有和非国有投资的增加使得GDP的增长率超过9%的时间持续了6年之久(1991—1996年)。这说明,在两次经济波动中,国有投资的启动与紧缩以及非国有投资的跟进与退出起着至关重要的作用。

【案例来源】

斯蒂格利茨.《经济学》小品和案例.北京:中国人民大学出版社,1998.11

20世纪70年代初以来,西方宏观经济学发生了巨大变化。凯恩斯主义独领风骚的历史已经结束,代替它的是新古典宏观经济学和新凯恩斯主义经济学论战的局面。新古典宏观经济学是由70年代出现的理性预期学派发展而来的,其理论的建立是从经济周期理论开始的。理性预期学派从一开始就对经济周期问题给予了特别关注。卢卡斯在70年代提出货币周期模型,其理论在西方学界的影响很大。进入80年代以来,该模型同时陷入了理论上和经验上的困境。在理论上,人们认识到信息障碍在实际中似乎并不特别重要,货币经济周期模型对包含货币与产出之间因果关系的经济周期没有作出令人能够接受的解释。在经验方面,尽管在早期该模型取得了一些成功,但支持预期到的货币是中性的这一主张的证据并非那么有力。在这种情况下,从20世纪80年代初期开始,对总产量不稳定的新古典解释主要集中到实际冲击而非货币冲击。这就是所谓的真实经济周期理论。而为了应对理性预期学派和真实经济周期理论的挑战,凯恩斯主义阵营推出了所谓的新凯恩斯主义经济理论,这主要是一种解释经济周期的理论体系。

一、新凯恩斯主义的经济周期理论

新凯恩斯主义是指20世纪70年代以后在凯恩斯主义基础上吸取非凯恩斯主义某些观点

与方法,如理性预期假设等所形成的理论。新凯恩斯主义经济学的特征表现为不完全竞争,不完善市场,异质劳动和不对称的信息,而且经济主体经常关心着公平。因此,在新凯恩斯主义者看来,“实际的”宏观领域具有协调失效和宏观经济的外部影响的特性。

1. 理论缘起

20 世纪 70 年代后期兴起的新古典宏观经济学的学者们认为,凯恩斯主义经济学在理论上是不恰当的,他们断言,宏观经济学必须建立在微观经济的基础上,他们主张,应当用建立在市场始终出清和经济行为者始终实现最优化的假定基础之上的宏观经济理论来取代凯恩斯主义经济学,凯恩斯主义经济学已寿终正寝了。但是,新古典宏观经济学并非关于人们实际生活世界的理论,它的研究方法实质上是真正未应用于现实世界的一种数学上的构思。对比而言,凯恩斯主义经济学绝未想成为一种抽象的理论,而是要成为解决起初世界问题的实际政策模式。凯恩斯宏观经济学认为,经济理论应当切合于真实世界、真实世界的制度和现实行为,因而其在理论分析上的表现是凌乱而缺乏深厚的微观基础。于是,20 世纪 80 年代便产生了新凯恩斯主义经济学。

2. 新凯恩斯主义的核心命题

美国经济学家曼奎和罗默明确表示:“新凯恩斯主义经济学”意味着对如下两个问题作出解答:(1) 这个理论违背古典派的二分法吗?它断定名义变量(如货币供应)的波动影响实际变量(如产出量和就业)的波动,即货币非中性论吗?(2) 这个理论假定经济中的实际市场不完善性是理解经济波动的关键吗?如不完全竞争、不完全信息和相对价格粘性这些思考是理论的核心吗?对于以上两个问题,新凯恩斯主义经济学是作出肯定回答的。因为价格是粘性的,所以古典派的二分法便破产了。因为不完全竞争和相对价格的粘性是理解价格为何呈粘性的主要原因,所以实际的不完全性是具有决定性的。

在宏观经济学的研究方法中,只有新凯恩斯主义经济学才对以上两个问题的回答是肯定的。真实经济周期理论强调技术上的扰动和完善的市场,所以它对以上两个问题作出否定回答。虽然许多早期宏观经济理论抛弃了古典派的二分法,但是它们通常并不强调实际的不完善性是真相叙述的主要部分,例如,20 世纪 70 年代大多数的凯恩斯主义经济学(包括非均衡的凯恩斯主义模型)都把工资和价格粘性塞进另外的瓦尔拉斯式经济或硬充作瓦尔拉斯体系。因此,名义的和实际的不完善性的相互作用是新凯恩斯主义经济学的显著特点。

新古典主义模型和新凯恩斯主义模型之间的关键性差别在于对待价格确定行为上。与价格接受者(他是新古典模型的主角)形成对照,新凯恩斯主义模型假定制定价格的是垄断企业,而非假定是完全竞争企业。虽然在凯恩斯的《就业、利息与货币通论》出版之前,1933 年,罗宾逊夫人、张伯伦已分别独立地发展了垄断竞争理论,可是直到最近,主流凯恩斯主义理论家们才开始了使不完全竞争体现成非市场出清模式的工作。

具体而言,新凯恩斯主义坚持凯恩斯主义的非市场出清模型,但假定工资和价格具有粘性,而不是刚性,即工资和价格不是不能调整,而是调整十分缓慢,需要耗费相当的时日;同时新凯恩斯主义增添了原凯恩斯主义所忽略的两个假设:一是经济当事人利益最大化原则,即厂商追逐利润最大化和家庭追逐效用最大化;二是理性预期,这一假设来自新古典宏观经济学。

这些增添的假设使其突破了原凯恩斯主义的理论框架，提升了其对经济现实解释的系统性。

3. 新凯恩斯主义理论的政策含义

在强调粘性价格的新凯恩斯主义模型中，货币不再是中性的，政策效力至少在原则上是重新确认的。既然较大的价格灵活性使经济波动问题恶化，新凯恩斯主义者也就论证了即使价格是灵活的，矫正的需求管理政策的潜在作用也存在。

在市场经济中，内生力量可能经常地增强外生冲击的干扰影响。因为在新凯恩斯主义模型中，经济波动是不规则的、无法预言的，所以新凯恩斯主义者不是政府试图微调宏观经济的支持者。关于对总量波动，政府可以采取相机抉择行动的程度，并没有统一的新凯恩斯主义观点。然而，大多数新凯恩斯主义者则认为，由于市场失灵，特别是就极度经济衰退来说，确实需要政府行动。由于经济将来可能面临诸多问题的不确定性，少数新凯恩斯主义者便赞成均衡理论家们和大多数货币主义者所提倡的固定规则方法。

从新凯恩斯主义分析中得出的教训是，面临导致持久性的巨大冲击时，政策干预是必要的，因为市场经济的调整过程运转得较缓慢。斯蒂格利茨指出："新凯恩斯主义经济学家也相信，面临迅速变动的经济时，设计恰如其分的规则性政策事实上是不可能的。"所以，与货币主义者和新古典主义者提倡的"微调"（Fine-tuning）经济政策相对照，新凯恩斯主义者却拥护设计出"粗调"（Coarse-tuning）政策以抵消或避免宏观水平波动问题。

4. 简要评价

新凯恩斯主义以不完全竞争和不完全信息为前提，分析论证名义的和实际的工资和价格粘性的存在，从而得出资本主义市场经济的不稳定性（市场始终难以出清）这种论断，以及资本主义社会必然产生大量非自愿失业这个现象，因此提出政府干预私营经济的必要性，否定政策措施的无效性的论调。所有这些都近乎资本主义社会经济的现实。

自20世纪60—70年代以来，西方经济学界各派对如何使微观经济和宏观经济相结合的机制问题一直争论不休，其中受到责难较多的是凯恩斯的宏观经济学被认为缺乏微观经济理论基础。对此，新凯恩斯主义经济学者们试图吸取新古典派的理性预期假说，抑或承认自然失业率的存在来补充凯恩斯宏观经济学的微观经济理论基础。

然而，这样的结合和补充恰是背离了凯恩斯主义的重要部分。如罗宾逊夫人所指出的，凯恩斯主义从理论方面来说，就"在于从均衡观向历史观的转变；在于从理性选择原理到以推测或惯例为基础的决策问题的转变"，而由于未来的不确定性，所以"严格的理性行为是不可能的"。经济生活很大部分都是根据公认惯例来处理的。新古典经济学理论中对"理性经济人"的强调，正受到许多学者的批评，他们认为，如果仅着眼于对"理性经济人"的强调，那就忽略了最大多数智力正常的人的行为和决策极少决定于经济的考虑，因而无视社会组织的重要性，抹杀集体行为力量，否认不同利益集团、不同阶层或阶级之间的矛盾或冲突。这样，就必然使其经济分析容易形成错误的结论，从而导致错误的决策。而自然失业率不过是西方传统经济学中的"摩擦性失业"和"自愿失业"的另一种说法。它的水平变动是由劳动市场的结构所决定的，因此自然失业率变动可被视为理所当然地未实现"充分就业"的借口，即不存在凯恩斯所指出的"非自愿失业"了。显然，这确是新凯恩斯主义者的重大让步。

可见,新凯恩斯主义经济学者企图将"理性预期",用"理性经济人"来填补凯恩斯宏观经济学的微观基础,实质上并非对凯恩斯经济学的"发展",而是向凯恩斯以前的传统经济学的让步和复旧。

总之,诚如西方有的经济学者所指出的,"虽然宏观经济学需要微观基础",但是"微观经济学也需要宏观基础",而且"微观经济学并不能有效地解决宏观问题"。

二、真实经济周期理论的内容

20 世纪 80 年代以后,基德兰德和普雷斯科特所开创的真实经济周期理论在宏观经济学中引起了人们极大的关注。这一理论丰富和发展了经济周期理论,并对凯恩斯主义经济周期理论产生了很大的冲击。主要在经济周期的性质、经济周期的原因及如何减少经济周期、稳定经济这些问题上存在着很大的分歧。此外对经济学的未来,真实经济周期理论的发展方向具有重要的指导意义。

真实经济周期理论(Real Business Cycle Theory)之所以如此命名,主要源于他们认为经济周期主要根源于经济体系之外的真实因素的冲击。近 20 多年来,真实经济周期理论研究取得了很好的发展,它不仅改变了人们对经济周期根源和性质的看法,还极大地影响了现代宏观经济学研究的方向,为宏观经济学的发展作出了许多重要而且持久的贡献。

真实经济周期理论的核心思想是,导致经济周期的根源主要是以技术冲击为代表的真实因素,经济波动是理性预期经济主体对技术冲击所引起的变动作出最佳反应来调整劳动供给和消费的帕累托最优调整结果,经济周期的任何时期都处于均衡经济状态,政府没有必要干预经济,而且干预反而会造成人们福利水平的降低。具体来说,真实经济周期理论主要包括以下五方面内容。

1. 以技术冲击为代表的真实因素冲击是经济周期的根源

真实经济周期理论把引起经济周期的外部冲击分为引起总供给变动的"供给冲击"和引起总需求变动的"需求冲击"。这两种冲击又有引起有利作用、刺激经济繁荣的"正冲击"(或称"有利冲击"),以及引起不利作用、导致经济衰退的"负冲击"(或称"不利冲击")。有利的冲击比如技术进步,这种冲击刺激了投资需求;不利的冲击比如 20 世纪 70 年代的石油危机,对供给有不利影响,类似"9・11"这样的事件也已归入不利冲击。国内外发生的各种事件都可以成为对经济大大小小的外部冲击,但其中最重要的是技术进步。在引起经济波动的外部冲击中,技术进步占 2/3 以上。值得注意的是,真实经济周期理论把政府宏观经济政策也作为引起经济波动的外部冲击之一。

按照他们的分析,经济周期源于经济体系之外的供给面上的一些无法估计的外部冲击,如技术冲击技术。冲击导致了技术进步率大幅度地随机波动,改变了全要素生产率和工资及利率等经济变量的相对价格,使产出的长期增长路径也呈现出随机的跳跃性。市场机制本身无法预测这些因素的变动与出现,因而经济中发生周期性波动。

外部冲击如何引起经济周期呢?可以技术进步来说明。假定一个经济处于正常的运行之中,这时出现了重大的技术突破(如计算机网络的出现)。这种技术突破引起对新技术的投资迅速增加,这就带动了整个经济迅速发展,引起经济繁荣。技术是决定经济的重要因素之一,所以，这种繁荣并不是对经济长期趋势的背离，而是经济能力本身的提高。但新技术突破不会一个接一个，当这次新技术突破引起的投资热过去之后，经济又趋于平静。这种平静也不是低于长期趋势，而是一种新的长期趋势。20 世纪 90 年代美国经济繁荣与之后的衰退证明了这种理论。经济中这种大大小小作用不同的外部冲击无时不有，所以，经济的波动也是正常的，并非由市场机制的不完善性所引起。

2. 波动的核心传播机制是劳动供给的跨时期替代

在经济周期中，实际工资的一个“轻微”变化，和产量与就业的大幅度波动同时发生，要发生这种情况，不仅劳动供给曲线必须向上倾斜，而且劳动供给对工资增加的反应必须非常显著。如此大的反应会发生吗？真实经济周期理论的倡导者认为如果对劳动供给的反应有正确的理解，则答案是肯定的。在他们看来，劳动对实际工资的轻微变化作出的巨大反应，是劳动供给跨时期替代的结果。

这个理论认为家庭随时间调整他们的劳动供给。当实际工资暂时上升时工作更多的时间，当实际工资暂时下降时就工作较少时间，在这种情况下，家庭在特定的时期内，并不进行劳动和闲暇的替换。相反，他们用一个时期的劳动替换另一个时期的劳动。但是要使劳动力的供给对时间工资反应灵敏，必须满足两个条件：第一，在进行劳动的跨时期替代能力上，人们必须具有高度弹性（在技术上，劳动和闲暇之间的跨时期替代弹性必须很大）；第二，工人必须把经济周期中的工资增加视为暂时的，因而为了获取暂时的实际工资上升的好处，他们愿意迅速地调整劳动的供给。

当技术冲击引起全要素生产率波动时，理性预期经济主体会根据相对价格的变动来调整劳动供给和消费，从而会产生一个大的供给反应，导致产量和就业的波动。在跨时期劳动替代的作用下，一次技术冲击能够引起实际产量的持续波动。由于社会生产各部门之间存在着密切的相互联系，发生于某个部门的技术冲击也会引起整个宏观经济的波动。

3. 否定把经济分为长期与短期的说法

经济波动在很大程度上表现为经济基本趋势本身的波动，而不是实际经济围绕基本趋势波动，不是对均衡的偏离，而是均衡本身暂时在波动。经济波动不应被视为对经济增长长期趋势的暂时偏离，经济的短期波动和长期增长趋势是统一的。这就把经济增长理论和经济周期理论整合在了一起，否定了把经济分为长期与短期的说法。

4. 政府的反周期政策不起作用，政府没有干预经济的必要

真实经济周期理论认为，产出和就业的波动是理性经济主体对冲击的最优反应，市场机制本身可以自发地使经济实现充分就业的均衡，而作为外生力量的经济政策则难以与实际周期达到时间一致，并且还会降低人们的福利水平。基于这些认识，“真实经济周期理论”者将政策及其失误作为一种不利的外部冲击，主张政府不应试图用稳定政策来消除波动。

既然经济周期并不是市场机制的不完善性所引起的，就无须用国家的政策去干预市场机制，只要依靠市场机制经济就可以自发地实现充分就业的均衡。它们说明了，由外部冲击引起的周期性波动不可能由政府政策来稳定，而要依靠市场机制的自发调节作用来稳定。只有市

场机制才会对经济波动作出自发而迅速的反应，使经济恢复均衡。比如，技术突破引起的投资热带动了整个经济繁荣，这时资源紧张会引起价格上升，价格上升就可以抑制过热的经济，使之恢复正常状态。市场机制的这种调节是及时的，经济不会大起大落。

相反，政府的宏观经济政策往往是滞后的，由于政府不可能作出准确的经济预测，政策本身的作用有滞后性，加之政府政策难免受利益集团的影响，决策者信息不充分，对经济运行的了解有限，政策不可能像决策者所预期的那样起到稳定作用。宏观政策的失误往往作为一种不利的外部冲击而加剧了经济的不稳定性。而且，政策限制了市场机制正常发挥作用。用政府干预代替市场机制的结果，是破坏了经济稳定和经济本身自发调节的功能。

5. 货币中性

真实经济周期理论认为货币供给是内生的，货币数量的变化对经济没有真实影响。在经济扩张期间对货币的需求会扩张并诱导货币供给的调整反应，货币政策不会影响实际变量，只有资本劳动和生产技术等真实变量的变动才是经济周期的根源。不应当用货币政策去刺激产出，货币政策只能以稳定物价作为单一目标。

虽然反对者从实证的角度对货币中性提出批评，因为从实证分析的角度看，货币量的减少几乎总是与高失业率相关，不能断定货币量的变化及货币政策对实际经济运行没有影响。但真实经济周期理论认为，批评者是颠倒了货币与产出的因果关系。货币供给应当被看做是一个内生变量，货币供给量决定于产出量，产出量的变化决定了货币量的变化，而不是货币量的变化决定了产出量的变化。货币服务时银行部门提供的产出，其数量随着实际经济的发展而增加或减少。实际部门的产出增加，将增加对交易服务的货币的需求，银行系统会通过创造更多的货币来满足、迎合这种货币需求的增加。因此，货币的增加来自经济系统本身对于货币的内在需求，而不是外部货币政策的驱动，但货币量的变动却会给人以货币非中性的错觉。

三、真实经济周期理论的理论突破与影响

真实经济周期理论是20世纪80年代以来新自由主义经济学的重大发展，超越了货币主义和理性预期学派，成为与新凯恩斯主义相抗衡的最主要的新自由主义流派。它完全以正统的微观经济理论来说明宏观经济波动，是对传统经济周期理论的巨大挑战。第一，通过把经济增长理论和经济周期理论整合在一起，真实经济周期理论在很大程度上改变了当代经济周期研究的方向，并促使宏观经济学家把注意力再次集中在经济的供给面上。第二，真实经济周期理论强调了宏观经济学研究的跨时间和动态的特点。第三，真实经济周期理论用特定的模型逼真地模拟实际经济的时间序列行为，那些由于费用太高而无法在实际经济中进行实验的政策得以在这里以非常低的成本进行实验，从而为宏观经济学研究提供了新的工具。

以往人们对经济波动的解释主要基于凯恩斯主义的短期总需求分析，Solow模型中的要素投入和技术进步，只对长期经济增长产生影响，对短期经济波动则没有任何作用。同时，政府经济政策，主要是对总需求进行“相机抉择”的调控。Lucas通过著名的“卢卡斯批判”和理性预期理论，最早对此提出了挑战和批判，并进一步提出了“货币经济周期理论”，试图用货币因素来解释经济波动的原因。F. 基德兰德和E. 普雷斯科特提出的“真实经济周期理论”则在“货币经济周期理论”的基础上深入探讨了技术进步和各种供给冲击等真实因素的变动对经

济波动的影响，并将相互割离的"凯恩斯主义"和 Solow 模型中的宏观经济变量进行了综合的考虑；论证了技术进步等真实因素不仅会影响长期经济增长，而且会产生短期经济波动；改变了人们对经济周期的波动原因的理解，有助于更深入地认识经济周期的规律，进而更全面地认识宏观经济中的决定力量。

知识归纳

【基本概念】

经济周期　基钦周期　朱格拉周期

【基本原理】

经济周期的含义、四个阶段以及经济周期的一般特征是学习过程中必须掌握的内容。经济周期的发展过程，古典时期的经济周期理论、新古典时期经济周期理论以及现代经济周期理论是了解的内容。

人物窗

罗纳德·H·科斯(Ronald H·Coase)，美国经济学家，1910 年 12 月 29 日出生于英国。1932 年获伦敦大学学士学位，1932—1934 年任丹迪经济暨商业专校助理讲师，后陆续任教于英国许多高校，1951 年获伦敦大学博士学位，1951—1958 年任布法罗大学经济学教授，1964—1970 年任芝加哥大学法学院经济学教授。因其对产权和新制度经济学的突出贡献，被授予 1991 年度诺贝尔经济学奖。科斯开创产权经济学和法与经济学等经济学科，最先提出交易费用的理念和所谓的"科斯定理"，对经济学产生革命性影响。值得一提的是，科斯是众多长寿经济学家中的佼佼者，至今已是百岁高龄。

思考与练习

1. 单选题

(1) 熊彼特认为经济周期产生于(　　)。

A. 战争和农业歉收

B. 技术革新

C. 太阳黑子

D. 乘数和加速数的交换作用

(2) 根据希克斯的经济周期理论，若充分就业的劳动增长率为 1.5%，生产率的增长为 2.5%，则实际 GDP 的最高增长速度为(　　)。

A. 4.0%

B. 2.5%

C. 3.5%

D. 4.5%

(3)基钦周期是一种(　　)。

A. 短周期

B. 中周期

C. 长周期

D. 不能确定

(4)导致经济周期性波动的投资主要是(　　)。

A. 存货投资

B. 固定资产投资

C. 意愿投资

D. 重置投资

(5)加速原理断言(　　)。

A. 产出的增加导致投资倍增

B. 产出的增加导致投资倍减

C. 投资的增加导致产出倍增

D. 投资的增加导致产出倍减

2. 多选题

(1)经济之所以会发生周期性的波动,是因为(　　)。

A. 乘数作用

B. 加速数作用

C. 技术创新作用

D. 外部经济因素作用

(2)应对经济周期性波动的经济政策有(　　)。

A. 放松财政预算约束

B. 宽松的货币政策

C. 物价和收入管制

D. 全面的经济计划

3. 简答题

(1)如何理解乘数与加速数的交互影响?

(2)真实经济周期理论的影响有哪些?

(3)什么是经济周期?导致经济周期性波动的因素有哪些?

第十三章　经济增长理论

教学目标

➢熟练掌握与经济增长相关的基本概念；

➢了解经济增长理论的基本演变和主要的经济增长理论模型，并能利用相应的理论知识分析经济增长的影响因素；

➢应用基本原理解释相关问题。

第一节　经济增长理论概况

案例导入

经济增长——宏观经济学中最重要的问题

【案例内容】

当你在世界各国旅行时，你会看到生活水平的巨大差异。在美国、日本或德国这样的富国，平均每人的收入是印度、印度尼西亚这样的穷国的十几倍。这种巨大的收入差异反映在生活质量的巨大差异上。富国有更多的汽车，更多的电话、电视机，更好的营养，更安全的住房，更好的医疗以及更长的预期寿命。

即使在一个国家内，生活水平也随着时间推移而发生了巨大变化。在美国过去一个世纪以来，按人均实际 GDP 衡量的平均收入每年增长 2% 左右。虽然 2% 看来并不大，但这种增长率意味着平均收入每 36 年翻一番。由于这种增长，今天的平均收入是一个世纪以前的 8 倍左右。因此，普通美国人享有比他们的父母、祖父母高得多的经济繁荣。

【案例分析】

用什么来解释这些呢？富国如何能确保自己的高生活水平呢？穷国应该采取什么政策加快经济增长，才能加入发达国家的行列呢？西方经济学通常以生产函数理论来研究经济的增长，在此基础上，将经济制度等因素视为既定的，重点考察各种生产要素投入变化对经济增长的影响，并进一步通过一定的方法来测度不同经济体系中各种生产要素对经济增长的贡献比率，从而得出经济增长的理论理解和相应的政策含义。

【案例来源】

斯蒂格利茨.《经济学》小品和案例.北京:中国人民大学出版社,1998.11

一、经济增长的含义

(一)经济增长与经济发展

经济学家经常使用两个概念来分析社会经济运行的长期过程,即“经济增长”和“经济发展”(Economic Development)。这是两个既紧密相关联又不完全相同的概念。经济增长是一个明确的可度量标准,被定义为本时期的国民总产出相对于上一时期国民总产出所增加的百分比,最简单的定义,是指一国一定时期内商品和劳务总量的增长(通常以年度为计量单位)。经济发展这一概念主要是针对经济增长概念所存在的问题而提出。

如果说经济增长是一个单纯的“量”的概念,那么经济发展就是一个比较复杂的“质”的概念,它不仅包括经济增长的速度、增长的平稳程度和结果,而且还特别包括国民的平均生活质量,如教育水平、健康卫生标准等,以及整个经济结构、社会结构等方面的总体改善与进步。从经济学所强调的观点来看,经济发展是经济持续增长的结果。国民生活水平的提高,经济结构、社会形态等方面的改进也都很大程度上依赖于经济增长。因而保证持续增长可能是一个国家经济发展走上现代化之路的最重要条件。

经济发展是用来比较一个国家总体发展水平的综合分析的概念,它把世界上的国家大致分为以下几类:发达国家、发展中国家、不发达国家等。由于各国经济发展的经济基础、历史背景、社会结构和政治体制都大不相同,经济发展的时期和结果也有很大差异,因此在经济学里有一门专门研究经济发展的学科,叫做“发展经济学”,其中对各国经济发展成败得失的具体原因有集中分析。西方经济学的宏观研究重点在于分析经济增长的一般规律。如果说经济发展是讨论一个国家的经济怎样发生“质变”,那么在这里要讨论的则是引起这种质变的最重要因素:量变,即经济增长。

(二)经济增长的含义及其特征

1.经济增长的含义

根据经济增长的定义可知,它包括两个方面的含义:其一是指一国国民所需要的商品和劳务的潜在生产能力的扩大及实际增加量;其二是指决定一国生产能力的各种资源、资本积累的数量和质量及技术水平等诸因素的扩大和改进。美国经济学家S.库兹涅茨(S.Kuznets)给经济增长下过一个经典的定义:“一个国家的经济增长,可以定义为给居民提供种类日益繁多的经济产品的能力的长期上升,这种不断增长的能力是建立在先进技术以及所需要的制度和思想意识之相应的调整的基础上的。”换句话说,经济增长的核心含义是国民生产总值的增加,而技术进步、制度与意识形态的调整则是实现经济增长的支撑条件。

2.经济增长的特征

根据上述有关经济增长的定义,S.库兹涅茨认为经济增长的特征可以归纳为三个方面六大特征:

(1)经济增长的量的特征

①经济增长最显著的特点就是产量增长率(实际国民生产总值增长率)、人口增长率、人均产量增长率(人均实际国民生产总值增长率)都相当高。

②无论是劳动生产率还是包括其他生产要素的全要素生产率,其增长速度都很高。

(2)经济增长的社会特征

①经济结构的渐进变革。这种变革包括以农业为主变为以非农业为主和服务业的扩大,生产单位规模的变化、劳动力就业状况的变化、消费结构的变化、国外供给与国内供给的相对比例的变化等。例如,美国在1820年,70%的劳动力集中于农业部门,到1940年,这一比例下降到不足20%,到90年代中期,这一比例已经下降至1%。日本这一比例也从1870年的72%下降至20世纪80年代后期的8%。在贫困国家50%以上的劳动力从事农业,在收入中上等的发展中国家从事农业的劳动力比例在20%~25%。

②社会结构和意识形态迅速改变,城市化进程加快。所谓城市化,按S.库兹涅茨的定义是“相当大量的人口密集居住的人口集中”。健康的城市化是农业衰落、工业繁荣的结果。

(3)国际间的扩散特征

①增长在世界范围内迅速扩散。发达国家的经济增长借助于不断进步的技术,依靠通信和运输业的发展,以各种形式向世界其他国家延伸扩散,使经济增长成为世界性的趋势。

②世界各国和地区的增长不平衡,先进国家和落后国家之间的人均收入水平有着很大的差距。

显然,S.库兹涅茨等人所谓的经济增长,不但指人均国民收入的增加,也包括社会制度结构的变化。

二、经济增长的衡量

1.经济增长的衡量指标

在宏观经济学中,经济增长通常被规定为产量的增加,这里的产量既可以为经济的总产量,也可以表示为人均产量。经济增长的程度可以用增长率来描述。

一方面,若用Y_t表示t时期的总产量,Y_{t-1}表示$t-1$时期的总产量,则总产量意义下的增长率可表示为:

$$G_t = \frac{Y_t - Y_{t-1}}{Y_{t-1}}$$

式中,G_t为总产量意义下的静态增长率。而在连续数据的情况下,动态增长率可以用有关变量对时间的微分来表示。

另一方面,若用y_t,表示t时期的人均产量,y_{t-1}表示$t-1$时期的人均产量,则人均产量意义下的增长率可表示为:

$$g_t = \frac{y_t - y_{t-1}}{y_{t-1}}$$

式中,g_t为人均产量意义下的增长率。

2. 经济增长的源泉

关于经济增长的源泉，宏观经济学通常借助于生产函数来研究。生产函数把一个经济中的产出与生产要素的投入及技术状况联系在一起。设宏观生产函数可以表示为：

$$Y_t = A_t f(L_t, K_t)$$

式中，Y_t、L_t、K_t 依次为 t 时期的总产出、投入的劳动量和投入的资本量，A_t代表 t 时期的技术状况，则可以得到一个描述投入要素增长率、产出增长率与技术进步增长率之间关系的方程。称其为增长率的分解式，即

$$G_Y = G_A + \alpha G_L + \beta G_K$$

式中，G_Y为产出的增长率；G_A为技术进步增长率；G_L和 G_K分别为劳动和资本的增长率。α和β 为参数，它们分别是劳动和资本的产出弹性。

从增长率分解式知，产出的增加可以由三种力量来解释，即劳动、资本和技术进步。换句话说，经济增长的源泉可被归结为劳动和资本的增长以及技术进步。

有时候，为了强调教育和培训对经济增长的潜在贡献，还把人力资本作为一种单独的投入写进生产函数。所谓人力资本是体现在个人身上的获取收入的潜在能力的价值，它包括天生的能力和才华以及通过后天教育训练获得的技能。当把人力资本作为一种单独投入时，生产函数可被写为 $Y_t = A_t f(L_t, K_t, H_t)$，式中，$H_t$为人力资本。

3. 全要素生产率

全要素生产率的增长率是在所有投入不变的情况下，由生产方法改进导致产出增加的数额。换言之，用相同的生产要素得到更多的产出时，全要素生产率就增长了。

方程式 $G_Y = G_A + \alpha G_L + \beta G_K$ 总结了投入增长和生产率提高对产出增长的贡献：劳动和资本各自的贡献量等于它们各自的增长率乘以该投入在收入中所占的份额；方程式中的第三项称之为技术进步或全要素生产率增长的技术改进速度。

三、经济增长理论的产生及发展

1. 经济增长理论的产生

关于经济增长的思想在古典经济学家的著作中就有所体现，如亚当·斯密在 1776 年出版的《国民财富的性质和原因的研究》一书所研究的中心问题就是如何增加国民财富。斯密认为只要有合适的市场规模和一定量的资本积累，通过劳动分工可以提高劳动生产率和利润率，增加资本积累，从而经济增长能够自行持续下去。

此后，李嘉图在 1817 年出版的《政治经济学及赋税原理》一书中，在劳动价值论基础上，论述了资本主义经济在其发展过程中，国民收入在工资、利润、地租三者之间分配的发展变化规律。李嘉图指出，实际工资从长期看只能达到维持基本生存必需的水平上，而由于人口的不断增加导致耕地减少，从而农产品价格上涨，实物地租和货币地租会相应增加，当地租继续上涨到边际土地的产量只够支付所雇用的工人的生存工资时，资本家获得的利润为零，从而整个经济情况将变成一种静止状态。在这种状态中，资本积累完全停止，劳动需求也不会增加，工资处于刚够维持基本生存的水平上，技术不再发展，整个经济因此会处于长期停滞状态。

另外,马尔萨斯在《人口理论》一书中也反映了他对资本主义经济长期增长的观点。他认为由于土地报酬递减规律的作用,使得不加节制的人口增长必然会超过生产资料的增加,从而引起食物短缺,这是阻止资本主义经济增长的直接因素。

但是,在资本主义的发展中,所谓经济的静止状态并未出现。这是由于原来的假定条件发生了变化:生产技术不断发展,新的自然资源的发现和劳动熟练程度的提高,一系列的这些因素的变化,促进了经济的增长。

2. 经济增长理论的发展与演变

19 世纪 90 年代,剑桥学派的创始人马歇尔认为,资本主义经济可以通过利息率的变动来调节储蓄和投资,以进行资本积累,同时通过企业家对企业的组织管理,导致劳动生产率的提高和社会财富的增长。现代资产阶级经济学家熊彼特在 1912 年出版的《经济发展理论》一书中提出了创新理论,他认为技术创新是推动资本主义前进的力量,技术创新不但增加了利润,而且会迅速提高资本积累,不断的技术创新过程也就是资本主义经济增长的过程。

经济学界普遍认为,将经济增长问题作为一个专门的研究领域,是从凯恩斯主义产生以后的 20 世纪 40 年代开始的。1936 年出版的《就业、利息与货币通论》,为政府干预经济,刺激有效需求提供了理论根据。由于有效需求的增加,必然要求增加投资,而投资的增加就会扩大生产规模,进而增加国民收入。此后,经济增长理论的发展过程大致可以分为三个时期:第一个时期是从 20 世纪 40 年代末到 60 年代初,主要是建立各种经济增长模型。在这一时期,西方各国经济发展较快,其增长理论主要是研究资本主义经济长期稳定发展的条件。第二个时期是 20 世纪 60 年代,除了继续设计经济增长模型外,主要是研究资本主义经济,尤其是美国经济能否继续迅速增长的问题,并对影响经济增长的各种因素进行定量分析,寻求促进经济增长的途径。第三个时期是 20 世纪 70 年代之后,西方各国长期奉行凯恩斯学派赤字财政政策,导致各国在 70 年代初开始出现"停滞膨胀"的局面。反映在经济增长理论上,则出现了经济"增长极限论",或者称为"零增长论",主要是讨论经济能不能无限增长,应该不应该无限增长的问题,以及 20 世纪 70 年代以后迅速发展起来的新经济增长理论。

第二节 经济增长模型

案例导入

美国犹他州:从"蛮荒"到繁荣的转变

【案例内容】

犹他州是美国西部腹地的一个内陆州,过去常是美国拍"西部片"的地方,经济实力和社会发展水平在美国都处于落后地位。20 世纪 80 年代末以来,原来贫困落后的犹他州却奇迹般地迅速走向繁荣。从1990年开始，犹他州经济以每年超过7%的速度增长，而全美同期平均增长速度仅1.5%。1992年，美国经济仍旧疲软，而犹他州的就业率、工资、个人收入却分别增长了3.1%、8.6%、7.3%。这样的经济奇迹是怎样发生的呢？

归纳起来，犹他州靠的是高水平的教育、良好的基础设施、正确的政府决策。在此基础上该州的高新技术产业蓬勃发展，知识经济起了整个经济发展中的"火车头"作用。从20世纪80年代中期开始，犹他州开始了对教育的改革并大幅度增加教育经费和科研经费，其教育经费在各州中名列第三，高等教育经费则名列第二。尤其在高等教育方面，州政府不吝巨资支持大学的开发研究。犹他大学每年科研费约为1亿美元，人均研究费用仅次于麻省理工学院和加州伯克利分校，在美国名列第三。高质量的教育使犹他州员工的识字与阅读能力为美国第一，高中毕业率为美国第二，数学成绩也名列前茅。高等教育更吸引和培养了大量具有挑战性和创造性的人才，人才的优势很快转化为科技成果和经济增长。

正是由于高水平的教育培养出了大量高质量的人才，而使得犹他州的高科技产业蓬勃地发展起来。现在该州有工业园区约80个，其中最著名的是位于盐湖城和普洛渥之间的"软件谷"，这里云集了1 400余个高科技公司，8万多名员工，有500家大企业的总部，世界著名的Novell计算机网络公司等企业均在此"落户"。1992年，犹他州仅信息产业的收入就达52亿美元。

【案例分析】

技术进步是经济增长的重要因素，而技术进步又在很大程度上取决于知识的积累和运用，这一点在现代经济增长模型中得到了充分地体现。新古典经济增长模型在总量生产函数中加入了技术进步变量，以说明技术进步对人均资本积累过程和人均收入的影响。

新增长理论模型进一步探讨了技术进步自身的机制和规律，并把技术进步作为内生变量引入了增长模型中。阿罗在1962年提出"干中学"模型，认为知识是通过学习而获得的，技术进步是知识积累的产物，是不断学习的结果，而学习又来自实践经验，即生产或投资活动。而罗默的知识溢出模型认为，知识的进步体现在两个方面：一是劳动者的熟练程度，它用人力资本表示；二是新设备、新原材料等物质产品上，它用技术水平来表示。知识或技术是私人厂商进行意愿投资的产物，像物质资本投资一样，私人厂商进行知识投资也将导致知识资本的边际收益递减。但是，如果知识具有足够强的溢出效应，以抵消固定生产要素存在引起的知识资本边际产品递减的趋势，则知识投资的社会收益率会保持不变或呈递增趋势。卢卡斯的模型认为人力资本投资具有溢出效应，每一单位人力资本的增加除了引起产出增加外，还同时引起社会平均人力资本的提高，从而使得社会的总体生产效率提高，此时，企业和个人就会从中受益。

【案例来源】

斯蒂格利茨.《经济学》小品和案例.北京：中国人民大学出版社，1998.11

一、哈罗德—多马经济增长模型

英国牛津大学教授哈罗德从20世纪30年代末开始，便在《动态理论》(1939)和《动态经济学导论》(1948)等著作中提出,凯恩斯的理论是短期的、静态的分析,它只说明短期内投资与储蓄的均衡,以及由此所决定的国民收入均衡,而没有说明长期均衡如何决定和变动的问题,因而要将这种静态分析动态化、长期化。此外,凯恩斯的分析只说明了增加投资对增加收入的刺激作用,却忽视了收入的增加会引起投资的增加,亦即忽视了投资的增加既会增加需求又会增加供给的双重作用,因而无法解决长期中经济均衡的实现问题。为此哈罗德建立了他的增长模型。

与此同时,美国经济学家多马也于1946年和1947年在其《扩张与就业》和《资本积累问题》两篇论文中独立地提出了一个与哈罗德模型相类似的增长模型。因而后来的西方经济学家一般总是将这两个模型合称为"哈罗德—多马经济增长模型"。由于二者中的哈罗德模型被认为具有较丰富的内容,故以该模型作为二者的代表。

(一)哈罗德增长模型的基本假设

哈罗德模型的假设前提是:

(1)全社会只生产一种产品;

(2)储蓄 S 是国民收入 Y 的函数,$S=sY$,这里的 s 代表这个社会的储蓄比例,即储蓄在国民收入中所占有的份额;

(3)生产过程中只使用两种生产要素,即劳动 L 和资本 K;

(4)劳动力按照一个固定不变的比率增长;

(5)不存在技术进步,也不存在资本折旧问题;

(6)生产规模报酬不变,也就是说,生产任何一单位产品所需要的资本和劳动的数量都是固定不变的。

(二)模型的基本内容

哈罗德认为,一个社会的资本存量和该社会的总产量或实际国民收入之间,存在着一定的比例,这一比例被称为资本—产量比,现以 v 来表示。若 K 和 Y 依次代表资本和产量,即国民收入,则有:

$$K = vY$$

随着社会资本的增长,该社会的产量也会增长,假设二者的增长量依次为 ΔK 和 ΔY,二者之比被称为边际资本产量比。如果原有的资本产量比等于边际的资本—产量比,那么有:

$$\Delta K = v\Delta Y \tag{13.1}$$

由于假设不存在折旧,资本增量 ΔK 因而全部来源于新的投资,也就是说,$\Delta K = L$。因此式(13.1)可以表达为:

$$I = v\Delta Y \tag{13.2}$$

另一方面,从假设(2)可以得到:

$$S = sY \tag{13.3}$$

按照凯恩斯的理论,只有当 $I = S$ 时,也就是只有当投资等于储蓄或者说储蓄全部用于投资时,经济活动才能达到均衡状态。哈罗德以凯恩斯提出的这个均衡条件为基础进一步提出,在经济增长过程中,同样只有实现了 $I = S$ 这一条件,经济才能实现均衡增长。根据式(13.2)和式

(13.3),可以得到:

$$v\Delta Y = sY$$

或者:

$$\frac{\Delta Y}{Y} = \frac{s}{v} \tag{13.4}$$

式(13.4)即为哈罗德模型的基本方程。它表明,要实现均衡的经济增长,国民收入增长率就必须等于社会储蓄倾向与资本—产量比二者之比。如果上述基本方程中的 v 是资本的实际变化量与国民收入的实际变化量的比率,那么在一定储蓄比例之下,由此而导出的国民收入增长率被称为实际增长率,记为 G_A。于是式(13.4)可改写为:

$$G_A = \frac{s}{v} \tag{13.5}$$

根据哈罗德的说法,要进行动态理论探讨,重要的是考虑企业家的预期和企业家是否合乎意愿等心理因素。如果考虑到这些因素,情况就会有所不同。若把资本—产量比 v 理解为企业家意愿中所要有的资本—产量比,用 v_r 表示它,那么基本方程就可以写为:

$$G_w = \frac{s}{v_r} \tag{13.6}$$

这里的收入增长率是与企业家所需要的资本—产量比适合的收入增长率,它是企业家感到满意的收入增长率,并称为"有保证的增长率",用 G_w 表示。

根据式(13.5)和式(13.6),有 $G_Av = s$;$G_wv_r = s$。

$$G_Av = s = G_wv_r \tag{13.7}$$

式(13.7)表明,如果现实经济活动出现的实际增长率 G_A 等于企业家感到满意的增长率,即有保证的增长率 G_w,那么实际资本—产量比 v 就必然等于企业家所需要的或希望保持的资本—产量比率 v_r。或者说,如果国民收入按照 G_w 比率增长,那么与实际产量或实际收入的增长相联系的实际资本增量就会等于企业家感到满意的资本增量。由于在资本主义国家中的积累或资本增量取决于资本家的意愿,所以只要国民收入按照 G_w 这个增长率增长,就会使企业家保持"愿意进一步实现类似增长"的心理状态,从而国民收入就会年复一年地按照 G_w 增长下去。正是为此,哈罗德才把 G_w 称为"有保证的增长率"。这里的"有保证"显然指"由于资本家满意而得到保证"而言。

(三)哈罗德模型存在的问题

关于哈罗德模型的以上论述存在两个不容易解决的问题。第一个问题是经济沿着均衡途径增长的可能性是否存在,或者说,就具体的经济活动来说,是否存在一条均衡增长途径。这个问题被称为"存在性问题"。第二个问题是,经济活动一旦偏离了均衡增长途径,其本身是否能够自动地趋向于均衡增长途径,这个问题被称为"稳定性问题"。

1. 存在性问题

由于实际增长率是许多各不相同的决策者的预期、决策和失误等多种因素作用的结果,因此人们没有理由期望经济活动实际上一定会长期持久地按照"有保证的增长率"增长下去。同时,还应该考虑就业水平这一因素,说明实际增长率与劳动力增长率二者之间的关系。要实现劳动力的充分就业，国民收入的增长率必须等于劳动力的增长率。简而言之，按照哈罗德的说法，首先，国民收入要实现均衡增长就必须等于 G_w。其次，要实现充分就业的均衡增长，就必须满足：

$$G_A = G_w = \frac{s}{v} = \frac{s}{v_r} = n = G_n \tag{13.8}$$

这里的 n 为一国的人口增长率。这一等式表明了实现充分就业均衡增长的必要条件。哈罗德又把符合上述条件的增长率称为“自然增长率”，用 G_n 来表示。显然，$G_n = n$。这是社会所能达到的最大的、“最适宜的”增长率。如果式(13.8)所表明的条件得到满足，那么经济活动就会按照 $\frac{s}{v} = \frac{s}{v_r} = n$ 这一比率增长。在现实经济活动中，$\frac{s}{v} = \frac{s}{v_r} = n$ 这一种情况毕竟是有可能出现的，因此哈罗德认为，在资本主义条件下，实现充分就业均衡增长的可能性是存在的。

但另一方面，由于储蓄比例，实际资本一产量比和劳动力增长率分别是由各不相同的若干因素独立地决定的，因此，除非偶然的巧合，这种充分就业的均衡增长是不会出现的。于是，哈罗德认为，虽然 $G_A = G_w = G_n$，这种理想的充分就业均衡增长途径是存在的，但是，一般来说，实现充分就业均衡增长的可能性是极小的，也就是说，在一般情况下，经济很难按照均衡增长途径增长。

2. 稳定性问题

进一步考察式(13.8)，即 $G_A v = G_w v_r = s$，可知，只有当实际的资本一产量比 v 等于合意的资本一产量比 v_r 时，实际增长率 G_A 才会等于有保证的增长率 G_w。如果 G_A 大于 G_w，那么 v 就会小于 v_r。也就是说，一旦实际增长率大于有保证的增长率，企业的固定资产和存货就会少于企业家所需要的数量。这种情况促使企业家增加订货，增加投资，从而使实际产量水平进一步提高，使实际增长率 G_A 与有保证的增长率 G_w 之间出现更大的缺口。现有的实际经济增长就会在市场上的企业中产生相应的反应，使得 G_A 进一步大于 G_w。反之则反是。因此，哈罗德得出结论，实际增长率与有保证的增长率之间一旦发生了偏差，经济活动不仅不能自我纠正，而且还会产生更大的偏离，这个结论被称为哈罗德的“不稳定原理”。这意味着，资本主义经济发展很难稳定在一个不变的发展速度上，不是连续上升，便是连续下降，呈现出剧烈波动的状态。

二、新古典经济增长模型

部分西方学者认为哈罗德的结论过于悲观，而且也不符合战后资本主义发展的事实。第二次世界大战后的西方各国的发展经验表明，各国的国民收入虽然经常处于波动之中，然而却没有出现过哈罗德模型所指出的那种大起大落的状态。为了解释这一情况，一些西方学者在20世纪50年代提出了不同的增长模型。美国经济学家索洛(R. Solow)在1956年年初发表的《对经济增长理论的一个贡献》一文提出了新古典经济增长理论。英国经济学家斯旺(T. Swan)、米德(J. Meade)和美国经济学家萨缪尔森等在其经济增长理论中也提出了与索洛基本相同的论点。因为这些理论既有凯恩斯经济学的成分，又有新古典经济学的成分，所以被称为新古典经济增长理论。

新古典增长模型的假设前提大致是:(1)社会储蓄函数为 $S = sY$, 式中,s 是作为参数的储蓄率;(2)劳动力按一个不变的比率 n 增长;(3)生产的规模报酬不变。

在上述假定(3)之下,并暂时不考虑技术进步,可将经济中的生产函数表示为人均形式(为简便起见,假设全部人口都参与生产):

$$y = f(k) \tag{13.9}$$

式中,y 为人均产量;k 为人均资本。图 13 – 1 表示了生产函数式(13.9)的图形。从图 13 – 1 中可以看出,随着每个工人拥有的资本量的上升,即 k 值的增加,每个工人的产量也增加,但由于报酬递减规律,人均产量增加的速度是递减的。

根据增长率分解式,在假定(2)和不考虑技术进步条件下,产出增长率就唯一地由资本增长率来解释。

一般地,资本增长由储蓄或投资决定,而储蓄又依赖于收入,收入或产量又要视资本而定。于是,资本、产量和储蓄或投资之间建立了如图 13 – 2 所示的相互依赖的体系。

在上述体系中,资本对产出的影响可由人均生产函数式(13.9)或图 13 – 1 来描述。资本存量变化对资本存量的影响是明显和直观的,无须进一步说明。产出对储蓄的影响可以用储蓄函数来描述。因此,在上述体系中,需着重说明的是储蓄对资本存量变化的影响。

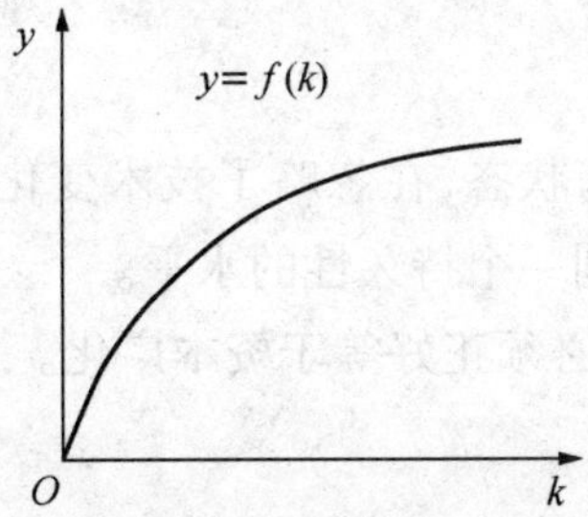

图 13 – 1 人均生产函数曲线

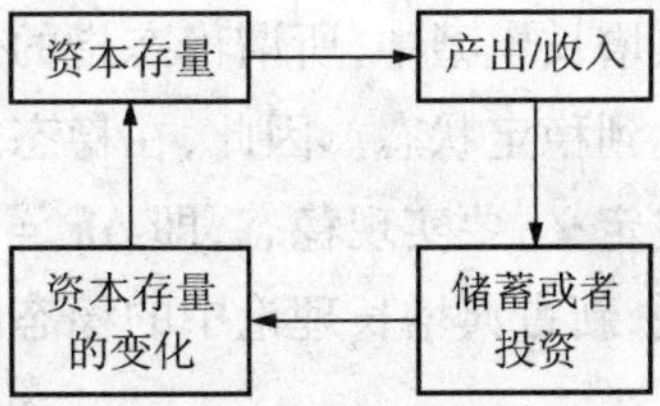

图 13 – 2 资本、产量和储蓄关联

1. 新古典增长模型的基本方程

在只包括家庭部门和企业部门的简单经济中,经济的均衡为 $I = S$。即投资或资本存量的总增加等于储蓄。资本存量的变化等于投资减去折旧。当资本存量为 K 时,假定折旧是资本存量 K 的一个固定比率 $\delta K(0 < \delta < 1)$, 则资本存量的变化 ΔK 为:

$$\Delta K = I - \delta K$$

根据上式可写为:

$$\Delta K = sY - \delta K$$

上式两边同时除以劳动数量 N, 有:

$$\frac{\Delta K}{N} = sy - \delta k \tag{13.10}$$

另一方面,注意到 $k = \frac{K}{N}$, 于是 k 的增长率可写为:

$$\frac{\Delta k}{k} = \frac{\Delta K}{K} - \frac{\Delta N}{N} = \frac{\Delta K}{K} - n$$

最后一个等式用到了 $\frac{\Delta N}{N}=n$。于是有：

$$\Delta K=(\Delta k)K+nK$$

上式两端同除以 N，则有：

$$\frac{\Delta K}{N}=\Delta k+nk \tag{13.11}$$

将式(13.10)和式(13.11)合并，消去 $\frac{\Delta K}{N}$，则有：

$$\Delta k=sy-(n+\delta)k \tag{13.12}$$

式(13.12)就是新古典增长模型的基本方程。这一关系式表明，人均资本的增加等于人均储蓄 sy 减去 $(n+\delta)k$ 项。$(n+\delta)k$ 项可以这样来理解：劳动力的增长率为 n，一定量的人均储蓄必须用于装备新工人，每个工人占有的资本为 k，这一用途的储蓄为 nk。另一方面，一定量的储蓄必须用于替换折旧资本，这一用途的储蓄为 nk。总计为 $(n+\delta)k$ 的人均储蓄被称为资本的广化。人均储蓄超过 $(n+\delta)k$ 的部分则导致了人均资本 k 的上升，即 $\Delta k>0$，这被称为资本的深化。因此，新古典增长模型的基本式(13.12)可以表述为：

资本深化＝人均储蓄－资本广化

2. 稳态分析

在新古典增长模型中，所谓稳态指的是一种长期均衡状态，在忽略了技术变化的条件下，人均产量也达到稳定状态。因此，在稳态之下，k 和 y 达到一个持久性的水平。

根据上述定义，要实现稳态，即 $\Delta k=0$，则人均储蓄必须正好等于资本广化。

换句话说，新古典增长理论中的稳态的条件是：

$$sy=(n+\delta)k \tag{13.13}$$

需要注意，稳态虽然意味着 y 和 k 的值固定，但总产量和资本存量都在增长。实际上，在稳态中，总产量和总的资本存量的增长率均与劳动力的增长率相等，即均为 n。理解这一点，只需注意到劳动人口以速度 n 增长，因此，由于 $k=\frac{K}{N}$ 固定，所以总资本存量 K 必须与劳动力按同比率 n 增长。又由于 $y=\frac{Y}{N}$，且在稳态时 y 亦固定，因此总产量 Y 也必须按比率 n 增长。总之，在新古典增长理论的框架内，稳态意味着：

$$\frac{\Delta Y}{Y}=\frac{\Delta N}{N}=\frac{\Delta K}{K}=n$$

新古典增长模型的稳态可以用图形来分析，如图 13－3 所示。

图中 $sf(k)$ 线为人均储蓄曲线。由于储蓄率 s 介于 0 和 1 之间，故人均储蓄曲线与人均生产函数曲线具有同样形状，但位于生产函数的下方。在这一坐标系下，通过原点，且斜率为 $(n+\delta)$ 的直线表示资本的广化，即 $(n+\delta)k$ 项。

根据以上的分析，在稳态时，有 $sy=(n+\delta)k$，因此，在图中，$(n+\delta)k$ 线和 $sf(k)$ 曲线必定相交。交点 A 所对应的人均资本为 k_A，人均产量为 y_A，这时人均储蓄恰好等于资本广化的需要，即 $sy_A = (n + \delta)k_A$，或者说，人均储蓄恰好能为不断增长的人口提供资本和替换折旧资本而不会引起人均资本的变化。

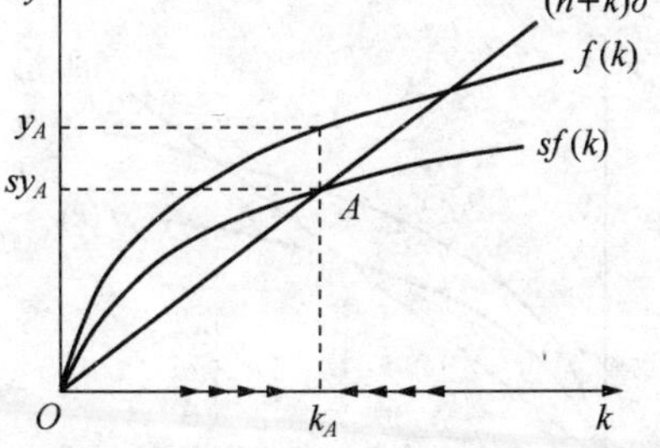

图 13-3　经济增长的稳态

在 A 点左侧，$sf(k)$ 曲线比 $(n+\delta)k$ 线高，这表明储蓄高于资本广化的需要。其结果是，当经济运行在 A 点左侧时，就存在着资本深化。资本深化意味着每个工人占有的资本存量上升，即 $\Delta k > 0$。因此，在 A 点左侧，经济中的人均资本 k 有上升的趋势，如横轴上的箭头所示。随着时间推移，k 向 k_A 逼近，最终用于资本广化的所需的资本数量增加到这样一点，即 k_A 点，在这一点上，所有的储蓄都仅用于保持人均资本 k 不变，经济达到稳定状态。在 A 点右侧，情况正好相反，人均储蓄不能满足资本广化的需要，这时有 $\Delta k < 0$。所以，在 A 点右侧，人均资本有下降的趋势，如图中横轴上的箭头所示。

考虑经济在向稳态过渡的时期中经济增长的情况，会有：当经济处于资本深化的阶段时，y 和 k 会逐步上升。就是说 $\frac{Y}{N}$ 和 $\frac{K}{N}$ 向其稳态值接近。如果 $\frac{Y}{N}$ 上升，则 Y 就会增长得比 N 快。因而 $\frac{\Delta Y}{Y} > \frac{\Delta N}{N} = n$。这表明，在资本深化阶段，产量增长率高于其稳态值。这意味着，在其他条件相同的情况下，资本贫乏的国家的增长快于资本富裕的国家。随着资本存量的深化，即 k 接近于 k_A，增长率会慢下来。同样道理，如果资本富裕国家的人均资本下降时（k 大于且向 n 逼近时），那么产量的增长率就会降低到 n 以下。

以上的论述表明，当经济偏离稳定状态时，无论人均资本过多还是过少，都存在着某种力量使其恢复到长期的均衡。这表明，新古典增长理论展示了一个稳定的动态增长过程。

3. 储蓄率增加的影响

图 13-4 显示了储蓄率的增加是如何影响产量增长的。图中，经济最初位于 C 点的稳态均衡。现在假定人们想增加储蓄，这使储蓄曲线上移至 $s'f(k)$ 的位置。这时新的稳态为 C' 点，比较 C 点和 C' 点，可知储蓄率的增加提高了稳态的人均资本和人均产量。

对于从 C 点到 C' 点的转变，这里需要指出两点：第一，从短期看，应该说，更高的储蓄率也导致了总产量和人均产量增长率的增加，这可以从人均资本从初始稳态的 k_0 上升到新的稳态中的 k' 这一事实中看出。因为增加人均资本的唯一途径是资本存量比劳动力更快地增长，进而又引起产量的更快增长。第二，由于 C 点和 C' 点都是稳态，按照前面关于稳态的分析，稳态中的产量增长率是独立于储蓄率的，从长期看，随着资本积累，增长率逐渐降低，最终又回落到人口增长的水平。

总之,新古典增长理论在这里得到的结论是,储蓄率的增加不能影响到稳态增长率,但确实能提高收入的稳态水平。

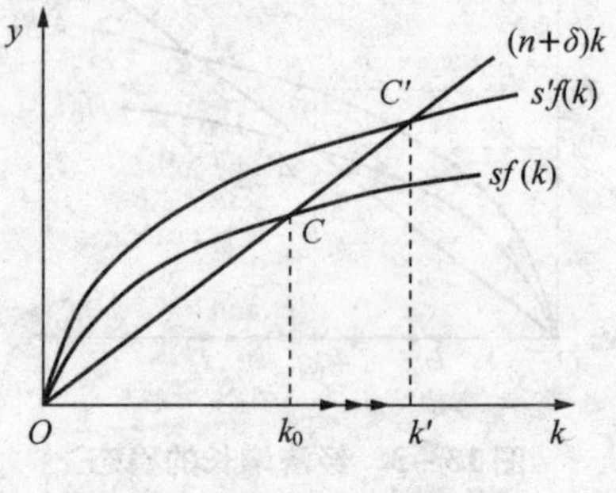

图 13－4　储蓄增加的影响

4. 人口增长的影响

新古典增长理论虽然假定劳动力按一个不变的比率 n 增长,但当把 n 作为参数时,就可以说明人口增长对产量增长的影响。如图 13－5 所示。

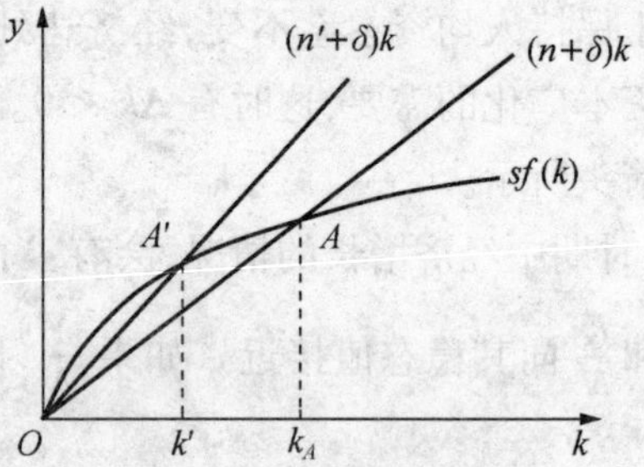

图 13－5　人口增长的影响

图中,经济最初位于 A 点的稳态均衡。现在假定人口增长率从 n 增加到 n',则图 13－5 中的 $(n+\delta)k$ 线便移动到 $(n'+\delta)k$ 线,这时,新的稳态均衡为 A' 点。比较 A' 点与 A 点可知,人口增长率的增加降低了人均资本的稳态水平(从原来的 k 减少到 k'),进而降低了人均产量的稳态水平。这是从新古典增长理论得出的又一重要结论。西方学者进一步指出,作为人口增长率上升产生的人均产量下降正是许多发展中国家面临的问题。两个有着相同储蓄率的国家仅仅由于其中一个国家比另一个国家的人口增长率高,就可以有非常不同的人均收入水平。

对人口增长进行比较静态分析的另一个重要结论是,人口增长率的上升增加了总产量的稳态增长率。理解这一结论的要点在于懂得稳态的真正含义,并且注意到 A' 点和 A 点都是稳态均衡点。

5. 资本的黄金分割律水平

从上面的分析知,储蓄率可以影响稳态的人均资本水平,而人均资本水平进而又决定人均产量。从全社会的角度看,产出可用于消费和积累两个方面。产出一定时,消费多了,积累就少了,反之亦然。因此,这里存在着一个如何处理积累与消费的关系问题。显然,对这个问题的回答取决于人们对经济发展目标的认识。

很多西方学者认为,经济增长是一个长期的动态过程,因此,提高一个国家的人均消费水平是一个国家经济发展的根本目的。在这一认识下,经济学家费尔普斯于 1961 年找到了与人均消费最大化相联系的人均资本应满足的关系式,这一关系式被称为黄金分割律。

在新古典增长理论的框架中,可以容易地推导黄金分割律。

在图 13-6 中,横坐标表示稳态时的人均资本,纵坐标表示与稳态相对应的人均产量、人均储蓄和人均消费。由图可知,在稳态时,人均消费在图形上可表示为曲线 $f(k)$ 与直线之间的距离(为了得出黄金分割律的最初形式,假定不存在折旧,即参数 $\delta=0$)。从图中可以看到,如果一个经济中选定一个较低的稳态人均资本水平,例如 k^-,则这时人均消费等于较小的距离 TT'。另一方面,如果一个经济中选择较高的稳态人均资本水平,例如 k^+,则这时人均消费仍然等于较小的距离 $X'X$,这时,虽然人均产出较高,但人均储蓄或投资的需要量也很大,因而人均消费仍然不高。最后,要是该经济选择很高的稳态人均资本水平,如 k''_1,则图 13-6 表明,这时,根本就没有任何产出用之于消费了。

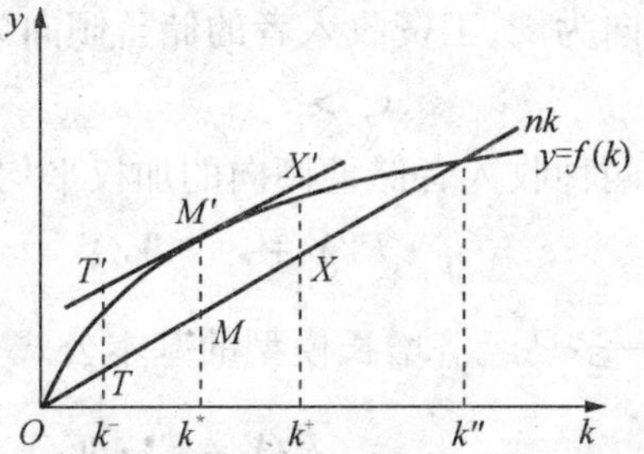

图 13-6 经济增长的黄金分割律

上面的分析暗含着这样一个有意义的问题,即如果一个经济的发展目标是使稳态人均消费最大化,那么在技术和劳动增长率固定不变时,如何选择稳态人均资本量?对此,费尔普斯给出了明确的回答。费尔普斯的结论被称为黄金分割律,其基本内容是,若使稳态人均消费达到最大,稳态人均资本量的选择应使资本的边际产品等于劳动的增长率。用方程来表示,就是:

$$f'(k^*) = n \tag{13.14}$$

黄金分割律可以用图形的方式加以论证。借助于图 13-6,问题可化为在图中如何选择稳态的 k 使曲线 $f(k)$ 和直线之间的正向距离最大。从图中可知,应选择 k^*,这时稳态的人均消费等于线段 MM' 的长度。从图中可以看出,在 k^* 处,曲线 $f(k)$ 的切线的斜率与直线 nk 的斜率应相等,由于直线 nk 的斜率为 n,而曲线 $f(k)$ 在 k^* 处的斜率为 $f'(k^*)$,故有式(13.14)成立。

从黄金分割律可知,在稳态时如果一个经济中人均资本量多于黄金分割律的水平,则可通过消费掉一部分资本使平均每个人的资本下降到黄金分割律的水平,就能够提高人均消费水平;另一方面,如果一个经济拥有的人均资本少于黄金分割的数量,则该经济能够提高人均消费的途径是在目前缩减消费,增加储蓄,直到人均资本达到黄金分割律的水平。

三、新剑桥经济增长模型

新剑桥经济增长模型是由英国经济学家琼·罗宾逊(Joho Robinson)、卡尔多(Nicholas Kaldor)和意大利经济学家帕西内蒂(Luigi Pasinetti)等人提出的。其理论特点在于把经济增长和收入分配结合起来，论述如何通过收入分配关系的改变来实现经济的均衡稳定增长。

（一）假设条件

新剑桥经济增长模型反对新古典增长模型关于资本和劳动力两大生产要素可以相互替代的假设，而从储蓄率的变动入手，强调经济增长与收入分配的关系，从而建立了自己的模型。分析假设总收入只分为利润收入和工资收入两部分，因此社会经济中的成员要么是利润收入者，要么是工资收入者；在不同收入者中，储蓄倾向是不同的，利润收入者的储蓄倾向大于工资收入者的储蓄倾向，并且储蓄倾向是稳定的。

（二）经济增长模型

设国民收入为 Y，利润收入者的收入为 P，工资收入者的收入为 W，则：

$$Y = P + W \tag{13.15}$$

所以

$$P/Y = W/Y \tag{13.16}$$

式中，P/Y 代表利润收入者所占总收入的份额；W/Y 代表工资收入者所占总收入的份额。

若设利润收入者的储蓄倾向为 s_p，工资收入者的储蓄倾向为 s_w，则有：

$$s_p > s_w$$

而整个社会的储蓄倾向为两种收入者储蓄倾向的加权平均数：

$$s = s_p \cdot P/Y + s_w \cdot W/Y \tag{13.17}$$

将式(13.17)代入哈罗德—多马经济增长模型的基本公式 $G = \frac{s}{v}$，则有：

$$G = \frac{s}{v} = \frac{s_p \cdot P/Y + s_w \cdot W/Y}{v} \tag{13.18}$$

式中，v 代表资本产出比率，s 代表储蓄率。

从上式中可以看出，当技术条件一定时，资本产出率 v 是相对稳定的，要使经济长期稳定增长，就要改变储蓄率。又因为 s_p 和 s_w 是稳定的，所以只要通过调整国民收入中利润收入者和工资收入者的份额，就能影响整个社会的储蓄率，从而实现经济的均衡稳定增长。

新剑桥经济增长模型表明，在技术不变的条件下，实现充分就业均衡增长的条件是改变社会的储蓄率。可以分两种情况讨论经济均衡稳定增长的实现问题。

1. 当 $s_w = 0$，即工资收入者无储蓄倾向，社会储蓄率 $s = s_p \cdot P/Y$

假如此时有保证增长率小于自然增长率，在资本—产出比例不变的前提下，可以增加利润在国民收入中所占的比例，从而提高储蓄率以实现有保证增长率等于自然增长率。

例如：若 $G_n = 8\%$，$v_r = 3$，$P/Y = 30\%$，$s_p = 50\%$，则：

$$s = s_p \cdot P/Y = 50\% \times 30\% = 15\%$$

$$G_w = \frac{s}{v_r} = \frac{15\%}{3} = 5\% < G_n$$

假如提高 P/Y 到 48%，则：

$$s = P/Y \cdot s_p = 48\% \times 50\% = 24\%$$

$$G_w = \frac{s}{v_r} = \frac{24\%}{3} = 8\% = G_n$$

反之，假如有保证增长率大于自然增长率，则通过减少利润在国民收入中所占的比例实现经济的均衡增长。

2. 若 $s_p > s_w > 0, s = s_p \cdot P/Y = s_w \cdot W/Y$

假如有保证增长率小于自然增长率，在资本产量比不变的前提下，同样可以用增加利润在国民收入中所占的比例和减少工资在国民收入中所占的比例来提高储蓄率，从而使得 $G_n = G_w$。

例如：若 $G_n = 8\%$，$v_r = 3$，$P/Y = 40\%$，$s_p = 30\%$，$W/Y = 60\%$，$s_w = 10\%$，则有：

$$s = s_p \cdot P/Y + s_w \cdot W/Y = 30\% \times 40\% + 10\% \times 60\% = 18\%$$

$$G_w = \frac{s}{v_r} = \frac{18\%}{3} = 6\% < G_n$$

如果提高 P/Y 到 70%，降低 W/Y 到 30%，则 $s = 30\% \times 70\% + 10\% \times 30\% = 24\%$

$$G_w = \frac{s}{v_r} = \frac{24\%}{3} = 8\% = G_n$$

反之，如果有保证增长率大于自然增长率，则可以减少利润在国民收入中所占的比例和增加工资在国民收入中所占的比例，从而实现经济均衡增长。

（三）新剑桥增长模型与其他经济模型的比较

将哈罗德—多马模型、新古典增长模型和新剑桥增长模型相比较，可以看出，这三个经济增长模型都论述了增长率与储蓄率、资本—产出比率之间的关系，并且新古典增长模型和新剑桥增长模型都是建立在哈罗德—多马的增长模型之上的。三个模型对该公式中的三个经济变量的切入点不同，因而从不同的角度论述了三者的关系。在选择实现经济均衡增长的途径上，哈罗德—多马模型提出了一条理想的途径：它假定 s、k 都固定不变，进而得出结论。但这种充分就业的经济增长的途径十分狭窄，很难实现，假如要实现稳定增长，必须有国家干预，以变动投资需求。

而新古典增长模型和新剑桥模型对哈罗德—多马模型进行了修正，并找到了实现稳定均衡增长的途径，新古典增长模型假定储蓄率 s 不变，资本量 k 可以变动，通过市场调节来改变资本产出比率，以便与任何给定的储蓄率相结合，实现经济稳定均衡的增长。新剑桥增长模型则强调资本量 k 不变，但储蓄率 s 可以变动，通过调节利润收入者和工资收入者在国民收入中所占的份额，来改变整个社会的储蓄率，实现经济的稳定均衡增长。

三个模型分析的侧重点有所不同，但都是为了一个共同的目标，即寻找实现社会经济稳定均衡增长的途径。

虽然，哈罗德—多马模型、新古典经济增长模型与新剑桥经济增长模型都是从生产函数出发，将资本和劳动作为投入要素，在形式上也具有相似性，但它们在经济理论方面存在着显著差别：

1. 三个模型假定的变量不相同

哈罗德—多马模型假定储蓄率和资本生产率为既定常数。因而，该经济增长模型是储蓄率和资本生产率都不能变动的模型。在新古典经济增长模型中，储蓄率仍是不变，但资本—劳动比率是可以变动的。因此,新古典经济增长模型又可称为资本生产率可变模型。新剑桥经济增长模型与新古典模型正相反,该模型假定储蓄率可变动,但资本生产率不变动。因此,新剑桥经济增长模型又称为储蓄率可变模型。

2. 三个模型的均衡增长途径有所不同

依照哈罗德—多马模型,由于储蓄率和资本生产率都是不变的,因此实际增长率、有保证的增长率与自然增长率三者相等是十分困难的,模型所描述的均衡增长途径是很窄的。在新古典经济增长模型中,通过资本生产率的调整,可以使实际增长率与自然增长率相吻合,恢复偏离的均衡,因而新古典经济增长模型被认为描述了一条宽经济增长途径。按照新剑桥经济增长模型,由于储蓄率可以变动,实际增长率与自然增长率间的偏离能够得到修正,不过,新剑桥学派所提出的调整分配结构的主张,在实践中会困难得多。所以,新剑桥经济增长模型所描述的均衡增长是介于哈罗德—多马模型与新古典模型之间的途径。

四、内生增长理论简介

(一)新古典增长理论的缺陷

从20世纪60年代到80年代中期,美国经济学家索洛等提出了新古典增长理论。该理论一直在经济增长的研究中占据主导地位,在这一期间,许多研究都是用数据分析来验证新古典增长理论的结论和推论。例如,定量分析技术进步、劳动力和资本对经济增长的贡献份额,以便为政府制定促进经济增长的政策提供数值依据。

然而,随着时间的推移,新古典增长理论也暴露出一些不足或缺陷。从理论方面来说,新古典增长理论假定经济中的生产函数具有规模报酬不变的性质,即投入增加1倍,产出也相应增加1倍,这一假定往往与事实不符。对于大多数工业化国家来说,由于这些国家的生产资源配置比较合理,整个经济部门间相互协调能力较强,再加上信息传递准确有效,所以生产资源的总体利用率高,其结果就是少量的生产投入有可能带来大量的产出。而一些发展中国家由于不具备工业化国家的生产条件,再加上政府政策的失误,有可能导致规模报酬出现递减。此外,在新古典增长理论中,稳态增长率是外生的,该模型本身无法对劳动力增长率和技术进步率作出解释,因而该理论也就对控制人口增长率,提高技术进步速度提不出相应的政策建议。事实上,许多国家经济增长的成败事例都说明这两个参数的大小对经济增长至关重要,而且政策制定者可以对它们施加影响。现在许多西方学者认为,增长率的外生化是新古典增长理论在理论上最主要的缺陷。

另外,新古典增长理论在解释现实方面也遇到了很大的困难。新古典增长理论的一个重要结论是,不同国家的经济增长具有趋同性,即有着相同技术和人口增长率的国家最终会接近于相同的稳态增长率。然而,根据世界银行在1992年公布的世界发展报告所提供的数据,在1965~1990年的25年中,美国人均收入年增长率为1.7%、日本为4.1%、韩国为7.1%、巴西为3.3%、墨西哥为2.8%、印度为1.9%。这些数据显示,在25年当中,各国之间存在着增长率上的较大差异。这显然与新古典增长理论的趋同论点相悖。

正是在这样的背景下,自20世纪80年代中后期以来,经济学家罗默(P. Romer)和卢卡斯(R. Lucas)等人在对新古典增长理论进行反思的基础上,相继发表了研究经济增长的一系列成果,逐步形成了目前流行于西方的“新经济增长理论”。所谓新经济增长理论,是指用规模收益递增和内生技术进步来说明一国长期经济增长和各国增长率差异而展开的研究成果的总称。新增长理论最重要的特征是试图使增长率内生化,因此,新增长理论又被称为内生增长理论。

（二）内生增长模型

各种新增长模型可以根据不同的标准加以分类,如根据新增长模型所依赖的基本假设条件的差异,可以将新增长理论分为完全竞争条件下的内生增长模型和垄断竞争条件下的内生增长模型。完全竞争条件下的内生增长模型出现较早,这类模型基本上代表了新增长理论的第一个发展阶段。垄断竞争条件下的内生增长模型出现于20世纪90年代,这类模型取消了前一类增长模型中过于苛刻的完全竞争假定,在垄断竞争的假设下说明技术进步的产生和均衡增长率的决定。这类增长模型的出现标志着新增长理论进入了第二个发展阶段。由于篇幅和有关内容方面的限制,下面简要介绍完全竞争条件下的新增长模型。这类新增长模型又可以根据各模型关于总量生产函数的不同规定,分为两种基本类型:一种是外部性条件下的内生增长模型;另一种是凸性增长模型。

1.外部性条件下的内生增长模型

外部性条件下的内生增长模型采用马歇尔提出的外部经济分析法研究经济增长问题。这类模型假定,总量生产函数呈现规模收益递增的特征,造成规模收益递增的原因在于技术产生的溢出效应。对单个厂商而言,技术进步表现为一种外部经济,因此厂商是价格接受者,可以在完全竞争的假设下说明技术进步对经济增长的影响。外部性条件下的内生增长模型主要包括:罗默的知识溢出模型(1986)、卢卡斯的人力资本溢出模型(1988)、克鲁格曼—卢卡斯—扬的边干边学模型、斯托齐的边干边学模型(1988)等。其中罗默模型(1986)和卢卡斯模型(1988)最具代表性。

最早用技术外部性解释经济增长的模型是K.J.阿罗于1962年提出的边干边学模型。阿罗模型试图将新古典增长模型中的外生技术进步内生化。为此,阿罗假设技术进步是投资的副产品,是厂商在生产中积累经验的结果。一个厂商的投资不仅会提高自身的生产率,而且将提高全社会所有其他厂商的生产率,因此技术进步是经济系统的内生变量。在阿罗模型中,由于存在技术溢出,不存在政府干预时的经济均衡状态是一种社会次优,均衡增长率将低于社会最优增长率。阿罗模型的缺陷在于:由于技术溢出不够强,内生的技术进步不足以推动经济持续增长。为了保证经济增长能够实现,必须要求人口以一个外生比率增长。由于必须用外生的人口增长说明经济增长,因此阿罗模型还不是一个内生增长模型。

罗默将阿罗模型向前推进了一步。在罗默的知识溢出模型(1986)中,知识或技术是私人厂商进行意愿投资的产物,像物质资本投资一样,私人厂商进行知识投资也将导致知识资本的边际收益递减。为了说明即使在人口增长率为零时,知识积累也足以保证经济实现长期增长,罗默假设知识具有足够强的溢出效应,知识溢出足以抵消固定生产要素存在引起的知识资本边际产品递减的趋势,从而使知识投资的社会收益率保持不变或呈递增趋势。因此,知识积累过程不会中断,经济能够实现长期增长。

卢卡斯(1988)建立了另一个重要的内生增长模型。卢卡斯的人力资本溢出模型实际上是将阿罗模型与宇泽弘文(1965)提出的另一个增长模型结合起来,用人力资本的溢出效应解释技术进步,说明经济增长是人力资本不断积累的结果。宇泽模型是从与阿罗不同的角度将新古典增长模型中的外生技术进步内生化。宇泽的做法是假定经济中存在从事人力资本积累的部门——教育部门。教育部门以线性技术生产人力资本,人力资本的不断积累保证经济能够实现持续增长。人力资本在宇泽模型中的作用与外生技术进步在新古典增长模型中的作用一样,二者都导致有效劳动量的增加。从而使物质资本积累不再呈收益递减趋势,经济将以不变比率持续增长。

罗默认为技术进步表现为私人厂商投资于研究活动而生产出新知识,卢卡斯认为技术进步是教育部门进行人力资本投资的结果。

2. 凸性增长模型

完全竞争条件下内生增长模型的第二条研究思路是在总量生产函数规模收益不变,即凸性生产技术的假设下说明经济实现内生增长的可能性。生产技术具有凸性的含义是指,若两种生产方法能生产相同的产量,那么这两种方法的加权平均也能生产同样的产出量。采用这条研究思路的增长模型有 AK 模型、琼斯—真野惠里模型、雷贝洛模型等。下面简要说明 AK 模型。

AK 模型假定总量生产函数具有最简单的线性形式:

$$Y = AK$$

式中,A 为反映技术水平的正的常数;K 为资本存量。

假定储蓄率是参数 s,又假定没有人口增长和资本折旧,则所有的储蓄都转化为资本存量的增加,于是有:

$$\Delta K = sY = sAK, \text{或者} \frac{\Delta K}{K} = sA$$

这样,储蓄率就影响到了资本增长率。进一步地,既然产量与资本成比例,产量增长率就可以表示为:

$$\frac{\Delta Y}{Y} = sA$$

在这种情况下,储蓄率 s 越高,产量的增长率也将越高。

由于假定资本具有不变的边际产品,资本积累过程不会中止。即使经济中不存在任何技术进步,资本积累也足以保证经济沿着一条平衡增长路径增长。

3. 内生增长模型的政策含义

大多数新增长模型都强调了模型的政策含义。罗默、卢卡斯等人认为,如果政府不对科学技术的发展加以倡导,那么分散经营的经济的增长率就会过低。因此,政府可以通过对研究和开发提供补贴而达到促进经济增长的目的。琼斯、雷贝洛等人认为,各国政府实施不同的税收政策和贸易政策是导致各国经济增长率存在差异的重要因素,政府应采用降低资本税、关税等政策措施鼓励资本积累和国际贸易,以促进经济增长。新增长理论的上述研究无疑具有一定的实践指导价值。

第三节 经济增长因素分析

案例导入

什么原因导致美国的经济增长放缓

【案例内容】

从1959.年到1973年,按美国企业每工作一小时产量衡量的生产率每年增长3.2%。从1973年到1994年,每年生产率增长只有1.3%。这种生产率增长放慢反映在实际工资和家庭收入增长的减少上。它也反映在一般人对经济的忧虑上。由于生产率放慢在这许多年中的积累,生产率增长下降1.9%对收入有严重的影响。如果没有发生这种放慢,平均美国人的收入现在应该高出50%左右。

【案例分析】

究竟是什么原因导致经济增长放慢?有两个事实确定无疑。第一,经济增长放慢是一个世界性现象。在20世纪70年代中期,除美国外,包括加拿大、法国、德国、意大利、日本、英国在内的工业化国家,都发生了经济增长放慢。因此,为了解释美国经济增长放慢,必须超出美国来观察。第二,这种放慢不能追溯到那些最容易衡量的生产要素。经济学家可以直接衡量工人所得到的物质资本数量和以正规教育年限为形式的人力资本。显然,生产率放慢主要并不是由于这些投入增长的减少。看来技术是剩下的少数几个可归咎的原因之一。事实正是,20世纪90年代以来,计算机信息技术所带来的技术革命,使得生产率大大提高,技术和经济的融合,掀起了全球范围的经济增长浪潮。

【案例来源】

李晓西.《宏观经济学案例》.北京:中国人民大学出版社,2006.3

一、经济增长要素的基本分析

实现经济增长的途径多种多样。例如,英国最先开始工业革命,并在19世纪成为世界经济的领导者,而日本虽然起步较晚,但通过模仿国外先进技术、限制进口、保护国内工业等措施,也成功地发展了本国经济,成为世界经济强国之一。

虽然发展经济的途径不尽相同,但经济增长的基本机制都是相同的。无论是发达国家还是发展中国家,经济增长不外乎四大要素的贡献:一是人力资源,包括劳动力的供给、教育、纪律和激励;二是自然资源,包括土地矿产、燃料和环境质量;三是资本品,包括机器、工厂和道路;四是科学技术,包括科学、工程管理和企业家才能。这四大要素,像四个轮子推动经济滚滚向前发展,下面对这四大要素分别加以讨论。

1. 人力资源要素

人力资源要素包括劳动者的数量和劳动队伍的技术水平。一国可以购买最先进的设备装置,但这些设备和装置需要那些有技术的受过训练的劳动者来使用,并使其发挥真正的效用。提高劳动者的阅读能力、健康程度、纪律意识以及适应新技术发展的操作能力,都将极大地提高劳动生产率。因此,劳动者的质量是一国经济增长的最重要因素。

2. 自然资源要素

自然资源要素是指耕地、石油天然气、森林、水力和矿产资源等,发达国家凭借其丰富的资源在农、林、渔业等方面获得了发展的后劲。但当今经济自然资源的拥有并不是经济获得发展的必要条件,如美国经济的繁荣主要源于它高度发展的服务业;自然资源稀缺的日本,通过大力发展劳动密集型和资本密集型的产业,获得了国富民强和经济昌盛。再如弹丸之地的中国香港,依靠贸易自由港的优势,发展成为国际贸易份额很大的地区。

3. 资本品要素

积累资本是需要牺牲许多当前消费的,经济快速增长的国家一般都在新资本品上大量投资。在大多数经济高速发展的国家,10% ~20% 的产出都用于净资本的形成,如 20 世纪对汽车、公路和电厂的投资浪潮大大提高了生产率。资本的形成还包括那些由政府承担的为新兴的私人投资部门提供基础设施的社会基础投资(Social Over Headcapital),如引水工程、公众医疗保健事业等。应该说明的是,这些投资先于贸易和商业,为生产率的提高创造了条件。通常认为这些投资单靠私人企业是无法完成的,只有依靠政府,才能使这些投资有效进行。

4. 科学技术要素

科学技术对于提高生产率是十分重要的。增长不是一种简单的复制过程。通常认为,像欧洲、北美和日本那样生产潜力获得提高的原因所在,就是持续不断的发明和技术创新。技术进步更主要的是以一种不为人察觉的方式,微小地、不断地提高产品的质量和产出的数量。当然也有划时代的技术变革,如蒸汽机的发明等。需要强调的是,技术进步并不只限于实现更好的产品和工艺流程,更重要的是要培育一种企业家精神,这种制度的创新也将推动经济不断攀上新的高度。

二、丹尼森对经济增长要素的分析及其结论

20 世纪 60 年代初,美国经济学家丹尼森(E. F. Denison)受美国经济发展委员会委托,根据美国历史统计资料,对美国 1909—1929 年和 1929—1969 年的经济增长的因素进行了系统的对比分析和估算。由此,他认为经济增长的因素可以归纳为两大类:第一类是生产要素投入总量(劳动和资本)的增加;第二类是单位生产要素投入量的产出量(全要素生产率)的增加。

基于以上分类,丹尼森采用定量的方法,把国民收入总增长率按照每一种投入因素所作出的贡献逐一分解,以考察每一种投入因素在经济总增长中所起的相对作用。具体分析方法如下:首先按生产三要素(土地、劳动、资本)划分投入要素,并认为由于土地面积固定不变,即使有土地开采和矿藏开采也是资本投入量增加的结果,因而土地不会有投入量的增加,在投入要素中不考虑土地的作用,所以可以只考虑劳动和资本两类投入要素。然后选择某一年作为基

年，考察该年中每一单位投入要素对产量所作出的相对贡献以及各投入要素的数量，并得出基年的总产量。随着时间的推移，生产要素的投入量不断增加，总产出量也将不断增加。假如在生产要素投入量增加的同时，生产效率也有所提高的话，则总产量的增长率一定大于投入要素的增长率。丹尼森将总产量增长率归为两部分：一部分是投入要素的增长率；另一部分是单位投入要素的产出增加率。例如，某年国民收入增长了 4%，如果该年的投入要素实际增长了 1.5%，则可以确定每单位投入要素的产量必定增加了 2.5%。

丹尼森利用索洛的理论框架对美国经济增长进行了详尽的研究。索洛的理论框架是指诺贝尔奖得主索洛建立的一个测定经济增长的主要因素及其各自贡献的解释框架，它可作如下表述。一般生产函数的数学表达式为：

$$Q = F(K,L,T) \tag{13.19}$$

式中，Q 代表产出；K 代表投入的资本；L 代表投入的劳动力；T 代表经济中的技术水平；F 代表生产函数。并假定 T 的变化引起 K 和 L 边际产品的同等增加，因而生产函数可以改写为：

$$Q = TF(K,L) \tag{13.20}$$

经过一系列变量代换可得：

$$\Delta T/T = \frac{\Delta(Q/L)}{Q/L} - S_k\left(\frac{\Delta K}{K} - \frac{\Delta L}{L}\right) \tag{13.21}$$

式中，S_k代表资本在收入中的份额。

丹尼森分析了 1929—1982 年美国经济增长的源泉，如表 13－1 所示。

表 13－1　美国人均潜在产出的增长（1929—1982 年）（每一时期内年平均增长率）　单位：%

项目＼时期	1929—1948 年	1948—1973 年	1973—1982 年	1929—1982 年
人均国民收入	1.24	2.26	0.23	1.55
总要素投入	0.23	0.61	0.15	0.38
劳动	0.40	0.18	－0.04	0.20
教育	0.38	0.40	0.44	0.40
工作时间	－0.21	－0.24	－0.33	－0.25
年龄—性别构成	0.00	－0.15	－0.24	－0.11
其他	0.23	0.17	2.09	0.16
资本	－0.12	0.48	0.26	0.23
土地	－0.05	－0.05	－0.07	0.05
单位投入的产出	1.01	1.65	0.08	1.17
知识进步	0.49	1.08	－0.05	0.68
规模经济	0.22	0.32	0.21	0.27
资源配置改善	0.29	0.30	0.07	0.25
法律人文环境	0.00	－0.04	－0.17	－0.04
其他	0.01	－0.01	0.02	0.01

从表 13－1 中可以看出，在长达 53 年的时间里，潜在国民收入的年人均增长率为 1.55%，而单位劳动占用的资本的增长，在总增长中所占的份额很小，只占人均产出增长的 0.20%。值得一提的是，丹尼森令人信服地指出教育在人均产量增长中扮演了重要的角色，并提出了人力资本的投资是增长的一个重要源泉的论点。

从 1929—1948 年的大萧条和第二次世界大战时期到 1948—1973 年的高速增时期，人均国民收入年平均增长率只从 1.24% 上升到 2.26%，这一极其微小的差异（每年增长约为 1%），却使这一时期的人均收入增长了约 40%，丹尼森将这一提高归因于"技术进步"（Technological Advance）。

另外，表 13－1 最令人瞩目的特征是 1973 年以后经济增长率的下降，人均国民收入增长率平均仅为 0.23%。其主要原因是技术进步对产出的贡献在此期间为负值。

丹尼森通过经济增长因素实证分析之后得出一个重要的结论：要使经济增长，就必须更勤奋地工作，节制消费，增加投资，改善流通环节，发展教育，开发和培育智力资源，推进科学技术和管理技术的研究并尽快推广其成果，使之成为生产力，最有效地配置生产资源。

据此，丹尼森将提高经济增长率的措施分为两大类：一类是可使增长率在短时期内见效的措施，例如促使资源更合理、更畅通地流动，提高国民收入中储蓄和投资的比重等；另一类则可以促使增长率保持长时期上升的措施，如提高教育质量，使劳动力素质尽快提高等。

除了对上述因素的考查以外，丹尼森还考察了政府各项政策对经济增长率的影响，其结论是，与其他因素相比，政府政策的作用很小。他曾列举 31 个政策项目，其中对经济影响的最大值也只不过是每年 0.1 个百分点。因此他认为，很难通过政府政策的作用去影响增长率。宏观经济政策在促进经济快速增长方面所能作出的最重要贡献，仅在于保证国民经济不再发生每次衰退时总要出现的增长率停滞现象。

三、库兹涅茨对经济增长因素的分析

库兹涅茨对经济增长因素的分析是运用统计分析方法，通过对国民产值及其组成部分的长期估量、分析与研究进行各国经济增长的比较，从各国经济增长的差异中探索影响经济增长的因素：库兹涅茨在一系列关于经济增长的著作中提出的经济增长的因素主要是知识存量的增加、劳动生产率的提高和结构方面的变化。

第一，知识存量的增长。库兹涅茨认为，随着社会的发展和进步，人类社会迅速增加了技术知识和社会知识的存量，当这种存量被利用的时候，它就成为现代经济高比率的总量增长和迅速的结构变化的源泉。但知识本身不是直接的生产力，由知识转化为现实的生产力要经过科学发现、发明、革新、改良等一系列中间环节。在知识的转化过程中需要有一系列中介因素，这些中介因素是，对物质资本和劳动力的训练进行大量的投资；企业家要有能力克服一系列从未遇到的障碍；知识的使用者要对技术是否适宜运用作出准确的判断等。在这些中介因素作用下，经过一系列知识的转化过程，知识最终会变为现实的生产力。

第二，劳动生产率的提高。库兹涅茨认为，现代经济增长的特征是人均产值的高增长率。为了弄清什么是导致人均产值的高增长率的主要因素，库兹涅茨对劳动投入和资本投入对经济增长的贡献进行了长期分析。他得出的结论是，以人均产值高增长率为特征的现代经济增

长的主要原因是劳动生产率的提高。

第三,结构变化。库兹涅茨认为,发达的资本主义国家在它们增长的历史过程中,经济结构转变迅速。从部门来看,先是从农业活动转向于非农业活动,后又从工业活动转移到服务性行业。从生产单位的平均规模来看,是从家庭企业或独资企业发展到全国性或跨国性的大公司。从劳动力在农业和非农业生产部门的分配来看,在美国,1870 年全部劳动力的 53.5% 在农业部门,到了 1960 年则降低到 7% 以下。在比利时,农业劳动力从 1846 年占全部劳动力的 51% 减少到 1961 年的 7.5% 。以前要把农业劳动力降低 50 个百分点,需要经过许多个世纪的时间,而现在,在一个世纪中,农业劳动力占全部劳动力的百分比减少了 30 ~ 40 个百分点,这是由于迅速的结构变化。库兹涅茨强调,发达国家经济增长时期的总体增长率和生产结构的转变速度都比它们在现代化以前高很多。库兹涅茨把知识力量因素和生产因素与结构因素联系起来,以强调结构因素对经济增长的影响。不难看出,库兹涅茨对经济增长因素的分析与丹尼森分析的一个不同之处是,他重视结构因素对经济增长的贡献。库兹涅茨认为,不发达国家经济结构变动缓慢,结构因素对经济增长的影响比较小,主要表现在,不发达国家传统结构束缚着被聚集在传统的农业部门中的 60% 以上的劳动力,而传统的生产技术和生产组织方式阻碍着经济增长;同时,制造业结构不能满足现代经济增长对它提出的要求,需求结构变化缓慢,消费水平低,不能形成对经济增长的强有力刺激。

关于经济增长与收入分配的关系,库兹涅茨提出了所谓的倒∪字假说。他在 1954 年美国经济学会年会上所作的演说中,首次论述了如下一种观点,即随着经济发展而来的“创造”与“破坏”改变着社会、经济结构,并影响着收入分配。库兹涅茨利用各国的资料进行比较研究,他得出的下述结论流传较广:“在经济未充分发展的阶段,收入分配将随同经济发展而趋于不平等。其后,经历收入分配暂时无大变化的时期,到达经济充分发展的阶段,收入分配将趋于平等。”

如果用横轴表示经济发展的某些指标(通常为人均产值),纵轴表示收入分配不平等程度的指标,则这一假说所揭示的关系呈倒∪字形,因而被命名为库兹涅茨的倒∪字假说,又称库兹涅茨曲线。

库兹涅茨在说明这一倒∪字形时,设想了一个将收入分配部门划分为农业、非农业两个部门的模型。在此情况下,各部门收入分配不平等程度的变化可以用如下三个因素的变化来说明。这三个因素是,按部门划分的个体数的比率、部门之间收入的差别、部门内部各方收入分配不平等的程度。库兹涅茨推断这三个要素将随同经济发展而起下述作用:

(1)在经济发展的初期,由于不平等程度较高的非农业部门的比率加大,整个分配趋于不平等。

(2)一旦经济发展达到较高水平,由于非农业部门的比率居于支配地位,比率变化所起的作用将缩小。

(3)部门之间的收入差别将缩小。

(4)使不平等程度提高的重要因素财产收入所占的比率将降低,以及以收入再分配为主旨的各项政策将被采用,各部门内部的分配将趋于平等,总的来说分配将趋于平等。

库兹涅茨假说提出后，一些西方学者曾就有关倒∪字形形成的过程、导致倒∪字形的原因以及平等化过程进行过较多的讨论。世界经济发展的实际情况表明：库兹涅茨曲线不符合第三世界国家的实际情况。换言之，随着经济发展的推进，第三世界国家的收入不平等程度越来越大，到目前为止，并没有出现向平等方向转变的迹象。

知识归纳

【基本概念】

经济增长　哈罗德—多马模型　新古典经济增长模型　新剑桥经济增长模型

【基本原理】

经济增长的含义、特征及衡量指标是本章的重点。不同的研究学者采取不同的经济增长模型；但是经济增长的要素、动力是什么，应该是经济学者重点关注的问题。

人物窗

罗伯特·索洛（Robert Merton Solow，1924—　），美国经济学家，1924年、1949年和1951年从哈佛大学获得文学学士、文科硕士及哲学博士学位。索洛于1950年开始在马萨诸塞理工学院任教，曾是位于波士顿的联邦储备银行理事会的理事和主席（1975—1980）。1961年荣获美国经济协会的约翰·贝茨·克拉克奖。1964年曾任经济计量学会的会长。因其对经济增长理论的突出贡献而于1987年被授予诺贝尔经济学奖。现担任美国麻省理工学院荣誉研究机构教授。

思考与练习

1. 单选题

（1）经济增长的标志是（　　）。

A. 失业下降

B. 先进技术广泛应用

C. 城市化速度加快

D. 生产能力不断提高

（2）为提高经济增长率，可采取的措施是（　　）。

A. 加强政府的宏观调控

B. 刺激消费水平

C. 减少工人的工作时间

D. 大力推广基础科学及应用科学的研究成果

（3）从长期看来，最大可能实现的经济增长率为（　　）。

A. 有保证的增长率

B. 自然增长率

C. 实际的增长率

D. 以上说法均不准确

（4）新古典增长模型中，黄金分割律是（　　）。

A. 一个遥远的目标

B. 储蓄率等于人口增长率的原则

C. 短期提高人均产出的规律

D. 资本边际产出等于人口增长率的原则

（5）在一个达到均衡增长的经济中（　　）。

A. 没有资本品的生产

B. 净投资不可能为零

C. 净投资超过总投资

D. 重置投资超过总投资

2. 多选题

（1）GDP 被作为经济增长衡量的指标，是因为（　　）。

A. GDP 以货币价值衡量，易于比较

B. GDP 指标单一，数据资料翔实易得

C. GDP 的值可以反映一国经济福利

D. GDP 的增长总是意味着实际经济增长

（2）属于生产要素供给的增长的是（　　）。

A. 投资的增加

B. 就业人口的增加

C. 发展教育事业

D. 人才的合理流动

3. 简答题

（1）经济增长的源泉是什么？

（2）内生经济增长理论的政策含义是什么？

（3）如何衡量生产要素供给的增长和生产要素生产率的增长对经济增长的影响？

第十四章　宏观经济政策

教学目标

- ➤掌握宏观经济政策的基本目标；
- ➤掌握财政政策的含义、工具和财政政策的调节过程；
- ➤掌握货币政策的含义、工具和货币政策的"三大法宝"是如何调节经济的；
- ➤了解货币政策和财政政策的组合作用及应用基本政策解释相关问题。

第一节　宏观经济政策的目标

案例导入

内在稳定器：作用有限

【案例内容】

某些财政政策由于其本身的特点，具有自动地调节经济，使经济稳定的机制，被称为内在稳定器，或者自动稳定器。具有内在稳定器作用的财政政策，主要是个人所得税、公司所得税，以及各种转移支付。

个人所得税与公司所得税有其固定的起征点和税率，这些标准并不随经济状况而变动，从而可以自发地调节经济。比如个人收入调节税是1 000元的起征点，当经济萧条时，由于收入减少，达不到1 000元，税收会自动减少，从而刺激了消费与投资的增加，有助于减轻萧条的程度。当经济繁荣时，由于收入增加，税收也会自动增加，从而就抑制了消费与投资的减少，有助于减轻由于需求过大而引起的通货膨胀。失业补助与其他福利支出这类转移支付，有其固定的发放标准。当经济萧条时，由于失业人数和需要其他补助的人数增加，这类转移支付会自动增加，从而抑制了消费与投资的减少，有助于减轻经济萧条的程度。当经济繁荣时，由于失业人数和需要其他补助的人数减少，这类转移支付会自动减少，从而抑制了消费与投资的增加，有助于减轻由于需求过大而引起的通货膨胀。

【案例分析】

虽然财政政策内在稳定器能自动地发生作用，调节经济。但是，这种内在稳定器调节经济的作用是有限的。它只能减轻萧条或通货膨胀的程度，并不能改变萧条或通货膨胀的总趋势，只能对财政政策起到自动配合的作用，并不能代替财政政策。

【案例来源】

互联网《西方经济学（宏观部分）》黄德林

任何一项经济政策的制定都是根据一定的经济目标而进行的，宏观经济政策也不例外。西方经济学家认为，政府的宏观经济政策的目标主要包括四个方面，即充分就业、物价稳定、经济增长和国际收支平衡。

一、充分就业

“二战”后，西方资本主义国家惧怕20世纪30年代大危机时严重失业现象再度出现，先后制定了就业法，把充分就业作为第一个经济政策目标。

充分就业，是指一切生产要素都有机会以自己愿意的报酬参加生产的状态，即全社会的经济资源被充分利用的经济状态。经济学家常用失业率的高低作为衡量充分就业与否的尺度。失业一般分为三类：摩擦性失业、自愿失业和非自愿失业。摩擦性失业是指在生产过程中，由于难以避免的摩擦造成的短期、局部性失业，如劳动力流动性不足、工种转换困难引起的失业。自愿失业是指工人不愿接受现行工资水平而形成的失业。非自愿失业是指工人愿意接受现行工资水平，但仍然找不到工作的失业。按不同的失业类型，充分就业有两种含义：一种含义是指除了摩擦失业和自愿失业之外，所有愿意接受各种现行工资的人都找到职业的一种经济状态；另一种含义是指包括劳动在内的各种生产要素，都按其愿意接受的价格，全部用于生产的一种经济状态，即所有资源都得到充分利用。充分就业又可分为低度充分就业和高度充分就业。西方经济学家认为，由于摩擦失业不可避免，所以，除战争时期外失业率难以低于3%，在美国，正常失业率为4%，失业率为4%的就业叫低度充分就业，失业率为3%的就业叫高度充分就业。

充分就业目标可分为短期充分就业目标和长期充分就业目标。短期充分就业目标是针对周期性失业，周期性失业是由于资本主义经济周期性危机而造成的，经济制度自身难以调节、消除，必须由政府干预。长期充分就业目标是要解决结构性失业，结构性失业是由于经济结构和技术结构的迅速变化，工人不适应而造成的，具有长期性，政府的长期目标是要克服结构性失业。

二、物价稳定

物价稳定是指一般价格水平的稳定。在市场经济中，商品价格是经常变化的。许许多多的商品，有的上涨，有的下降，有的不变，而每种商品上涨下降的幅度也不同，因此，价格变化是错综复杂的。西方经济学采用价格指数来表示一般价格水平的变化。物价稳定的含义不是指价格固定不变，也不是指价格指数固定不变，而是指不出现通货膨胀，即一般价格水平持续地和显著地上涨。西方经济学家认为，物价稳定和一般价格水平的温和上涨并不矛盾，并把2%、3%、4%以下的通货膨胀率称为温和的或爬行的通货膨胀，认为缓慢而逐步上升的价格运动,会给经济的车轮增加润滑油,对经济增长有积极作用。"二战"后,通货膨胀在西方世界成为普遍发生和经常存在的经济现象,给西方各国经济造成严重危害,西方各国政府和西方经济学界都把物价稳定作为重要的政策目标。

三、经济增长

经济增长是指某个国家在一定时期内,生产商品和提供劳务的潜在能力的扩大,或者商品和劳务实际产量的增加。经济增长表现为特定时期内,全社会所生产的人均产量和人均国民收入的持续增长。衡量经济增长的方法,一般是计算国内生产总值(GDP)的平均年增长率。西方经济学认为,很难用具体的增长率数值规定经济增长,因为各个国家的经济发展阶段以及资源和技术状况不同,经济发展速度也就不同。一般情况下,经济处于较低发展阶段的国家增长率比较高,而处于较高发展阶段的国家增长率比较低。在"二战"后,把经济增长列为经济政策目标是有深刻原因的。在政治上,经济增长率高低是各国实力和地位争夺的一个重要方面。在经济上,经济增长率高低是影响充分就业和公平分配的必要条件和物质前提。"二战"后一度迅速的经济增长带来了消极影响,环境、资源、生态、城市等问题越来越威胁人们的生存,近年来适度增长成为人们关注的中心。

四、国际收支平衡

国际收支平衡的目标要求做到汇率稳定,外汇储蓄有所增加,进出口平衡。国际收支平衡目标的含义,一般来说,不是消极地使一国在国际收支账户上经常收支和资本收支相抵,也不是消极地防止汇率变动,外汇储备变动,而是使一国外汇储备有所增加,把适度增加外汇储备看做是改善国际收支的基本标志。西方经济学认为,在开放经济条件下,改善国际收支状况,实现国际收支平衡的政策目标,有着非常重要的作用。

上述经济政策目标不是孤立的而是紧密相连的。它们之间关系有互补关系,也有交替关系,互补关系是指一个目标的实现对另一个的实现有促进作用;交替关系是指一个目标的实现对另一个有排斥作用。经常见到的是目标之间的交替关系,由此,在制定经济政策时,必须对经济政策目标进行价值判断,权衡轻重缓急和利弊得失,确定目标的实施顺序和目标指数高低,同时使各个目标能有最佳的匹配组合,使所选择和确定的目标体系成为一个和谐的有机的整体。

第二节　财政政策

案例导入

税收不是越高越好

【案例内容】

拉弗曲线的产生是在1974年某一天,经济学家阿瑟·拉弗和一些著名的记者与政治家在华盛顿的一家餐馆里吃饭。他拿来一块餐巾并在上面画上了一个图来说明税率如何影响税收收入。然后拉弗提出,美国已处于这条曲线向下的一边上。他认为,税率如此之高,以至于降低税率实际上会增加税收收入。很少有经济学家认真地考虑拉弗的建议。就经济理论而言,降低税率可以增加税收收入的思想可能是正确的,但值得怀疑的是实际上并非这样。还没有证据可以证明拉弗的观点。

当里根1980年当选总统时,他进行的减税就是这个政纲的一部分。他总是说:"第二次世界大战期间我拍过电影赚过大钱。"在那时,战时的附加所得税达90%。"你只要拍四部电影就达到最高税率那一档了,"他继续说,"因此,我们拍完四部电影就停止工作,并到乡下度假。"高税率引起少工作,低税率引起多工作。他的经历证明了拉弗曲线是正确的。里根认为,税收如此之高,以至于不鼓励人们努力工作。他认为,减税将给人们适当的工作激励,这种激励又会提高经济福利,或许甚至可以增加税收。由于降低税率是要鼓励人们增加他们供给的劳动数量,所以拉弗和里根的观点就以供给学派经济学而闻名。

【案例分析】

拉弗曲线说明,一般来说,税率越高政府的税收就越高,所以提高税率可以增加政府的收入。但是,税率的提高超过一定的限度,企业的经营成本提高,他们会减少投资,甚至会退出这个地区,国家投资也相应减少,从而造成政府征税基础的缩小,政府税收的总量因此减少。拉弗曲线的重要启示在于,财政不能为增加税收而一味提高税率,而必须审时度势,将税率保持在适当的水平。

【案例来源】

互联网《西方经济学(宏观部分)》黄德林

财政政策是各国政府干预经济的主要政策手段之一。财政政策是指一国政府为达到既定的经济政策目标,而对财政收入和支出作出的决策。财政政策内容主要包括财政收入和财政支出。

政府实行宏观财政政策的基本功能是通过收入和支出活动的调节以实现既定的政策目标。要实现财政政策目标,政府需要运用财政政策工具来操作。财政政策工具是实现既定的目标所选择的操作手段。调整支出和收入的财政政策工具主要包括:变动政府购买支出、改变政府转移支付、变动税收和公债等。

一、自动稳定器

自动稳定器又称内在稳定器,是指经济系统本身存在一种机制,这种机制能够自动调节经济,在经济繁荣时期自动抑制通货膨胀,在经济衰退时期自动减轻萧条,而不需要政府采取任何行动来进行干预。多数西方经济学家认为,现代西方财政制度本身就具有某种自动调节经济的灵活性,这种灵活性有助于经济的稳定,这些财政制度就是内在稳定器。财政制度的这种内在稳定器主要有税收和政府转移支付。

税收,尤其是所得税,是最重要的一个自动稳定器。由于西方国家所实行的所得税具有累进税性质,使得纳税份额可以自动随国民收入的变化而以更大幅度呈同方向变动,从而起到稳定经济的作用。当经济处于繁荣时期，随着国民收入的增加，税收自动增加得更多。这样，人们税后的可支配收入上升幅度就会小于收入增加幅度，从而使消费和投资需求增长自动得到抑制，并进而使因经济过热引起的通货膨胀受到抑制。反之，当经济处于萧条时期，随着国民收入的减少，税收减少得更多，人们税后的可支配收入减少幅度就会大于收入减少幅度，从而使得消费和投资需求下降自动得到抑制，结果经济衰退受到抑制。

政府转移支付是又一个自动稳定器。同税收的作用一样，转移支付有助于稳定可支配收入，从而有助于稳定消费需求。当经济处于萧条和衰退时期，劳动者失业人数增加，符合救济条件的人数增加，从而包括失业救济、贫困救济和其他社会福利支出在内的政府转移开支也相应增加，这样就可以抑制可支配收入下降，进而抑制消费需求下降；反之，当经济处于繁荣时期，劳动者失业人数减少，符合救济条件的人数也相应减少，政府转移开支也随之减少，从而抑制可支配收入和消费需求增加，防止经济过热现象的出现。只要政府收入和支出这些财政制度存在，各种自动稳定器就会起作用，能够减轻或缓和经济波动。

二、斟酌使用的财政政策

上述自动稳定器的作用是有限的，它不可能消除经济波动，只能减轻或缓和经济波动。因此，仅靠自动稳定器是不够的，还需要政府审时度势、积极主动采取变动收入或支出的财政政策。为实现既定政策目标，政府这种有意识地制定改变税收和政府支出的财政政策，称之为斟酌使用的财政政策。譬如当政府认为总需求水平过低，经济可能出现衰退时，政府应通过削减税收、增加支出或双管齐下来刺激经济增长，防止可能出现的经济衰退；反之，当认为总需求水平过高，出现严重通货膨胀时，政府应增加税收，减少支出，以抑制经济出现过热势头。前者称之为"扩张性财政政策"，后者称之为"紧缩性财政政策"。究竟什么时候采用扩张性财政政策、什么时候采用紧缩性财政政策，要由政府经过对经济发展形势的分析权衡，相机抉择，以逆经济风向行事方式来采取政策。当总需求小于总供给产生经济萧条以及失业时，政府应采取刺激总需求的扩张性财政政策；当总需求大于总供给产生经济过热以及通货膨胀时，政府应采取抑制总需求的紧缩性财政政策。20 世纪 30 年代美国经济危机爆发后，从罗斯福新政到 20 世纪 60 年代初肯尼迪时期的繁荣，在一定程度上，是运用了这套斟酌使用的财政政策来提高有效需求的结果。但是 20 世纪 70 年代初期以来出现的滞胀现象，使人们普遍对这种政策提出了质疑。这就说明，这套斟酌使用的财政政策的作用是有限的，因为它在实行过程中受到种种因素的制约，使得财政政策的作用难以得到发挥。首先是时滞，从政府认识经济形势，再提出政策建议，并经国会讨论，最后作出决定并加以实施，直到政策起作用，整个过程需要相当长的时间。其次是不确定性，实行财政政策时，政府主要面临两个方面的不确定性：一是各种乘数大小难以确定。如政府减税 1 美元从而使得人们可支配收入增加 1 美元时，人们是否一定按照边际消费倾向增加消费就无法确定。当人们预期政府减税是暂时的而不是长期时，减税可能并不会增加消费。这样，税收乘数就起不了作用。而当减税使人们增加的 1 美元可支配收入用来增加储蓄，而不是用来增加消费时，国民收入也无法按照税收乘数增加。二是政府必须预测总需求水平通过财政政策作用达到预定目标需要多少时间。在这段时间内，总需求尤其是投资可能会发生意想不到的变化，这就可能导致决策失误。最后，外在一些不可测因素如挤出效应也会使财政政策达不到预期效果。

三、财政预算和功能财政

财政预算与财政政策是紧密相连的。所谓财政预算指国家财政的收支计划,是国家财政实现计划管理的工具,它可以促使宏观经济政策目标实现。上面所述财政政策强调的是政府为努力实现无通货膨胀的充分就业水平的产出和收入在财政方面应采取的积极政策。为实现这一目标,财政预算可以盈余,也可以是赤字。预算盈余指政府收入超过支出的余额,预算赤字指政府支出超过收入的余额。实行紧缩性财政政策,即增加税收和减少政府支出会产生预算盈余;反之,实行扩张性财政政策,即减少税收和增加政府支出会产生预算赤字。这样的财政称为功能财政。

功能财政是凯恩斯主义者的财政思想,它是对传统提倡的预算平衡思想的否定。西方各政府长期奉行的是预算平衡思想,这种思想在亚当·斯密《国富论》中就有体现,书中提出政府理财的原则是,一个谨慎行事的政府应厉行节约,量入为出,每年预算都要保持平衡。此预算平衡被称之为年度预算平衡,这也是预算平衡思想发展的第一阶段。第二阶段是周期平衡预算。此预算思想提出,从整个经济周期来安排财政收支平衡。在经济繁荣时,安排预算盈余;反之,在经济衰退时,安排预算赤字。以盈余补赤字,整个经济周期预算还是平衡的。第三阶段是充分就业预算平衡。它是由美国经济学家布朗于1956年提出的,是以充分就业条件下的盈余或赤字来判断财政政策应是扩张还是收缩。若充分就业时的盈余增加或减少了,财政政策就是紧缩的;反之,就是扩张的。若充分就业预算平衡时,若某年经济萧条,税收水平较低,支出不需要等于该年收入,可等于预计充分就业时会有的税收水平。功能财政思想否定了上述平衡预算政策观点,主张财政预算不在于追求政府收支平衡,而在于追求无通货膨胀的充分就业水平的产出和收入。为实现这一目标,预算可以是盈余的,也可以是赤字的。在经济衰退时,国民收入低于充分就业的收入水平,存在通货紧缩缺口,应采用赤字预算,即采用扩张性财政政策;反之,在经济繁荣时,国民收入高于充分就业的收入水平,存在通货膨胀缺口,应采用盈余预算,即采用紧缩性财政政策。这种财政观点认为应通过主动改变财政收支以消除经济波动,促进经济增长。它比关心预算平衡更关心经济增长。这种财政思想是斟酌使用的财政政策的指导思想,而斟酌使用的财政政策是功能财政思想的贯彻与实现。

四、公债

按功能财政思想,预算可能要赤字,也可能要盈余,但多数情况下是赤字。对于如何来弥补赤字,依靠减少支出是不可行的,如果减少支出,就无法实现克服经济萧条和提高就业水平的目标;也不能通过增税来弥补,如果增加税收,人们可支配收入和消费支出便会下降,也无法实现克服经济萧条和提高就业水平的目标。那么究竟如何来弥补赤字呢?西方国家普遍采用发行公债。公债是公众对政府拥有的债权。对于公债发行的利弊,西方学者看法各异。一些学者不支持发行国债,他们认为,国债无论是内债还是外债,都会增加人们的负担,是个累赘。因公债虽是政府债务,但最终还是由纳税者负担。它不仅是当代人身上的负担,也是加在下一代人身上的负担。公债到期需要还本付息,而这需要通过增税等办法来实现。由于西方政治体制使得提高税收方面存在种种困难,政府不得不举新债还旧债,债务越来越多,最终迫使政府采用扩张性货币政策，增加货币发行量，造成通货膨胀。国债对经济长期增长也存在不利影响，因国债增加意味着人们以公债形式占有财富比重增加，从而使得以不动产形式占有财富比重减少。这是对公债比较传统的看法，现代西方学者将内债与外债对经济影响作了区分。他们认为，外债对本国人民而言是一种负担，因为它需要本国商品来偿还。但内债则不同，它是政府欠人民的钱，而政府与人民的利益是一致的，也就是自己欠自己的钱。因而，也就没有什么负担了。而且，政府是长期存在的，会用发新债办法还旧债，所以即使用征税办法来偿还公债，也只是财产的再分配，对整个国家并没有财产损失。美国数据统计资料表明，美国国债的绝对值在大幅度增加，不过，经济也在逐渐增长，相比较而言，国债占国内生产总值比例在逐渐下降。所以公债问题并不大，关键得看公债用途。只要政府能用于刺激经济增长，而不是用于浪费和战争，而且只要经济增长速度超过国债增长速度，举债是可取的。

第三节　货币政策

案例导入

传统的货币政策理论来自现实的挑战

【案例内容】

自20世纪70年代以来，随着信息技术的发展，金融创新、放松管制和金融全球化使得主要以美国为代表的工业国家资本市场发展日益深化与广化，传统的货币政策目标与操作体系面临着越来越多的挑战。过去20年来，各国中央银行虽然在控制商品与劳务的通货膨胀方面已经取得很大成效，但是对于资产价格的膨胀，却难有对策。实践上，早在1929年，纽约股市的暴跌即已导致美国和全世界经济进入长期严重的萧条；日本80年代末资产价格极度膨胀引发的“泡沫经济”对其经济造成了长期不利影响；90年代以美国为代表的西方各国资产价格明显地偏离实体经济上涨的趋势更是引起了决策部门普遍担忧。同样的情形在20世纪80年代也在北欧国家（挪威、芬兰、瑞典）出现过。在挪威，银行贷款对GDP的比重从1984年的40%上升到1988年的68%，资产价格急剧上升，同时投资与消费需求也显著上升。但是石油价格的暴跌引起了自“二战”以后最深刻的银行危机和经济衰退。在芬兰，1987年扩张性的预算导致大规模的信用扩张，银行贷款对GDP的比重从1984年的55%上升到1990年的90%。住房价格在1987年和1988年共上升了68%。1989年中央银行为了抑制信用扩张，提高利率和储备，再加上1990年、1991年与俄罗斯贸易下降，经济环境恶化，资产价格暴跌，政府不得不对银行予以救助，GDP收缩了7%。在瑞典80年代后期持续的信用扩张导致了房地产繁荣。1991年由于大量的基于过度膨胀的资产价值，众多银行遇到了困难，政府不得不干预，经济陷入衰退。

【案例分析】

在这种大量的历史案例背后，人们发现，随着金融市场尤其是资本市场的深化和广化，金融创新使得金融机构功能分化，货币与其他金融资产界限日益模糊，货币供应量与实际经济变量失去了稳定的联系，很多学者感觉到传统的货币政策理论遭到来自现实的挑战，许多经济学家正在致力于这方面的研究。

【案例来源】

互联网《西方经济学（宏观部分）》黄德林

货币政策是指中央银行通过控制货币供应量来调节信贷供给与利率，从而影响投资和社会总需求，以达到既定的宏观经济目标。货币政策与财政政策目标是一致的，都是为达到稳定物价、充分就业、实现经济增长的目标。但两者区别在于：财政政策不通过中间变量直接影响总需求规模，而货币政策通过利率的变动这一中间变量对总需求产生影响，因而是间接地发挥作用。货币政策的具体传导机制是，通过改变货币供应量，从而引起利率变化，利率变化会使企业投资成本改变，同时又会影响到家庭的支出以及国际贸易，致使总需求发生变化，最终引起就业、产出和价格水平的变化。

货币政策包括紧缩性和扩张性两类。紧缩性货币政策是通过减少货币供应量，提高利率，引起投资与家庭支出减少，从而减少社会总需求，最终影响产出和价格水平的变化；反之，扩张性货币政策是通过增加货币供应量，降低利率，引起投资与家庭支出增加，致使总需求增加，最终影响产出和价格水平。经济萧条时，为刺激经济增长，多采用扩张性货币政策，货币供给增加，利率降低，取得信贷更容易，从而导致投资需求与社会总需求增加；经济过热时，为抑制通货膨胀，采用紧缩性货币政策，削减货币供应量，利率上升，取得信贷困难，从而抑制投资需求与社会总需求。

中央银行通过货币政策工具来改变货币供应量，货币政策工具主要有三种：

一、公开市场业务

公开市场业务是指中央银行在金融市场上公开买卖政府证券，以调节货币供给的政策行为，它是中央银行控制货币供给最常用也是最重要的工具。当经济处于萧条和衰退时期，中央银行在公开市场上买进证券，使得货币供给量增加。而且中央银行证券购买会促使对证券需求增加，价格提高，证券价格和利率之间呈反向关系，所以利率是下降的，利率下降导致投资需求增加，从而使总需求增加，这就是扩张性货币政策，也称为放松银根。反之，当经济处于繁荣时期，中央银行则在公开市场上卖出证券，市场上货币供给量就减少，而且，中央银行售出证券，促使对证券需求减少价格下降，从而使利率提高，利率上升导致投资需求下降，致使总需求减少。这就是紧缩性货币政策，也称为紧缩银根。

在公开市场业务中，如果中央银行不希望大幅度变动货币供给，只要买进、卖出少许证券就可以了。而且由于在公开市场上操作很灵活，所以中央银行可以及时改变货币供给变动方向，变卖出为买进证券，立即就有可能使减少货币供给转为增加货币供给。中央银行可以在公开市场上连续灵活地操作自主决定证券的数量、时间和方向。公开市场业务具有的这些优势使之成为中央银行控制货币供给量的最主要手段。

二、再贴现率

贴现是指客户将所持有的未到期票据出售给商业银行以兑现现款的行为，这是商业银行给客户的一种短期融资。商业银行在用现金购进未到期票据时，可按该票据到期值的一定百分比作为利息预先扣除，这个百分比就叫做贴现率。当票据到期时，商业银行可向票据原发行单位自然兑现。

再贴现的原理与贴现类似，只不过是中央银行向商业银行的一种短期融资。当商业银行因资金不足时，商业银行可以将这些已贴现的但仍未到期的票据售给中央银行，请求再贴现。中央银行作为银行的银行，有义务帮助解决银行的流动性问题。中央银行从商业银行手中买进已贴现了的但仍未到期的银行票据的活动就称为再贴现。在再贴现时同样要预先扣除一定百分比的利息作为代价，这种利息就叫做中央银行对商业银行的贴现率，即再贴现率。这是再贴现率的本义。但在许多国家，商业银行选择用政府债券作为担保向中央银行借款的短期融资方式，由于原理和效果比较相近，习惯上把中央银行给商业银行及其他金融机构的借款也称为“再贴现”，相应的放款利率都称为“再贴现率”。中央银行通过变动再贴现率可以调节货币供给量。若中央银行感到市场上货币供给量不足时，可以降低再贴现率，商业银行向中央银行的贴现就会增加，从而使商业银行的准备金增加，可放贷资金也会相应增加，通过货币乘数作用将会使整个社会货币供给量多倍增加；反之，若市场上货币供给量过多，中央银行可以提高再贴现率，商业银行就会减少向中央银行的贴现，于是商业银行的准备金减少，可放贷资金减少，通过货币乘数的作用，社会上的货币供给量将多倍减少。在货币政策工具中，调节再贴现率是效果相对较弱的工具。其主要原因在于：第一，再贴现是商业银行因流动性资金不足而向中央银行贴现的一种紧急求援行为，一般来说商业银行会尽量避免使用，以免被误认为自己财务状况有问题。第二，如果商业银行确实缺乏流动性资金，那么即使再贴现率比较高，仍会选择向中央银行进行贴现这样的话，通过再贴现率变动来调节银行准备金，效果就比较有限。第三，再贴现率政策不是一个主动性的政策。中央银行只能等待商业银行向它融资，而不能要求商业银行这样做。如果商业银行不向中央银行进行再贴现活动，则这一政策也就无法发挥作用。所以，再贴现率政策并不是主要的货币政策工具，通常将其作为一种补充性的手段。有时，中央银行调整再贴现率更多地是想表达自己调节货币供给量的意愿，而不是发挥其对货币供给量的直接影响，并且，在实施过程中，也需要与公开市场业务相结合。例如，当公开市场业务成功地把利息调整到某一水平时，中央银行也必须把再贴现率调整到与其相协调的水平，否则，再贴现率政策可能会部分地抵消公开市场业务的效果。

三、准备金率

准备金是指金融机构为保证客户提取存款和资金清算需要而准备的在中央银行的存款，中央银行要求的存款准备金占其存款总额的比例就是存款准备金率。几乎所有实行中央银行制度的国家都实行了存款准备金制度，这一制度最初是为了保障商业银行的负债清偿能力，最终保障存款客户的资金安全而设立的，后来演变为中央银行控制商业银行的信用量和调节整个金融活动的政策工具。中央银行通过改变准备金率，可以影响货币供给量与利率。在商业银行的准备金率达到法定要求的情况下，中央银行降低准备金率就会使商业银行产生超额准备金，这些超额准备金可以作为贷款发放，通过银行创造货币的机制，即可增加货币供给量，降低利息率；反之，中央银行提高准备金率，使商业银行原有的准备金低于法定要求，迫使商业银行收回贷款，通过银行创造货币的机制减少货币供给量，提高利息率。从理论上讲，变动准备金率是中央银行控制货币供给最简单、最有力的方法，但中央银行一般不轻易使用这一方法。因为变动准备金率会影响所有的金融机构，对银行扩张和收缩作用剧烈，容易导致小银行破产，如果变动频繁，将使得金融机构正常贷款业务受到干扰而无所适从。

上述公开市场业务、再贴现率政策和准备金率政策是西方国家中央银行普遍采用的货币政策手段。紧缩性货币政策主要运用卖出证券、提高贴现率和提高准备金率；扩张性货币政策主要运用买进证券、降低贴现率和降低准备金率。为实现既定的政策目标，这三种货币政策既可以单独使用，也可配合使用。

除了以上三种主要的工具外，货币政策还有几项次要的工具：(1)道义劝告。中央银行通过导向性的宣传，对商业银行给予指导和告诫，以取得商业银行的政策配合。这种劝告没有法律上的约束力，但往往是一种暗示，各种金融机构是否采取合作态度，可能影响其从贴现窗口得到的贷款，因而也能起一定的作用。(2)垫头规定。即局部控制，规定购买有价证券时必须付出的现金比例，如规定垫头为50%，则购买证券时必须拿出50%的现金。(3)规定利息率上限。即规定商业银行和其他金融机构对定期存款和储蓄存款的利息率的上限。(4)控制分期付款条件。(5)控制抵押贷款条件。

第四节 宏观经济政策的运用

案例导入

传统的货币政策理论在发展过程中遇到的挑战

【案例内容】

自70年代以来，随着信息技术的发展，金融创新、放松管制和金融全球化使得主要以美国为代表的工业国家资本市场发展日益深化与广化，传统的货币政策目标与操作体系面临着越来越多的挑战。过20年来，各国中央银行虽然在控制商品与劳务的通货膨胀方面已经取得很大成效，但是对于资产价格的膨胀，却难有对策。实践上，早在1929年，纽约股市的暴跌即已导致美国和全世界经济进入长期严重的萧条；日本80年代末资产价格极度膨胀引发的“泡沫经济”对其经济造成了长期不利影响；90年代以美国为代表的西方各国资产价格明显地偏离实体经济上涨的趋势更是引起了决策部门普遍担忧。同样的情形在20世纪80年代也在北欧国家（挪威、芬兰、瑞典）出现过。在挪威，银行贷款对GDP的比重从1984年的40%上升到88

年的68%，资产价格急剧上升，同时投资与消费需求也显著上升。但是石油价格的暴跌引起了自"二战"以后最深刻的银行危机和经济衰退。在芬兰，1987年扩张性的预算导致大规模的信用扩张，银行贷款对GDP的比重从1984年的55%上升到1990年的90%。住房价格在1987年和1988年共上升了68%。1989年中央银行为了抑制信用扩张，提高利率和储备，再加上1990年、1991年与俄罗斯贸易下降，经济环境恶化，资产价格暴跌，政府不得不对银行予以救助，GDP收缩了7%。在瑞典80年代后期持续的信用扩张导致了房地产繁荣。1991年由于大量的是基于过度膨胀的资产价值，因此，众多银行遇到了困难，政府不得不干预，经济陷入衰退。

【案例分析】

在这种大量的历史案例背后，人们发现，随着金融市场尤其是资本市场的深化和广化，金融创新使得金融机构功能分化，货币与其他金融资产界限日益模糊，货币供应量与实际经济变量失去了稳定的联系，很多学者感觉到传统的货币政策理论遭到来自现实的挑战，许多经济学家正在致力于这方面的研究。

【案例来源】

互联网《西方经济学(宏观部分)》黄德林

一、财政政策的运用

财政政策作为西方国家进行宏观经济调控的重要手段而得到广泛运用。具体来说，在经济萧条时期，总需求小于总供给，经济中存在失业，政府就要通过扩张性的财政政策来刺激总需求，以实现充分就业。扩张性财政政策就是政府通过增加支出和减少税收来刺激经济的政策。政府通过增加对公共工程的支出及购买来刺激私人投资，通过增加转移支付来增加个人消费，这样可以有效地刺激总需求；通过降低税率，可以使个人增加可支配收入，增加消费；通过减少企业的所得税，增加企业的收入，从而使投资得以增加，最终刺激总需求。在经济繁荣时期，总需求大于总供给，经济中存在通货膨胀，政府则要通过紧缩性财政政策来抑制总需求，以实现物价稳定。紧缩性财政政策是通过减少政府支出与增加税收来抑制经济的政策。政府通过减少公共工程的支出与购买来抑制投资；通过减少转移支付来减少个人消费，从而抑制总需求；通过提高税率使个人可支配收入减少，从而减少消费；通过增加企业所得税减少企业的收入，进而减少投资，以实现对总需求的抑制。

具体运用见表14－1所示。

表14－1　财政政策的运用

经济发展状况	市场供需状况	财政政策类型	主要政策措施
经济萧条	总需求小于总供给	扩张性财政政策	增加支出和减少税收
经济繁荣	总需求大于总供给	紧缩性财政政策	减少支出与增加税收

二、货币政策的运用

中央银行运用货币政策直接控制货币供给量，在不同的经济形势下，中央银行要运用不同的货币政策来调节经济，或者采取扩张性货币政策，或者采取紧缩性货币政策，具体运用见表14－2所示。

表14－2 货币政策的运用

经济发展状况	市场供需状况	财政政策类型	主要政策措施
经济萧条	总需求小于总供给	扩张性货币政策	增加货币供给量与降低利率
经济繁荣	总需求大于总供给	紧缩性货币政策	减少货币供给量与提高利率

在经济萧条时期，总需求小于总供给，政府就要运用扩张性货币政策。所谓扩张性货币政策，就是通过提高货币供给的增长速度来刺激总需求的增长。具体包括在公开市场上买进有价证券、降低贴现率并放松贴现条件、降低存款准备金率等，从而增加货币供给量，降低利息率，达到刺激总需求的目的。在经济繁荣时期，总供给小于总需求，政府就要运用紧缩性货币政策。所谓紧缩性货币政策，就是通过降低货币供给的增长速度来使利息率上升，信用规模紧缩，从而抑制消费和投资的增长，降低总需求水平。具体包括在公开市场上卖出有价证券、提高贴现率并严格贴现条件、提高存款准备金率等，从而减少货币供给量，提高利息率，达到抑制总需求的目的。

三、财政政策与货币政策的相机抉择

相机抉择是指一国政府根据经济的实际运行情况而采取相应的宏观经济政策。按照调节经济总量的要求，财政政策和货币政策一般分为扩张性、紧缩性和中性三种。目前，西方国家根据经济运行的实际情况，进行财政政策与货币政策的相机抉择，其典型的配合形式主要有四种：扩张性财政政策与紧缩性货币政策、紧缩性财政政策与扩张性货币政策、扩张性财政政策与扩张性货币政策、紧缩性财政政策与紧缩性货币政策。人们通常以松紧搭配来概括财政政策与货币政策的配合，即“双松”、“双紧”、“一松一紧”。政府在进行调节时，根据国民经济中可能出现的总需求与总供给的态势，兼顾当前利益与长远利益，进行不同的政策组合和搭配。比较常见的有以下三种情况。

1. 扩张性财政政策与扩张性货币政策

如果经济出现严重萧条状况，则减少失业、增加收入就成为政府的当务之急。此时可以运用扩张性财政政策与扩张性货币政策的相互配合，一方面增加政府支出、减少税收；另一方面增加货币供给量、降低利率。

2. 紧缩性财政政策与紧缩性货币政策

如果经济中发生了严重的通货膨胀，则抑制通货膨胀成为政府的首要目标。此时政府可以运用紧缩性财政政策与紧缩性货币政策的相互配合，在减少政府支出与增加税收的同时减少货币供给量。这样一方面会减少总需求；另一方面又在很大程度上避免了因此而引起的利率下降，从而达到尽快消除通货膨胀的目的。

3. 松紧搭配的财政政策与货币政策

上述两种政策的配合在短时间内可以取得一定的效果,但长期实行会对经济平稳发展产生不利影响。因为,扩张性财政政策的实施会使生产能力进一步扩大,从而加深经济萧条中更为严重的生产能力过剩,加剧供求之间的矛盾。此外,扩张性货币政策带来的货币供给量的增加常常会造成通货膨胀,这对经济长期、持续的增长极为不利。而在经济过度繁荣时,中央银行通过出售国债货币回笼,虽然有助于降低通货膨胀,但却增加了财政的利息负担,从而引发了中央银行与财政部的矛盾,中央银行的政策措施往往会因为照顾财政的"利益"而受到一定的影响。针对上述情况,各国在政策实施过程中,将扩张性财政政策与紧缩性货币政策相配合或者将扩张性货币政策与紧缩性财政政策相配合,一方面有助于刺激总需求;另一方面有助于抑制通货膨胀。在选择具体的政策措施时,首先要对经济运行状况进行测定,再根据萧条与通货膨胀的不同程度,对各项具体措施进行适当的搭配。相机抉择的实质是灵活地运用各种政策,它包括的范围相当广泛。在运用不同的政策措施时,要根据国民经济发展的不同情况采取不同的政策工具,要对不同政策措施的时延、经济因素或非经济因素的影响进行全面的综合分析,以提高政策运用的技巧和效应。在实行相机抉择的财政政策与货币政策相配合的宏观调控方法时,政府可以根据国民经济发展的实际情况采用不同的搭配类型。

知识归纳

【基本概念】

充分就业　通货膨胀　财政政策　货币政策

【基本原理】

宏观经济政策,无论是财政政策还是货币政策,都是通过影响消费、投资支出进而影响总需求,然后使得就业和国民收入得到调节。

人物窗

保罗·克鲁格曼,1953年2月28日生,美国经济学家。保罗·克鲁格曼是自由经济学派的新生代,理论研究领域是贸易模式和区域经济活动。1991年获克拉克经济学奖,2008年获诺贝尔经济学奖。现为麻省理工学院经济系经济学教授。克鲁格曼的主要研究领域包括国际贸易、国际金融、货币危机与汇率变化理论。他创建的新国际贸易理论,分析解释了收入增长和不完善竞争对国际贸易的影响。

思考与练习

1. 单选题

(1)当经济中存在失业时,政府应采取的财政政策工具是(　　)。

A. 增加政府支出　　B. 提高个人所得税

C. 提高公司所得税　　D. 增加货币发行量

(2)当经济中存在通货膨胀时,政府应采取的财政政策工具是(　　)。

A. 增加政府支出和减少税收

B. 减少政府支出和减少税收

C. 减少政府支出和增加税收

D. 增加政府支出和增加税收

(3)下列因素中,不是经济内在稳定器的是(　　)。

A. 政府投资

B. 个人所得税

C. 失业保险

D. 农产品支持价格

(4)公开市场业务是指(　　)。

A. 商业银行的信贷活动

B. 中央银行增加对商业银行的贷款

C. 中央银行买卖政府债券

D. 中央银行增加货币发行量

(5)中央银行提高再贴现率会导致货币供给量的(　　)。

A. 增加和利率提高

B. 减少和利率提高

C. 增加和利率降低

D. 减少和利率降低

2. 多选题

(1)下列属于财政支出的政策工具的是(　　)。

A. 税收

B. 政府投资

C. 政府购买

D. 转移支付

(2)下列属于内在稳定器的是(　　)。

A. 政府购买

B. 税收

C. 政府转移支出

D. 政府公共工程支付

3. 简答题

(1)宏观经济政策的目标有哪些?

(2)货币政策的主要工具是什么?

(3)财政政策的主要内容是什么?

参考文献

1. 高鸿业.西方经济学(微观部分)第四版[M].北京:中国人民大学出版社,2007
2. 梁小民.西方经济学教程(修订版)[M].北京:中国统计出版社,1995
3. 史锋.西方经济学(第二版)[M].武汉:武汉理工大学出版社,2009
4. 胡希宁,谢鲁江,王炳.当代西方经济学简明教程[M].北京:当代世界出版社,2000
5. 尹伯成.现代西方经济学习题指南(微观经济学)第五版[M].上海:复旦大学出版社,2003
6. 张东辉.西方经济学习题集粹(微观分册)[M].北京:经济科学出版社,2003
7. 曼昆著,梁小民译.经济学原理(第三版)上册[M].北京:机械工业出版社,2003
8. 梁小民.话经济学人[M].北京:中国社会科学出版社,2004
9. 郭万超,辛向阳.轻松学经济——300个核心经济术语趣解[M].北京:对外经济贸易大学出版社,2005
10. 张维迎.博弈论与信息经济学[M].上海:上海人民出版社,2004
11. 黄亚钧.微观经济学[M].北京:高等教育出版社,2005
12. 赵英军.西方经济学习题集[M].北京:机械工业出版社,2009
13. 尹伯成.西方经济学[M].上海:上海人民出版社,2000
14. 梁小民.微观经济学[M].北京:中国社会科学出版社,1996
15. 魏玮.微观经济学[M].西安:西安交通大学出版社,2009
16. 黎诣远,李志明.微观经济分析(第二版)[M].北京:清华大学出版社,2003
17. 肖殿荒,何穗.微观经济学[M].北京:中国经济出版社,2005
18. 仇恒喜.微观经济学[M].北京:经济科学出版社,2009
19. 许纯祯,吴宇晖,张东辉.西方经济学(第二版)[M].北京:高等教育出版社,2005
20. 李建琴,史晋川.微观经济学教程[M].杭州:浙江大学出版社,2006
21. 保罗·萨缪尔森,威廉·诺德豪斯.微观经济学学习指南[M].北京:人民邮电出版社,2004
22. 陈恳,王蕾.西方经济学解析(微观部分)[M].北京:高等教育出版社,2004
23. 多恩布什著,范家骧等译.宏观经济学(第七版)[M].北京:中国人民大学出版社,2000
24. 奥利弗·布兰查德著,钟笑寒等译.宏观经济学(第二版)[M].北京:清华大学出版社,2004
25. 格里高利·曼昆著,梁小民译.宏观经济学(第五版)[M].北京:中国人民大学出版社,2008

26. 罗伯特·巴罗著,原毅军等译.宏观经济学(第五版)[M].北京:机械工业出版社,2007
27. 高鸿业.西方经济学(宏观部分)第五版[M].北京:中国人民大学出版社,2009
28. 黄亚钧.宏观经济学(第二版)[M].北京:高等教育出版社,2005
29. 许纯祯.西方经济学[M].北京:高等教育出版社,2003
30. 赵英军.西方经济学[M].北京:机械工业出版社,2007
31. 周清杰.宏观经济学[M].北京:机械工业出版社,2008
32. 萨缪尔森著,萧琛译.经济学(第十七版)[M].北京:人民邮电出版社,2006